出纳岗位实操大全

基本技能+日记账处理+工商税务管理

会计真账实操训练营◎编著

中国铁道出版社有限公司

CHINA RAILWAY PUBLISHING HOUSE CO., LTD.

图书在版编目(CIP)数据

出纳岗位实操大全:基本技能＋日记账处理＋工商税务管理 / 会计真账实操训练营编著 . —北京:中国铁道出版社有限公司,2022.5

ISBN 978-7-113-28781-8

Ⅰ.①出…　Ⅱ.①会…　Ⅲ.①出纳-会计实务-教材　Ⅳ.①F231.7

中国版本图书馆 CIP 数据核字(2022)第 010722 号

书　　名:**出纳岗位实操大全(基本技能＋日记账处理＋工商税务管理)**
CHUNA GANGWEI SHICAO DAQUAN(JIBEN JINENG＋RIJIZHANG CHULI＋GONGSHANG SHUIWU GUANLI)

作　　者:会计真账实操训练营

责任编辑:王淑艳　　　**编辑部电话:**(010)51873022　**电子邮箱:** wangsy20008@126.com

封面设计:王　岩
责任校对:孙　玫
责任印制:赵星辰

出版发行:中国铁道出版社有限公司 (100054,北京市西城区右安门西街 8 号)
网　　址:http://www.tdpress.com
印　　刷:三河市宏盛印务有限公司
版　　次:2022 年 5 月第 1 版　2022 年 5 月第 1 次印刷
开　　本:710 mm×1 000 mm 1/16　**印张:**16.75　**字数:**275 千
书　　号:ISBN 978-7-113-28781-8
定　　价:69.80 元

前 言

出纳岗位是企业财务部门必须要设置的，根据《会计基础工作规范（2019 年修订）》（财政部令第 98 号）第十二条规定，会计工作岗位可以一人一岗、一人多岗或者一岗多人。但出纳人员不得兼管稽核、会计档案保管和收入、费用、债权债务账目的登记工作。最后一句是对出纳职责范围的限制。

出纳岗位拥有与其他会计岗位不同的工作技能，由于企业使用验钞机的比例大幅增加，出纳人员几乎完全依赖验钞机；税控设备的使用，支票与发票可以打印，出纳认为书写规范没那么重要了，其实这只是技术的应用，会计法律法规中对会计、出纳人员的要求并没有因此减少。相反，出纳员要掌握的软实力还需要增强，比如对纸币的辨识能力、对发票真伪的辨别、对钞票的娴熟点验、对银行开户程序的熟悉程度、对报销核算业务的处理、对日记账的登记、对社保税费的缴纳等，都充分说明出纳岗位的内涵与职责相当丰富。

本书编写侧重实践，结合《企业会计准则》《企业会计制度》《人民币银行结算账户管理办法》和相关税法内容，系统介绍出纳的相关知识，掌握出纳岗位的基础知识和实践操作，主要特色如下：

◆流程清晰，涉及出纳岗位全流程业务，所用票据或单证采用全仿真形式，达到手把手教学的目的；

◆实操性强，结合实例，按照业务的内容填制记账凭证，录入数据；

◆图文并茂，本书避免大量码字的弊端，采用图、表简化会计理念及业务流程，达到一目了然的目的。

全书共分 10 章，第 1 章出纳员基本技能；第 2 章注册新公司全流程业务；第 3 章银行结算账户；第 4 章发票管理；第 5 章会计凭证；第 6 章登记账簿；第 7 章现金收支的核算；第 8 章职工薪酬的核算；第 9 章费用报销的管理与核算；第 10 章财产清查。

本书既可以作为在职与非在职财会人员提高业务的自学教材，也可以作为财税培训机构的辅导教材，还可以作为职业院校财会专业的教材及教辅资料。

编　　者

目　　录

第 *1* 章　出纳员基本技能

第 2 章　注册新公司全流程业务

第 3 章　银行结算账户

第 4 章　发票管理

第 5 章　会计凭证

第 6 章　登记账簿

第 7 章　现金收支的核算

第 8 章　职工薪酬的核算

第 *9* 章　费用报销的管理与核算

第 *10* 章　财产清查

第 *1* 章

出纳员基本技能

　　什么是出纳呢？从广义上讲，出纳是指从事出纳工作的人，负责各种票据以及相应的货币资金和有价证券的收付、保管、核算；狭义的出纳是指按照有关规定和制度，完成本单位的现金收付、银行结算、保管库存现金、有价证券、财务印章及有关票据等工作。

　　一名合格的出纳员，应经过一定职业基本技能训练，才能胜任出纳工作。这些技能包括辨别真假币钞、真假发票、熟练点钞、账簿书写等职业技能。

1.1 出纳员入职须知

初入职场的新人，若想从事出纳工作，需要知道出纳岗位的任职资格、岗位职责、熟悉财务法律法规等。另外出纳岗位很特殊，对其职业道德有具体的要求。

1.1.1 出纳岗位基本要求

1. 出纳岗位任职资格

不同企业对出纳岗位任职资格略有差别，但基本要求如下：

1	• 具备会计、财务等相关专业能力，遵守职业道德
2	• 了解国家财经政策和会计、税务法规，熟悉银行结算业务
3	• 熟练使用各种财务工具和办公软件，且电脑操作娴熟，有较强的责任心，有良好的职业操守，作风严谨
4	• 善于处理流程性事务，具备良好的学习能力、独立工作能力和财务分析能力
5	• 工作细致，责任感强，具有良好的沟通能力与团队精神

2. 出纳岗位的职责

根据《中华人民共和国会计法》《会计基础工作规范》的规定，出纳岗位职责如下：

1	• 负责货币资金的收付结算业务，负责编制货币资金用途分析表及货币资金计划表，负责编制"银行存款余额调节表"
2	• 出纳员收付款后，应在收付款凭证上签章，并在原始单据上加盖"收讫""付讫"戳记
3	• 根据各岗位提供的计算资料，及时填制各种结算凭证，并负责有效支票、发票、收据的保管及其领用、注销等有关备查簿的登记工作
4	• 负责填制合法合规的收据、发票，并保管收据、发票存根及有关印鉴
5	• 负责现金和各种有价证券的安全，如有短缺应赔偿。保险柜钥匙不得任意转交他人，并应保守保险柜密码
6	• 负责登记现金日记账、银行存款日记账，并做到日清月结。银行存款日记账的账面余额要及时与银行对账单核对
7	• 凡有损企业经济利益且不合法、不合规定的原始凭证，出纳有权拒绝填制结算凭证，并向主管领导反映情况，提出处理意见
8	• 完成领导交办的其他工作

3. 出纳人员的职业道德

由于出纳职业的特殊性，出纳作为社会经济活动中的一种特殊职业，除了具有职业道德的一般要求外，还具有一定的强制性和较多关注公众利益的特点。

出纳职业道德规范包括以下内容：爱岗敬业、诚实守信、廉洁自律、客观公正、坚持准则、提高技能、参与管理、强化服务等。

4. 出纳人员须知法守法

以下是出纳人员需要掌握的法律法规：

○《中华人民共和国会计法》

○《会计基础工作规范》

○《会计档案管理办法》

○《中华人民共和国票据法》

○《中华人民共和国税收征收管理法》

○《中华人民共和国支付结算办法》

○《人民币银行结算账户管理办法》

○《中华人民共和国现金管理暂行条例》

○《企业会计制度》《政府会计制度》

○《企业会计准则》《政府会计准则》《小企业会计准则》

注：如果在行政事业单位从事出纳工作，还要熟悉《政府会计制度》《政府会计准则》。

1.1.2 出纳工作流程

出纳工作流程，如图 1-1 所示。

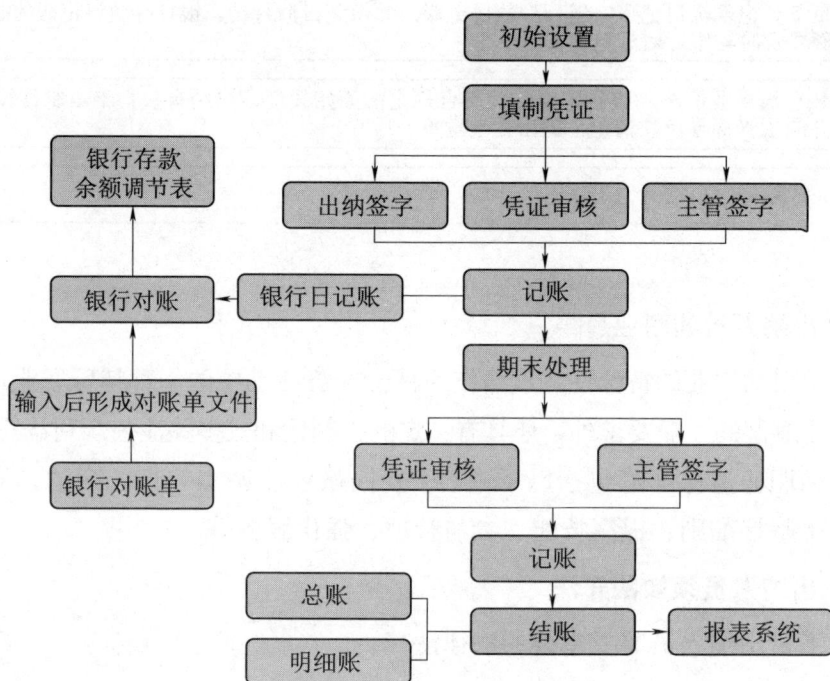

图 1-1 出纳的工作流程图

出纳岗位设置，根据企业规模大小，出纳岗位形式有一人一岗、一人多岗、一岗多人，具体内容见表 1-1。

表 1-1　　　　　　　　　　　　　　出纳岗位设置

岗位形式	职位责任	企业规模
一人一岗	一个人担任出纳职务	中小型企业

岗位形式	职位责任	企业规模
一人多岗	一个人担任出纳职务并同时兼职其他职务，如前台工作、文秘、后勤工作，但出纳人员一定不得兼任稽查、会计档案保管和收入、支出、费用、债权债务账目登记工作	小型企业
一岗多人	即出纳岗位设置多人	大中型企业

政策规定：

《中华人民共和国会计法》第三十七条规定，会计机构内部应当建立稽核制度。

出纳人员不得兼任稽核、会计档案保管和收入、支出、费用、债权债务账目的登记工作。

1.2 识别人民币的真伪

1948年12月1日，中国人民银行成立。同日，开始发行统一的人民币，至今已发行五套人民币。第一至第三套已经停止流通。2018年5月1日起，第四套人民币100元、50元、10元、5元、2元、1元、2角纸币和1角硬币停止流通。第五套人民币主要有以下几个版本：1999版、2005版、2019版。1999年10月1日，中国人民银行陆续发行第五套人民币，共有1角、5角、1元、5元、10元、20元、50元、100元8种面额，其中1元有纸币、硬币两种，部分纸币图样如图1-2所示。

图1-2 1999版第五套人民币票样 （部分）

图 1-2 1999 版第五套人民币票样 （部分）（续）

2005 年 8 月，为提升防伪技术和印制质量，根据“中国人民银行公告〔2005〕第 18 号”，中国人民银行于 2005 年 8 月 31 日发行 2005 年版第五套人民币，包括 100 元、50 元、20 元、10 元、5 元纸币和 1 角硬币，部分纸币图样如图 1-3 所示。

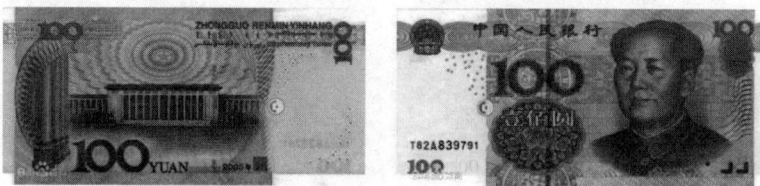

图 1-3 2005 版第五套人民币票样 （部分）

图 1-3 2005 版第五套人民币票样 （部分）（续）

"根据中国人民银行公告〔2015〕第 23 号"，中国人民银行于 2015 年 11 月 12 日起发行 2015 年版第五套人民币 100 元纸币。2015 年 11 月在规格、主图案等保持不变的前提下，对票面图案、防伪特征及布局进行了调整，如图 1-4 所示。

图 1-4 2015 版第五套人民币 100 元纸币正面与背面（票样）

2019 年 8 月，根据中国人民银行公告〔2019〕第 4 号规定，中国人民银行发行了 2019 年版第五套人民币 50 元、20 元、10 元、1 元纸币和 1 元、

5角、1角硬币，如图1-5所示。

图1-5　2019版第五套人民币票样

　　2020版第五套人民币发行5元纸币，如图1-6所示。以上几种版本与同面额流通人民币等值流通。

图1-6　2020版第五套人民币5元纸币正面与背面（票样）

　　作为一名出纳员，每天与钱打交道，关于人民币的知识要烂熟于心才行。

1.2.1 第五套人民币真币防伪技术

第五套人民币有 1999 年版（图 1-7）、2005 年版（图 1-8、图 1-9、图 1-10、图 1-11）和 2019 版。2005 年版第五套人民币纸币规格、主景图案、主色调、"中国人民银行"行名和汉语拼音行名、面额数字、花卉图案、国徽、盲文面额标记、民族文字等票面特征，固定人像水印、手工雕刻头像、胶印微缩文字、雕刻凹版印刷等防伪特征，均与 1999 年版的第五套人民币相应金额纸币相同。2015 年版 100 元纸币，在保持规格、主图案、主色调等与 2005 年版第五套人民币 100 元纸币不变的前提下，对票面图案、防伪特征及其布局进行了调整，提高机读性能，采用了先进的公众防伪技术，使公众更易于识别真伪（图 1-12、图 1-13）。2019 年版第五套人民币 50 元、20 元、10 元、1 元纸币和 1 元、5 角、1 角硬币，在保持现行第五套人民币主图案等相关要素不变的前提下，对票（币）面效果、防伪特征及其布局等进行了调整（图 1-14、图 1-15），使公众和自助设备易于识别。

图 1-7　1999 年版 100 元纸币票样

图 1-8　2005 年版 100 元纸币正面票样

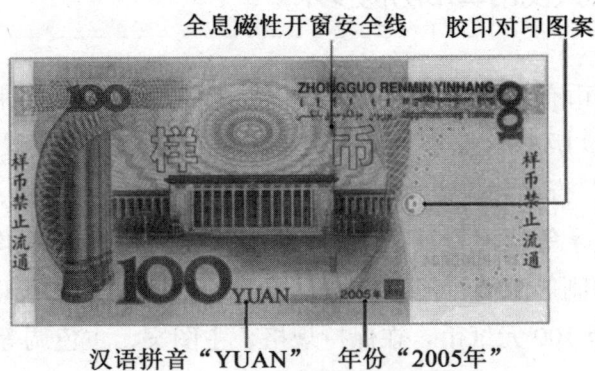

全息磁性开窗安全线　胶印对印图案

样币禁止流通

汉语拼音"YUAN"　年份"2005年"

图 1-9　2005 年版 100 元纸币背面票样

双色异型横号码　固定人像水印　胶印微缩文字　胶印对印图案　隐形面额数字　凹印手感线

样币禁止流通

光变油墨面额数字　白水印　雕刻凹版印刷　手工雕刻头像　盲文面额标记

图 1-10　2005 年版 50 元纸币正面票样

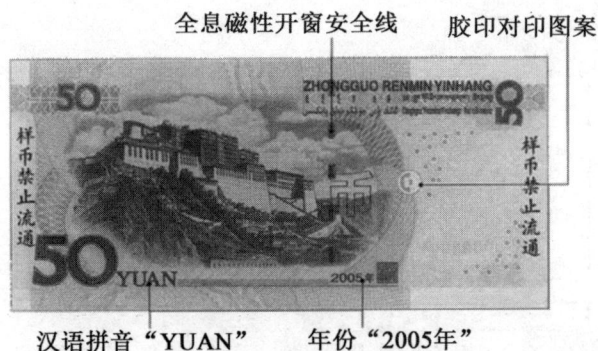

全息磁性开窗安全线　胶印对印图案

样币禁止流通

汉语拼音"YUAN"　年份"2005年"

图 1-11　2005 年版 50 元纸币背面票样

图 1-12　2015 年 100 元纸币正面票样

图 1-13　2015 年 100 元纸币背面票样

图 1-14　2019 年版 50 元人民币正面票样

图 1-15　2019 年版 50 元人民币正面票样

1.2.2　如何识别假币

假币按照其制作方法和手段，大体可分为两种类型：即伪造币和变造币。

伪造币是依照人民币真钞的用纸、图案、水印、安全线等原样，运用各种材料、器具、设备、技术手段模仿制造的人民币假钞。伪造币由于其伪造的手段不同，又可分为手工的、机制的、拓印的、复印的等类别。

变造币是利用各种形式、技术、方法等，对人民币真钞进行加工处理，改变其原有形态，并使其升值的人民币假钞。变造币按其加工方法的不同，又可分为涂改的、挖补剪贴的、剥离揭页的等类别。

识别假币最好是人机结合，机器只是起到辅助作用。图 1-16 是几款验钞机。

图 1-16　验钞机

真币在防伪方面经过高科技处理，可在水印、安全线、油墨技术、雕刻凹版印刷等方面与假币进行甄别。

1. 水印

第五套人民币 5 种纸币都含有水印，真币水印有立体感，纸条清晰。而假币是用淡黄色油墨印刷在票面正、背面。100 元和 50 元券的水印图案是立体感很强的毛泽东头像；20 元券是一朵荷花；10 元券是月季花和数字"10"两处水印图案；5 元券是水仙花和数字"5"两处水印图案。水印图如图 1-17 所示。

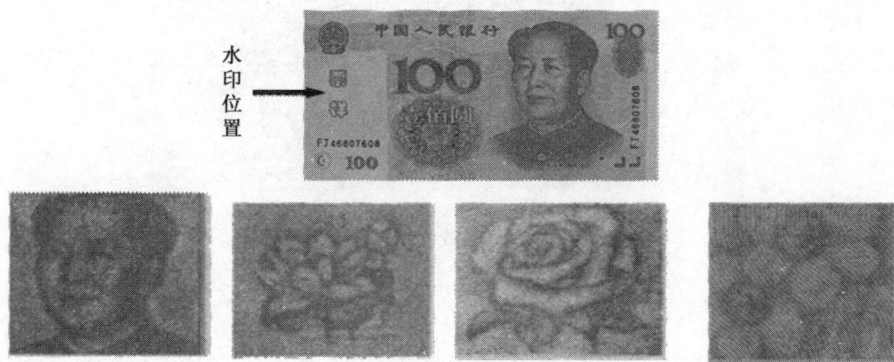

图 1-17　第五套人民币水印

2. 安全线

第五套人民币的 5 种纸币均采用了安全线技术，100 元和 50 元采用了磁性缩微文字安全线；20 元券采用了带有磁性且明暗相间的安全线；10 元券和 5 元券均采用了全息磁性开窗式安全线，如图 1-18 所示。

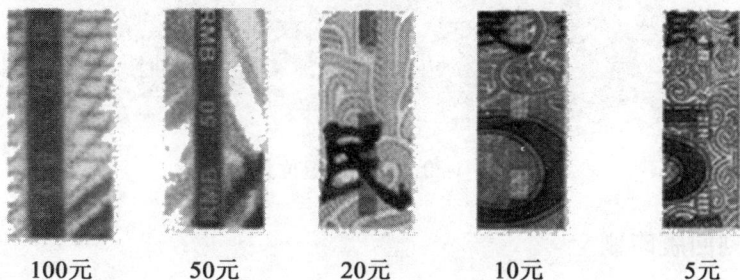

| 100元 | 50元 | 20元 | 10元 | 5元 |

图 1-18　安全线的位置

3. 红、蓝彩色纤维

第五套人民币纸张中都含有不规则分布的红色或蓝色纤维丝。假币墨色平滑，票面主景线条粗糙，立体感差。票面线条由网、点组成，呈点状结构，无红蓝彩色纤维，如图1-19所示。

图1-19　整张钞票纸张均含有红蓝纤维

4. 光变油墨技术

第五套人民币首次采用了光变油墨技术印刷100元券和50元券正面下方的面额数字（图1-20），将垂直观察的票面倾斜到一定角度时，100元券的面额数字由绿色变为蓝色，而50元券的面额数字则由金黄色变为绿色。假币面额数字不变色，有些假币用铅笔涂抹来仿照变色效果。

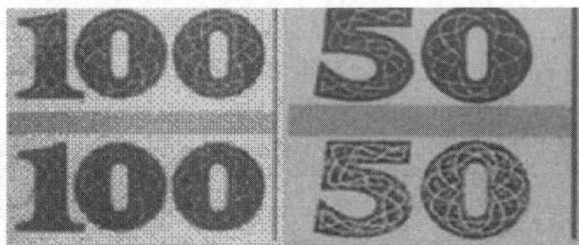

图1-20　光变油墨位置

5. 雕刻凹版印刷

雕刻凹版印刷技术广泛应用于人民币的毛泽东头像、中国人民银行行名、面额数字、盲文标记等处，如图1-21所示。特点：图文线条精细、层次丰富、立体感很强，用手触摸有明显的凹凸感。假币整张钞票手感平滑，无凹凸感。

图 1-21　凹版印刷的位置

6. 阴阳互补对印

阴阳互补对印的方法主要应用于 100 元、50 元和 10 元券正面左下方和背面右下方，印有一个圆形局部图案，迎光观察，两幅图案准确对接，组合成完整的古钱币图案，如图 1-22 所示。假币对印图案错位，或重叠。

阴阳互补对印　　　　　　　　　　　　　　　　　阴阳互补对印

图 1-22　阴阳互补对印

7. 隐形面额数字

第五套人民币的隐形面额数字印在钞票正面的右上方，如图 1-23 所示。面对光源、将钞票置于与眼睛接近平行的位置，做 45°或 90°旋转，可以看到假币没有隐形面额数字。

隐形面额数字位置

图 1-23　隐形面额数字位置

8. 胶印缩微文字

第五套人民币的五种纸币都含有胶印缩微文字，位于 100 元、50 元、10 元和 5 元券的正上方，以及 20 元券的正面右侧、下方和背面图案中，如图 1-24 所示。假币胶印微缩文字模糊不清。

图 1-24　胶印缩微文字位置

9. 凹印缩微文字

第五套人民币的五种纸币都含有凹印缩微文字，必须借用放大镜才能分辨出来，分布于 100 元、50 元和 5 元券的背面主景下方和右下角的面额数字内，以及 20 元、10 元和 5 元券正面右上方的装饰图案中，如图 1-25 所示。假币凹印缩微文字模糊不清。

10. 双色横号码及横竖双号码

第五套人民币的 100 元、50 元券均采用了横竖双号码。100 元横号码为黑色，竖号码为蓝色，20 元、10 元和 5 元券采用了双色横号码，号码的左侧部分为红色，右侧部分为黑色，如图 1-26 所示。真币黑色部分有磁性，假币无磁性。

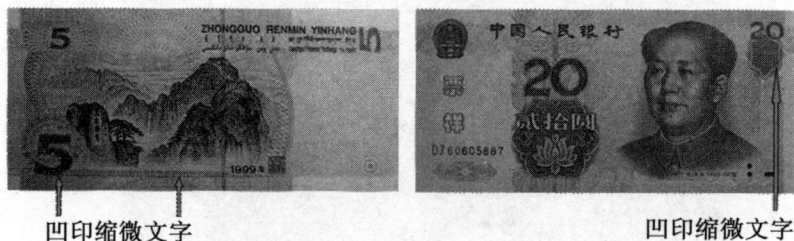

图 1-25　凹印缩微文字位置

横号码   竖号码 横号码

图 1-26 双色横号码及横竖双号码

11. 有色荧光油墨图案

第五套人民币 100 元背面正上方印制有色荧光油墨图案，在紫外线灯下呈金黄色，而假币图案在紫外线灯下图案色彩单一、较暗淡，颜色浓度及荧光强度较差，如图 1-27 所示。

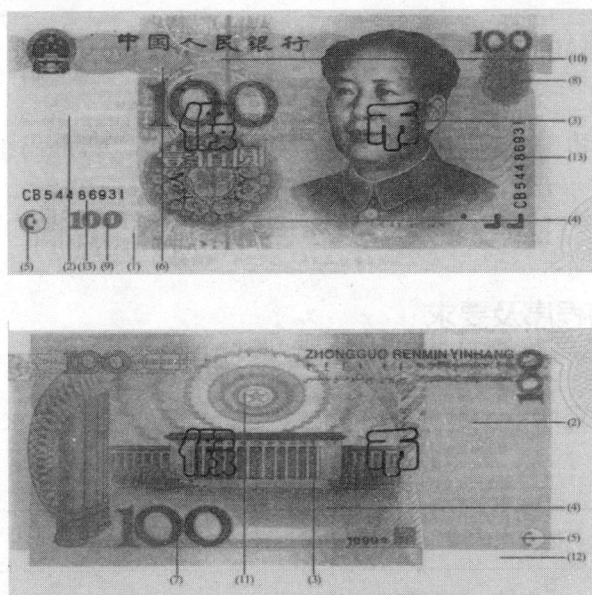

图 1-27 有色荧光油墨印刷图案

1.2.3 收到假币的处理

（1）出纳收款时发现假币，立刻要求交款人予以更换。如果交款人执意不换，那么应要求其共同前往附近银行进行鉴别；出纳付款时发现假币，也应立即送交附近的银行鉴别。

（2）出纳向银行缴存现金时，银行收到假币，会当场没收，并当面在假币上加盖假币戳记印章，同时开具统一格式的"假人民币没收收据"给顾客，并将所收假币登记造册，妥善保管，定期上缴中国人民银行当地分支行。

（3）出纳发现可疑币不能断定其真假时，不要随意做标记或没收，应向持币人说明情况，开具临时收据，连同可疑币及时报送附近银行进行鉴定。确属假币时，按发现假币后的处理方法处理，如果确定不是假币时，应及时将钞票退还持币人。

（4）如果出纳误收、误持假币，或者被银行没收了，那么按照行业惯例，出纳必须承担赔偿责任，因为出纳应当具备识别真假币的业务能力。

1.3　如何熟练点钞

点钞，即票币整点，包括整点纸币和清点硬币。它是出纳人员必须具备的基本技能。

1.3.1　点钞的程序及要求

点钞的基本程序为：拆把→点数→扎把→盖章。具体要求见表 1-2。

表 1-2　　　　　　　　　　　　　点钞的基本程序

拆　把	把待点的成把钞票的封条拆掉
点　数	手点钞，脑记数，点准一百张
扎　把	把点准的一百张钞票墩齐，用腰条扎紧
盖　章	在扎好的钞票的腰条上加盖经办人名章，以明确责任

点钞有以下六十四字箴言。

平铺整齐，边角无折。同券一起，不能混淆。

券面同向，不能颠倒。验查真伪，去伪存真。

剔除残币，完残分放。百张一把，十把一捆。

扎把捆紧，经办盖章。清点结账，复核入库。

为达到上述具体要求，应做到以下几点：

（1）坐姿端正：直腰挺胸，双肘自然放在桌上，持票的左手腕部接触桌面，右手腕稍抬起，整点货币轻松持久，活动自如。

（2）操作定型，用品定位：钞票放在正前方，顺着拿钞的方向把钞票整齐码放在前方；水盒、笔和名章是常用物品，一般放在右边，便于使用。

（3）点数准确：点钞技术关键是一个"准"字，清点和记数的准确是点钞的基本要求。

（4）钞票墩齐：钞票点好后必须墩齐后（四条边水平，不露头，卷角拉平）才能扎把。

（5）扎把捆紧：扎小把，以提起把中第一张钞票不被抽出为准。按"♯"字形捆扎的大捆，以用力推不变形、抽不出票把为准。

（6）盖章清晰：腰条上的名章，是分清责任的标志，要清晰可辨。

（7）动作连贯：点钞过程的各个环节（拆把、清点、墩齐、扎把、盖章）必须密切配合，环环相扣，双手动作协调，注意减少不必要的小动作。

1.3.2　点钞方法

点钞方法很多，可以划分为手工点钞和机器点钞两大类。

手工点钞的方法很多，常用的主要有如下几种，其中前两种是针对纸币的点钞。

1. 手持式点钞技术

手持式点钞技术可分为手持式单指单张点钞法、手持式单指多张点钞法、手持式四指拨动点钞法、手持式五指拨动点钞法、手按式单张点钞法、手按式双张点钞法等。

（1）手持式单指单张点钞法，如图1-28所示。

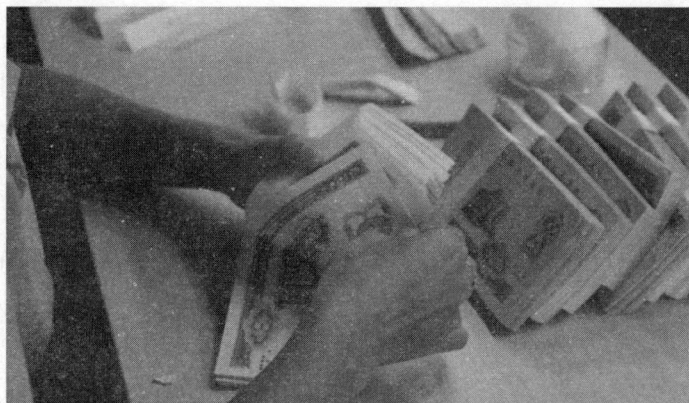

图 1-28　手持式单指单张点钞法

　　手持式单指单张点钞法是最常用的点钞方法之一。用一个手指一次点一张的方法叫单指单张点钞法。这种方法适用于收款、付款和整点各种新旧大小钞票。这种点钞方法由于持票面小，能看到票面的四分之三，容易发现假钞票及残破票，缺点是点一张记一个数，比较费力。具体操作方法如下：

　　①持票。左手横执钞票，下面朝向身体，左手拇指在钞票正面左端约四分之一处，食指与中指在钞票背面与拇指同时捏住钞票，无名指与小指自然弯曲并伸向钞票前左下方，与中指夹紧钞票，食指伸直，拇指向上移动，按住钞票侧面，将钞票压成瓦形，左手将钞票从桌面上擦过，拇指顺势将钞票向上翻成微开的扇形，同时，右手拇指、食指作点钞准备，如图 1-29 所示。

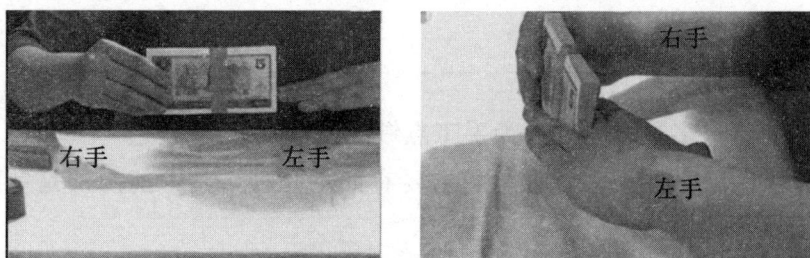

图 1-29　单指单张持票姿势

　　②清点。左手持钞并形成瓦形后，右手食指托住钞票背面右上角，用拇指尖逐张向下捻动钞票右上角，捻动幅度要小，不要抬得过高，要轻捻。食指在钞票背面的右端配合拇指捻动，左手拇指按捏钞票不要过紧，要配合右手起自然助推的作用。右手的无名指将捻起的钞票向怀里弹，要注意轻点快弹，如图 1-30 所示。

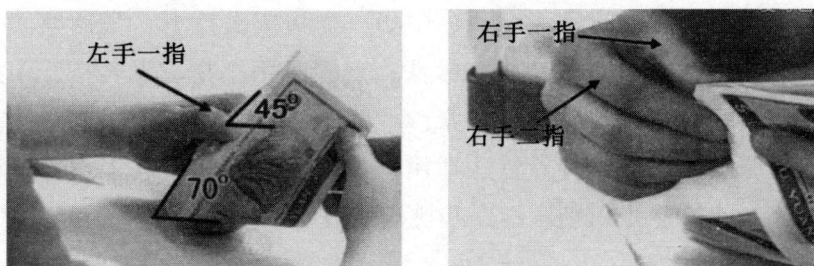

图 1-30　单指单张清点纸钞

③记数。与清点同时进行。在点数速度快的情况下，往往由于记数迟缓而影响点钞的效率，因此记数应该采用分组记数法。把 10 作 1 记，即 1、2、3、4、5、6、7、8、9、1（即 10），1、2、3、4、5、6、7、8、9、2（即 20），以此类推，数到 1、2、3、4、5、6、7、8、9、10（即 100）。采用这种记数法记数既简单又快捷，省力又好记。但记数时要默记，不要念出声，做到脑、眼、手密切配合，既准又快。

（2）手持式单指多张点钞法。

在单指单张点钞法的基础上，可逐步熟练为单指多张的点钞技术，点钞时，一指同时点两张或两张以上的方法叫单指多张点钞法。它适用于收款、付款和各种券别的整点工作。

这种点钞法除了记数和清点外，其他均与单指单张点钞法相同。

①清点。清点时，右手食指放在钞票背面右上角，拇指肚放在正面右上角，拇指尖超出票面，用拇指肚先捻钞。单指双张点钞法，拇指肚先捻第一张，拇指尖捻第二张。单指多张点钞法，拇指用力要均衡，捻的幅度不要太大，食指、中指在票后面配合捻动，拇指捻张，无名指向怀里弹。在右手拇指往下捻动的同时，左手拇指稍抬，使票面拱起，从侧边分层错开，便于看清张数，左手拇指往下拨钞票，右手拇指抬起让钞票下落，左手拇指在拨钞的同时下按其余钞票，左右两手拇指一起一落协调动作，如此循环，直至点完。

②记数。采用分组记数法。如：点双数，两张为一组记一个数，50 组就是 100 张。

2. 手持式多指多张点钞法

点钞时用中指、食指依次捻下一张钞票，一次清点两张钞票的方法，叫两指两张点钞法；点钞时用无名指、中指、食指依次捻下一张钞票，一次清点三张钞票的方法，叫三指三张点钞法；点钞时用小指、无名指、中指、食指依次捻下一张钞票，一次清点四张钞票的方法，叫四指四张点钞法。以上统称多指多张点钞法。这种点钞法适用于收款、付款和整点工作，这种点钞方法效率高，能够逐张识别假钞票和挑剔残破钞票。

3. 扇面式点钞法

将钞票捻成扇面状进行清点的方法叫扇面式点钞法。这种点钞方法速度快，是手工点钞中效率最高的一种。但它只适合清点新票币，不适于清点新、旧、破混合钞票。

①持钞。钞票竖拿，左手拇指在票前下部中间票面约四分之一处。食指、中指在票后同拇指一起捏住钞票，无名指和小指拳向手心。右手拇指在左手拇指的上端，用虎口从右侧卡住钞票成瓦形，食指、中指、无名指、小指均横在钞票背面，做开扇准备，如图 1-31 所示。

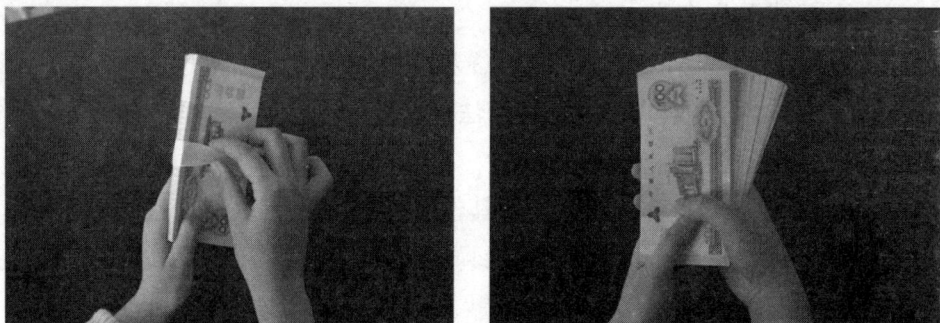

图 1-31　扇面式点钞法持钞

②开扇。以左手为轴，右手食指将钞票向胸前左下方压弯，然后再猛向右方闪动，同时右手拇指在票前向左上方推动钞票，食指、中指在票后面用力向右捻动，左手指在钞票原位置向逆时针方向画弧捻动，食指、中指在票后面用力向左上方捻动，右手手指逐步向下移动，至右下角时即可将钞票推成扇面形。如有不均匀地方，可双手持钞抖动，使其均匀。

打扇面时，左右两手一定要配合协调，不要将钞票捏得过紧。如果点钞时采取一按十张的方法，扇面要开小些，便于点清，如图 1-32 所示。

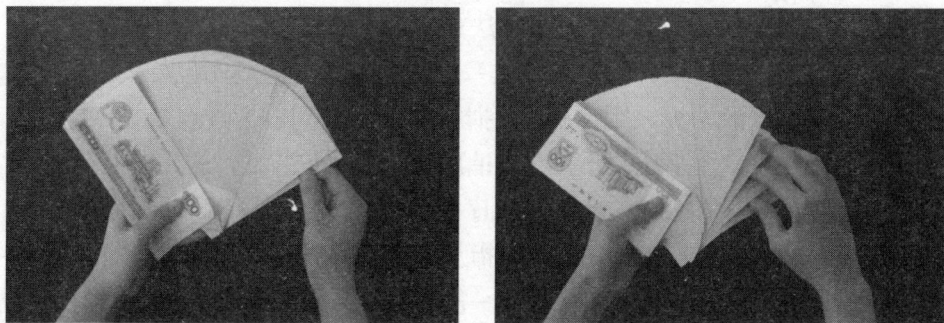

图 1-32　扇面式点钞法开扇

③清点。左手持扇面，右手中指、无名指、小指托住钞票背面，拇指在钞票右上角 1 cm 处，一次按下五张或十张；按下后用食指压住，拇指继续向前按第二次，以此类推，同时左手应随右手点数速度向内转动扇面，以迎合右手按动，直到点完 100 张为止。

④记数。采用分组记数法。一次按 5 张为一组，记满 20 组为 100 张，一次按 10 张为一组，记满 10 组为 100 张。

⑤合扇、扎把、盖章。清点完毕合扇时，将左手向右倒，右手托住钞票右侧向左合拢，左右手指向中间一起用力，使钞票竖立在桌面上，两手松拢轻墩，把钞票墩齐，准备扎把，并盖章，如图 1-33 所示。

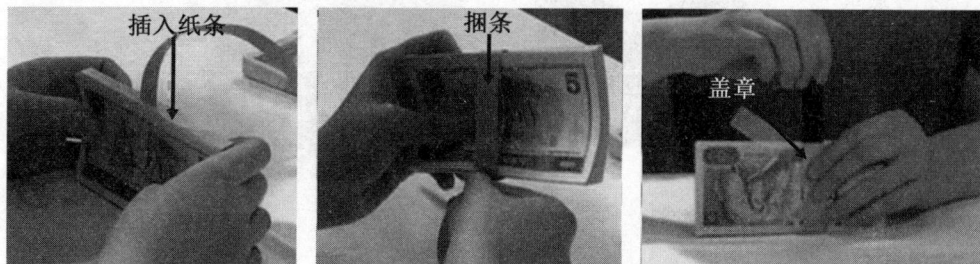

图 1-33　扎把、盖章

1.3.3　整点硬币的方法

在实际工作中整点硬币一般有两种方法：手工整点硬币和工具整点硬币。

（1）手工整点硬币。一般常用在收款、收点硬币尾零款，以 100 枚为一卷，一次可清点 5 枚、12 枚、14 枚或 16 枚，最多可一次清点 18 枚，主要是依个人技术熟练程度而定。其操作方法如下：

一是拆卷。右手持硬币卷的三分之一部位，放在待清点完包装纸的中间，左手撕开硬币包装纸的一头，然后右手大拇指向下从左到右拆开包装纸，把纸从卷上面压开后，左手食指平压硬币，右手抽出已压开的包装纸，这样即可准备清点。

二是点数。按币值从大到小的顺序进行清点，左手持币，右手拇指、食指分组清点。为保证准确，用右手中指从一组中间分开查看，如一次点18枚为一组，即从中间分开一边9枚；如一次点10枚为一组，一边为5枚。记数方法：分组计数，一组为一次，如点10组即记10次，其他以此类推。

三是包装。硬币清点完毕后，用双手的无名指分别顶住硬币的两头，用拇指、食指、中指捏住硬币的两端，将硬币取出放入已准备好的包装纸1/2处，再用双手拇指把里半部的包装纸向外掀起，掖在硬币底部，再用右手掌心用力向外推卷，然后用双手的中指、食指、拇指分别将两头包装纸压下均贴至硬币，这样使硬币两头压三折，包装完毕。

（2）工具整点硬币是指大批的硬币用整点工具——硬币清分机（图1-34）进行整点。具体操作按提示进行即可。

图 1-34　硬币清分机

1.3.4　残缺污损人民币兑换办法

1. 残缺、污损人民币

残缺、污损人民币是指票面撕裂、损缺，或因自然磨损、侵蚀，外观、质地受损，颜色变化，图案不清晰，防伪特征受损，不宜再继续流通使用的人民币。

凡办理人民币存取款业务的金融机构应无偿为公众兑换残缺、污损的人民币，不得拒绝兑换。

2. 残缺、污损人民币兑换办法

残缺、污损人民币兑换分"全额""半额"两种情况。

（1）能辨别面额，票面剩余四分之三（含四分之三）以上，其图案、文字能按原样连接的残缺、污损人民币，金融机构应向持有人按原面额全额兑换。

（2）能辨别面额，票面剩余二分之一（含二分之一）至四分之三以下，其图案、文字能按原样连接的残缺、污损人民币，金融机构应向持有人按原面额的一半兑换。

（3）纸币呈正十字形缺少四分之一的，按原面额的一半兑换。

金融机构在办理残缺、污损人民币兑换业务时，应向残缺、污损人民币持有人说明认定的兑换结果。残缺、污损人民币持有人同意金融机构认定结果的，对兑换的残缺、污损人民币纸币，金融机构应当面将带有本行行名的"全额"或"半额"戳记加盖在票面上。对兑换的残缺、污损人民币硬币，金融机构应当面使用专用袋密封保管，并在袋外封签上加盖"兑换"戳记。不予兑换的残缺、污损人民币，应退回原持有人。

1.4　出纳写字规范

会计文字书写和会计数字书写构成了财务文件的主要内容。会计文字和数字书写规范是会计的基础工作标准，直接关系会计工作质量的优劣和会计管理水平的高低。

1.4.1　文字与数字的书写规范

1. 会计文字书写规范

出纳经常要书写大量的数字和文字，进行规范的财务书写是出纳必须掌握的重要基本功之一。因此要求出纳必须掌握一定的书写技能，使书写的文字与数字正确、清晰、整洁，符合规范化的要求。

会计上的文字书写是指汉字书写。例如日常工作中，出纳常常会根据单位业务需要完成下列银行进账单的填写，见表1-3。

表 1-3　　　　　　　　　中国银行进账单（回单或收账通知）

进账日期：2022 年 2 月 25 日　　　　　　　　第 0123 号

收款人	全　　称	伟业联合有限公司	付款人	全　　称	丰利食品有限公司										此联给收款人的收账通知
	账　　号	6200004309234215430		账　　号	62228075320592727										
	开户银行	工行深圳樱花支行营业室		开户银行	工行深圳龙行支行										
人民币（大写）：⊗壹拾贰万叁仟叁佰元整					千	百	十	万	千	百	十	元	角	分	
						¥	1	2	3	3	0	0	0	0	
票据种类		商业汇票													
票据张数		1													
主管　　会计　　复核　　记账				收款人开户银行盖章（略）											

会计文字书写的基本要求是：字体规范、字迹清晰、简明扼要、表达准确、字词正确、排列整齐、书写流利。

2. 会计数字书写规范

会计数字书写规范包括小写金额与大写金额书写规范两方面内容。

（1）小写金额数字的规范书写：0123456789。

小写金额是用阿拉伯数字来书写的。具体书写要求如下：

①书写数字时，各数字从左至右，笔画顺序是自上而下、先左后右，每个数字要独立有形、大小匀称，不能连笔书写。

②每个数字要紧靠底线但不要顶满格（行），一般每格（行）上方预留 1/3 或 1/2 空格位置，为更正错误数字留有余地。

③书写数字时字迹要工整，排列要整齐有序且有一定的倾斜度，一般要求上端向右倾斜 45°到 60°。

④数字排列的空隙应保持一定且同等距离，不能在数字中间留有较大空隙形成空格。

⑤会计数字书写时，除"4"和"5"以外，其他数字必须一笔写成，具体书写要求如下：

一是"0"字不能写小，写时要闭合，以免改作 9，连写几个"0"时，不要写成连线，也不要把"0"和"6"书写混淆。

二是"1"字不能写得比其他数字短，以免篡改，也不要把"1"和"7"书写混淆。

三是"2"字不能写成"Z"，以免改作 3。

四是"3"字起笔处到转弯处距离要稍长，同时转弯处要光滑，避免被误认为 5，也不要把"3"和"8"书写混淆。

五是"4"字的"∠"要写成死折，使其不易被改作 6。

六是"5"字的短横与"称钩"必须明显，以防与 8 混淆。

七是"6"字起笔略长，下圈要明显，使其不易被改作 4 或 8。

八是"7"字上端一横要明显并且平直，折划不能圆滑，以便与 1 和 9 区别。

九是"8"字上下两圈儿要明显可见，且上圈比下圈略小。

十是"9"字上圈要闭合，并且收笔略长，使其不易与 4 混淆。

⑥写小写金额的整数部分，可以从小数点向左按照"三位一节"用","分开或加空格分开。如 32，490，218 或 54 671 035。

⑦阿拉伯数字前面应当书写货币币种符号或者货币名称简写。币种符号与阿拉伯数字金额之间不得留有空白。凡阿拉伯数字前写有币种符号，数字后面不再写货币单位。例如人民币符号"￥"，它既代表了人民币的币制，又表示人民币"元"的单位，所以，当小写金额前填写人民币符号"￥"后，数字后面不再写"元"字。需要注意的是："￥"与阿拉伯数字要有明显区别。

⑧角、分书写要求：所有以元为单位的阿拉伯数字，一般填写到角分；无角分的，角位和分位可写"00"；有角无分的，分位应当写"0"，不得用符号"—"代替。

（2）大写金额数字的规范书写：零、壹、贰、叁、肆、伍、陆、柒、捌、玖、拾、佰、仟、万、亿、元、角、分、整（或正）。

为了防止涂改，需要用中文大写数字表示金额。比如日常工作中的发票开具、银行结算凭证的填写等。

大写金额由数字和数位组成，用汉字大写书写为：零、壹、贰、叁、肆、伍、陆、柒、捌、玖、拾、佰、仟、万、亿等。具体书写要求如下：

（1）汉字大写数字一律用正楷或者行书体书写，不得用 0（另）、一、二、三、四、五、六、七、八、九、十、千等简化字代替，不得任意自造简化字，比如"角"不能用"毛"代替。

（2）大写金额数字到元或者角为止的，在"元"或者"角"字之后应当写"整"或"正"字，例如"78.70 元"写成"人民币柒拾捌元柒角整（或正）"；如果分位有金额，在"分"后不必写"整"或"正"字，例如"43.98元"写成"人民币肆拾叁元玖角捌分"，因其分位有金额，在"分"后不必写"整"或"正"字。

（3）中文大写金额数字前应标明"人民币"字样，大写金额数字应紧接"人民币"字样填写，不得留有空白。大写金额数字前未印有"人民币"字样的，应填加"人民币"三字。

（4）如果金额数字中间有两个或两个以上"0"字时，可只写一个"零"字，比如"3 001.00"，应写成"人民币叁仟零壹元整"；阿拉伯金额数字元位是"0"，或者数字中间连续有几个"0"，元位也是"0"，但角位不是"0"时，汉字大写金额可以只写一个"零"字，也可不写"零"字，比如"5 700.30"，应写成"人民币伍仟柒佰元零叁角正"，也可以写成"人民币伍仟柒佰元叁角正"。

总之，小写金额数字中有"0"时，中文大写应按照汉语语言规律、金额数字构成和防止涂改的要求进行书写。

（5）表示数字为拾几、拾几万时，大写文字前必须有数字"壹"字，因为"拾"字代表位数，而不是数字。

（6）票据的出票日期必须使用中文大写。在填写月、日时，月为壹、贰和壹拾的，日为壹至玖和壹拾、贰拾和叁拾的，应在其前加"零"，日为拾壹至拾玖的，应在其前面加"壹"。如：2月12日，应写成零贰月壹拾贰日，10月20日，应写成零壹拾月零贰拾日。

（7）票据出票日期使用小写填写的，银行不予受理。大写日期未按要求规范填写的，银行可予受理，但由此造成损失的，由出票人自行承担。

1.4.2 金额书写错误的情形

（1）在阿拉伯金额数字前面未写人民币符号，大写金额前未印有也未注明"人民币"字样，且在大写金额前留有空白处。

（2）阿拉伯数字书写潦草、大写字迹潦草，并自造简化字，难以辨认。

（3）有的小写金额应在角分位用"00"代替的而未填写。

（4）应在大写金额后写"整（正）"字的没有写，分后不应写整（正）却写了。

（5）阿拉伯数字中"0"的大写金额的写法不规范。

1.5 出纳的硬件装备

为了保障货币及各种票据的安全，出纳人员必须配备保险装置，用来存放资金及各种票据。会计人员有各种印章，出纳也不例外。

1.5.1 保险柜的配置

为了保证货币资金和票据等资产的安全与完整，每个单位都应配备专用保险柜，专门用于库存现金、各种有价证券、银行票据、印章及其他出纳票据等的保管。

保险柜一般由总会计师或会计机构负责人授权，由出纳负责管理使用。各单位应通过制定保险柜使用办法，督促有关人员严格执行，加强对保险柜的使用管理。图 1-35 中列出了几种目前市场上常用的保险柜样式。

图 1-35 保险柜

对于出纳而言，现金、有价证券、重要文件、印鉴都放置在保险柜里，所以保险柜的使用和保护也尤为重要。

保险柜是一种防盗工具，出纳在使用时应注意以下几点：

1 • 转动机械密码锁时，需精心顺势缓转，切勿猛力旋转，同时记清方向及次数，如不慎超过标记线，不可倒回，必须重新开始

2 • 设置密码最好是在保险柜门打开的情况下进行，密码设置完毕后，应输入新密码操作几次，确认无误后，方可将柜门锁上

3 • 切勿把说明书、应急钥匙锁入保险柜内

4 • 报警器使用时，对内部的各开关及电子元件，不要随意调动，发现声音变小，表明电池用完，应及时更换。若发生误报可将灵敏度适当调低

5 • 为保证保险柜固定可靠，膨胀螺母必须锤击至螺母胀开胀紧。螺母在墙孔中充分坚固

对于出纳而言，如果公司条件允许，保险柜上尽量安装一个摄像头，保证公司的财产安全可靠。同时，出纳不应在保险柜里隔夜放过多的现金，以防被盗窃，所以现金存放要严格遵守国家的规定，保存3～5天的零星支出即可。

（1）保险柜的放置要求。

保险柜应当放置于会计部门出纳的办公区域，不宜靠近门或窗。保险柜门的朝向，要尽量在非出纳人员的视线范围外。放置有保险柜的房间，应当按照国家相关规定采取安防措施。

（2）保险柜的使用有限制。保险柜由单位会计部门出纳负责管理使用，但绝不是出纳可以在保险柜里任意存放物品，特别是保险柜内不得存放私人财物。

（3）出纳应将保险柜密码熟记在心，不得书面记载，不得向他人泄露，以防被他人利用。出纳调动岗位，新出纳应及时更换密码。

（4）保险柜一般配备两把钥匙：一把由出纳保管，于日常工作时使用，另一把交由会计机构负责人或安保部门封存以备用。任何保管人未经批准不得擅自将保险柜钥匙交由他人。

（5）保险柜的开启与修理的规定。保险柜只能由出纳人员开启使用，非出纳人员不得开启保险柜。

（6）如果单位负责人或会计机构负责人需要对出纳工作进行检查，如检查库存现金限额、核对实际库存现金数额，或有其他特殊情况需要开启保险柜的，必须按规定的程序开启保险柜，其他情况下不得开启。

保险柜如果出现故障，应到公安机关指定的维修点进行修理，以防泄密或失窃。

（7）财物的保管。每日终了后，出纳员应将其使用的空白支票（包括现金支票和转账支票）、银行票据、印章等放入保险柜内。保险柜内存放的现金应设置和登记现金日记账，其他有价证券、存折、票据等应按种类造册登记，贵重物品应按种类设置备查簿登记其质量、重量、金额等，所有财物应与账簿记录核对相符。

（8）保险柜被盗后的处理程序。出纳发现保险柜被盗后首先应保护好现场，禁止无关人员接近现场，禁止任何人员触动现场的任何物品，然后迅速报告单位负责人并报警，协助公安机关侦破案件。

（9）两天以上节假日或出纳请假两天以上不在岗并且无临时接替人员的，应在保险柜锁孔处贴上封条，待出纳到岗工作时再揭封。如果发现封条被撕坏或锁孔处被弄坏，也应迅速向单位负责人报告并报警，以便及时查明情况，防止可能出现的风险。

第2章

注册新公司全流程业务

出纳人员应该熟悉注册新公司的流程，因为新设公司少不了出纳人员的工作。办理营业执照、银行开户、办理税务登记等流程如下：

市场监督管理局（核定名称/营业执照） ——→ 所属公安局与银行（刻章手续与开户） ——→ 所属税务局（办理税务登记）

2.1 怎么办理营业执照

办理营业执照之前，要先向市场监督管理部门填写企业名称预先核准申请书。即先核定企业名称，企业名称确定之后才能进入申请营业执照流程。企业名称实行预先核准制度，现在大部分地区实行网络申报，可登录当地市场监督管理局网站填写，"企业名称预先核准申请书"表格样式基本相同。

2.1.1 公司核名政策规定

为企业命名，要弄懂有关政策的规定。根据国务院《中华人民共和国公司登记管理条例》《企业名称登记管理规定》《企业名称登记管理实施办法》的规定：

> ....
>
> 六、企业名称经核准登记后，无特殊原因在一年以内不得变更。中外合资、合作经营企业，外商独资企业，可向工商行政管理机关预先申请登记名称，经工商行政管理机关核定后，一年以上不开业的，其名称自然失效。
>
> 七、企业名称不得冠以党政机关（包括工会、青年团、妇联）名称。现已核准登记，冠以党政机关名称的劳动服务公司可暂不变更其名称。
>
> 八、冠"分公司"名称的，必须有隶属的上级公司机构，方可准予登记。凡采取松散的挂靠形式的，其挂靠的分公司不得冠以总公司的名称。总公司所属分公司的下属企业不得冠总公司的名称。
>
> 九、使用"中国""中华"等字样为企业名称的，必须经国务院或国务院授权机关批准，由国家工商行政管理局核准登记。

2.1.2 企业组织形式不同，命名的要求也不同

根据企业组织形式的不同，主要分为个人独资企业、合伙企业和公司制企业三种形式。

1. 个人独资企业名称的规定

《个人独资企业登记管理办法》规定，个人独资企业不能在其名称中使用"有限""有限责任"的字样，也不能称为"公司"。个人独资企业的名称要与其从事的营业相符合。企业名称可以使用自然人、投资人的姓名作字号。企业可以在名称中的字号之后使用国家（地区）名称或者县级以上行政区划的地名。

个人独资企业后缀只能是：中心、工作室、事务所等，如上海××工作室，上海××事务所，上海××中心。

2. 合伙企业名称的规定

《中华人民共和国合伙企业法》第五条明确规定，合伙企业在其名称中不得使用"有限"或者"有限责任"字样。合伙企业名称中的组织形式后应当标明"普通合伙""特殊普通合伙"或者"有限合伙"字样，并符合国家有关企业名称登记管理的规定。

按照名称登记管理有关规定，企业名称一般由四部分依次组成：行政区划＋字号＋行业特点＋组织形式。以深圳市为例，有限合伙一般注册为"深圳××中心"（有限合伙），资产管理类的注册为"深圳××投资中心"（有限合伙）、"深圳××资产管理中心"（有限合伙）。

合伙企业的组织形式表述为"厂"、"店"或者"所"等。如"北京市红都制衣厂"中的"厂"字，即为表述组织形式的字词。普通合伙企业应当在其名称中标明"普通合伙"字样，其中，特殊的普通合伙企业标明"特殊普通合伙"字样；有限合伙企业标明有限合伙字样，而不能标明"普通合伙""特殊普通合伙""有限公司""有限责任公司"等字样。总之，合伙企业名称必须有"合伙"二字。

3. 公司名称的规定

公司名称结构一般为"地域＋字号＋行业（主营）＋组织形式（有限公

司、股份有限公司等）"。地域就是企业所在地，字号就是企业名称，如京东、新华、当当等，行业就是企业所属的行业，指的是制造、商贸、图书、科技、网络等；组织形式是独资企业、合伙企业和公司制企业三种形式。如深圳吉祥鸟服装有限公司，完整体现以上四个元素。

目前，办理企业名称预先核准申请书，可以在网站办理，也可去政府行政服务大厅办理。如果在网上填报，可登录当地市场监督管理局网站。如河北省市场监督管理局的页面非常清晰，如图 2-1 所示。

图 2-1　网上申请核准企业名称

根据《工商企业名称登记管理暂行规定》第二条的规定，企业名称经核准登记后，根据分级管理的原则，在规定的范围内享有专用权，同行业企业不得重名。中外合资、合作经营企业、外商独资企业在全国范围内不得重名。企业名称应由字号、所属行业（或经营特点）、组织形式等部分组成。为保护企业名称在规定的范围内享有专用权，企业名称前应冠以行政区划名称（如深圳市祥云贸易有限公司）。中外合资、合作经营企业，外商独资企业名称前可不冠行政区划名称。

企业起名时可以先到名称库中查询是否重名。企业名称预先核准申请书见表 2-1。

表 2-1   **企业名称预先核准申请书**

申请企业名称	深圳吉祥鸟服装有限公司			
备选企业名称 （请选用不同字号）	1. 深圳博宇绿春服装有限公司 2. 深圳盛唐世美服装有限公司 3. 深圳富贵花开服装有限公司			
经营范围	许可经营项目：无 一般经营项目：服装的加工、销售，服饰、鞋帽、针纺织品、手袋、纺织原料、日用百货的销售 （只需填写与企业名称行业表述一致的主要业务项目）			
注册资本（金）	500（万元）	币种		人民币
企业类型	有限公司	经营期限		9 999（长期）
住所所在地	深圳市宝安区松岗潭头工业区 177 号			
指定代表或者委托代理人	张明月			

指定代表或委托代理人的权限：

    1. 同意□不同意□核对登记材料中的复印件并签署核对意见；

    2. 同意☑不同意□修改有关表格的错误；

    3. 同意□不同意□领取《企业名称预先核准通知书》

投资人姓名或名称	证照号码	投资额（万元）	投资比例（%）	签字或盖章
李明	××××	300	60%	李明
安然	××××	200	40%	安然
填表日期	2×21 年 1 月 1 日			
指定代表或委托代理	签字：韩芳芳			
固定电话				
授权期限				

1. 同意□不同意□核对登记材料中的复印件签署核对意见；

2. 同意□不同意□修改有关青梅的填写错误；

3. 同意□不同意□领取《企业名称预先核准通知书》。

（指定代表或委托代理人、具体经办人身份证件复印件粘贴处）

申请人签字或盖章	韩芳芳	2×21 年 1 月 1 日

填写时要注意以下几个问题：

（1）企业除了要准备正式名称外，还要提供几个备用名称，一定不要重名。

（2）企业填写住址时，如果是企业自己的房子，要写房产证上的地址；如果是租房，需要按照房东房产证的地址填写。

（3）投资总额的填写：2014年3月1日施行注册公司认缴制，规定公司在注册时不需要一次性地对注册资金进行实缴，而是可以通过签订相关合同和协议的方式进行分批次的缴纳。部分法律法规未对注册资金数额进行限制。如《中华人民共和国招标投标法》中未对标的和注册资金有要求，只对资质有要求。《政府采购促进中小企业发展暂行办法》第三条要求，任何单位和个人不得阻挠和限制中小企业自由进入本地区和本行业的政府采购市场，政府采购活动不得以注册资本金、资产总额、营业收入、从业人员、利润、纳税额等供应商的规模条件对中小企业实行差别待遇或者歧视待遇。

（4）公司的经营范围分为"一般经营项目"和"许可经营项目"两类。

一般经营项目可自主经营，是指日常的普通商品和服务。例如，建材五金、电脑配件、日用品、文具、服装销售、货运代理、咨询服务等，可以直接办理工商注册。

许可经营项目需要凭批准文件、证件方可经营。例如，医疗卫生要经卫生局审批、药品销售经药监部门审批、餐饮制售经卫生与环保局审批、危险品销售经安监局审批、烟酒销售经烟草和经贸局审批等。

许可经营项目分为"前置审批"和"后置审批"两种，这几年大量的前置审批都改为了后置，因此，注册公司往往都需要先办理商事登记，领取营业执照，再按照有关部门的规定办理相应的许可证，然后再营业。比如一家餐饮店，经营范围填写"餐饮服务"，在取得营业执照之后，还需要办理"食品经营许可证"，这就是许可经营项目，属于"后置审批"。如果规定必须取得"食品经营许可证"后，才能办理营业执照，就属于"前置审批"

前置后置的分界线就是企业工商登记注册的先后顺序，前置是指到市场监督管理局办理名称预先核准→有关部门办理前置审批→市场监督管理局办理营业执照；后置是指到市场监督管理局办理名称预先核准→办理营业执照→有关部门办理后置审批。

2.1.3 营业执照的分类与申请办理

企业名称核准成功后，就可以着手办理营业执照。营业执照是市场监督管理部门发给企业、个体经营者准许从事某项生产经营活动的凭证。其格式由国家市场监督管理局统一规定。登记事项为：名称、地址、负责人、资金数额、经济成分、经营范围、经营方式、从业人数、经营期限等。营业执照分正本和副本，二者具有相同的法律效力。正本应当置于公司住所或营业场所的醒目位置，营业执照不得伪造、涂改、出租、出借、转让。没有营业执照的企业或个体经营者一律不许开业，不得刻制公章、签订合同、注册商标、银行不予开立账户。

营业执照的种类包括个体户营业执照、有限责任公司营业执照、股份有限公司营业执照、合伙企业营业执照、个人独资企业营业执照。

1. 个体户营业执照

个体户即个体工商户，一般由个人或者家庭经营，个人经营的不允许转让，家庭经营的可以转让给家庭成员，但不可开分店。街边照相馆、理发店、小吃店等申请的执照一般都是个体户营业执照。在税务上采用定额征税，无须建账；按租金和成本等来估算收入。核定征收后有无收入均需按核定税金缴纳，超出定税部分则另行征收。个体户缴纳个人所得税。个体户的主要特点：无须注册资本，无须建账。

2. 有限责任公司营业执照

有限责任公司简称"有限公司"，公司有独立的法人财产，以其全部财产对公司的债务负责，即公司股东只需要承担当初认缴的那部分出资额，无须承担认缴出资额之外的债务。有限公司一般为查账征收，也可以定额征收。有限公司可以开设分公司，也可以入股投资，可以无限延存。有限公司的主要特点：需投入注册资金，最少1元，最多不限。

3. 股份有限责任公司营业执照

股份有限公司与有限责任公司最大的区别就是股份有限公司可以发行股票筹集资本。

股份有限公司的设立方式有两种，发起设立和募集设立。发起设立，是指由发起人认购公司应发行的全部股份而设立公司；募集设立，是指由发起人认购公司应发行股份的一部分，其余股份向社会公开募集或者向特定对象募集而设立公司。

税收要求与有限公司类似。

股份公司的主要特点：需投入注册资金，最少 500 万元，最多不限。

4. 合伙企业营业执照

合伙企业是不具备法人资格的，一般有普通合伙企业和有限合伙企业。普通合伙企业是由二个以上合伙人共同出资，有限合伙企业是由二个以上五十个以下合伙人设立，并签订合伙协议，承担无限连带责任的企业。合伙企业可以设立分支机构。

合伙人可以是自然人或者法人（即公司），两者可以是普通合伙人与有限合伙人，普通合伙人对企业承担无限责任，有限合伙人以其出资额为限对企业承担有限责任（注意合伙企业都是无限责任，而有限合伙人是有限责任）。合伙企业的主要特点：无须注册资本，可建账，也可不建账。

合伙企业缴纳个人所得税，与有限公司缴纳企业所得税不同。

5. 个人独资企业营业执照

个人独资企业是由一个自然人投资的，个人对企业债务承担无限责任的企业，简称独资企业。与个体户一样，不具备法人资格，但是可以开分店。需要注意的是，独资企业的投资人必须是自然人，而一人股东公司可以是自然人或者法人，个体户可以是个人或者家庭。独资企业缴纳个人所得税，而非公司的企业所得税。

无须注册资本，可建账，也可不建账。

本节主要介绍法人营业执照的办理。办理法人营业执照需要以下资料：核名通知书、公司章程、股东会决议、房屋租赁合同原件、房屋产权证明复印件、股东身份证复印件、委托书。

6. 申请企业法人登记具备的条件

申请企业法人登记的单位应当具备下列条件：

（1）名称、组织机构和章程；

（2）固定的经营场所和必要的设施；

（3）符合国家规定并与其生产经营和服务规模相适应的资金数额和从业人员；

（4）能够独立承担民事责任；

（5）符合国家法律、法规和政策规定的经营范围。

公司章程部分内容如下：

第一章　总则

第一条　为维护公司、股东的合法权益，规范公司的组织和行为，根据《中华人民共和国公司法》（以下简称《公司法》）和其他有关法律、行政法规的规定，制订本章程。

第二条　公司名称：深圳吉祥鸟服装有限公司（以下简称公司）。

第三条　公司住所：深圳市宝安区新沙路453号。

第四条　公司营业期限：自公司设立登记之日起至长期。

……

第二章　经营范围

第八条　公司的经营范围：互联网信息服务。

以上经营范围以公司登记机关核定为准。

第九条　公司根据实际情况，可以改变经营范围，但须经公司登记机关核准登记。

第三章　公司注册资本

……

第六条 股东的姓名（名称）、证件类型及证件号码如下：

股东姓名或者名称	证件类型	证件号码
××	身份证号	××××
××	身份证号	××××
××	身份证号	××××

第七条　股东的出资额、出资方式及出资时间如下：

股东姓名或名称	认缴情况		
	出资数额（万元）	出资时间	出资方式
××	××	××	货币
××	××	××	货币

2.2　企业刻章需要到公安局备案

企业办理日常业务时需要公章、财务章、发票专用章、合同章等，那么如何办理刻章？

2.2.1　需要携带的证明文件有哪些

《中华人民共和国印章管理办法》第十条规定，需要刻制印章的单位应当到公安机关批准的刻制单位刻制；刻制单位将刻制的印章向公安机关办理印鉴备案后，方准启用。因此，新成立企业需持以下资料并附印章样式，到所在地公安局办理：

（1）营业执照副本原件与复印件一份；

（2）法定代表人与经办人身份证原件及复印件一份；

（3）法定代表人授权刻章委托书；

（4）企业出具的刻章证明。

如果是分支企业，证明和法人代表授权委托书需要总公司加盖公章，提供总公司营业执照副本复印件，法人身份证复印件以及印章样式到当地公安局备案。

（1）企业申请刻章，首先要先写申请书。

> **申　请　书**
>
> 公安局：
>
> 　　本公司因业务开展的需要，需要向贵局备案申请刻制××章、××章各一枚，本公司承诺会依据国家法律法规正确使用，对由此产生的一切责任和后果由我单位承担，与贵局无关，望给予审批通过为盼。
>
> 　　特此申请！
>
> 　　　　　　　　　　　　　　　　　　　　法人签名：
>
> 　　　　　　　　　　　　　　　　　　　　申请日期：

（2）企业代定代表人如果委托其他人办理，要写委托书。

复印法人身份证、营业执照正、副本，文字和图像必须复印清晰，每一份要法人签名和写上"与原件一致"和盖手模。

需要注意的是，如申请刻制"发票专用章"，还需要提供税务登记证正、副本复印件。

准备齐资料就去企业所属的当地公安局对外窗口办理刻章报备，当地公安局根据相关规定，对公司资料进行审核。审批合格后由所在地公安局开具刻章许可证明文件，公司凭此证明到指定的印章刻制店定做。费用标准根据公安局公示价格为准。

财务人员、法定代表人的人名章不需要在公安局备案。

2.2.2　印章的用途

公司印章用途如下：

（1）公章，用于公司对外事务的处理，市场监督管理局、税务局、银行等外部事务处理事需要加盖。

（2）财务专用章，用于出具公司票据，出具支票时需要加盖财务专用章，通常称为银行大印鉴。

（3）合同专用章，通常在企业签订合同时需要加盖。

（4）法定代表人章，用于特定的用途，公司出具票据时也要加盖此印章，通常称为银行小印鉴。

（5）发票专用章，在公司开具发票时需要加盖此章。

2.2.3 印章的管理

印章是公司经营管理活动中行使职权、明确公司各种权利义务关系的重要凭据和工具。财务部门的印章主要包括三种，分别是本企业的财务专用章、分管领导名章和出纳人员的名章，其用途见表 2-2。

表 2-2 印章的种类与用途

种　　类	用　　途
财务专用章	代表企业行使财权的公章，同时也能代表财务部门
分管领导名章	标明企业领导人员之间的明确分工，一旦出现问题，可以追究分管领导的个人责任
出纳人员的名章	表明在会计人员中有明确的分工，坚持"谁经手、谁负责"的原则。如有工作出现变动，应随时更换印鉴，以分清责任

至于印鉴，一般由出纳人员保管自己的名章，由复核人员保管其余两枚印章。这样既有利于互相监督，又便于明确责任。

出纳人员应该熟悉下列这些公章。

（1）公章。

（2）合同章。

（3）财务章。

（4）法人私章，即法定代表人个人名章（该章往往也是银行开户备案的印鉴章之一）。

（5）发票专用章——专用于开具发票上，代表单位对发票内容的确认。

（6）国税代码章——用于发票领购簿、税收缴款书等。

（7）现金收讫章——在现金收款凭证及其附件上盖章。

（8）现金付讫章——在现金付款凭证及其附件上盖章。

（9）银行收讫章——在银行收款凭证及其附件上盖章，见表 2-3。

（10）银行付讫章——在银行付款凭证及其附件上盖章。

（11）承前页章——专用于账本翻页后。

（12）过次页章——专用于账本翻页前。

表 2-3   收 款 凭 证

2021 年 1 月 25 日

借方科目：银行存款   银收第 5 号

摘要	贷方科目		记账标记	金额									
	总账科目	明细科目		千	百	十	万	千	百	十	元	角	分
收到创维集团货款	应收账款	创维集团公司	√				6	8	0	0	0	0	0
		银行收讫											
合计						¥	6	8	0	0	0	0	0

会计主管：李明   记账：张兰   出纳：陈可   审核：辛迪   制单：肖元

附件 2 张

1. 印章、印鉴的保管要求

印章、印鉴的保管要求见表 2-4。

表 2-4   印章、印鉴的保管要求

职责分离	按照有关规定，支票印鉴一般应由会计主管人员或指定专人保管，支票和印鉴必须由两个人分别保管。负责保管的人员不得将印章、印鉴随意存放或带出企业。严禁将支票印鉴以及单位主管人的名章一并交由出纳人员保管和使用
预留印鉴的更换	如果需要更换预留印鉴，应填写"印鉴更换申请书"，同时出具证明情况的公函，一并交开户银行，经银行同意后，在银行发给的新印鉴卡的背面加盖原预留银行印鉴，在正面加盖新启用的印鉴
预留印鉴的遗失	出纳人员遗失单位印鉴后，应由企业财务主管出具证明，并经开户银行同意后，及时办理更换印鉴的手续
印章、印鉴的销毁	由于单位变动、更名或其他原因停止使用印章、印鉴，或其破损无法使用时，应由保管人员报单位领导批准，对其进行封存或销毁，并由行政部门办理新章刻制事宜

2. 印章、印鉴的使用规定

（1）不得携带印章、印鉴外出使用。确因工作需要的，携带印章、印鉴外出前，必须报总经理批准。

（2）携带公章外出必须报部门负责人批准。

（3）不得在空白凭证上加盖印章，确因工作需要加盖印章的，必须在空白凭证上注明"仅供（某具体事项）使用"等限制性字样，并报总经理批准。当事人必须在事后交回该凭证的原件或复印件。

（4）印章保管人员不得随意私自使用公章，不得擅自让他人代管、代盖公章。

（5）对非法使用印章者视情节轻重给予记过、记大过、劝退或开除的处分，并保留追究其法律责任权利。

（6）需要签发支票付款时，一般先由出纳人员根据支票管理制度的规定填写好票据、盖上出纳人员名章，然后交复核人员审查该付款项目是否列入了开支计划、是否符合开支规定，如无不妥，则加盖其余印鉴正式签发，这样也就真正起到了付款时的复核作用。

3. 管理印章

印章的管理应做到分散管理、相互制约，印章的管理涉及范畴：刻印、使用、废止、更换。

一般单位成立时，基本印章（公章、合同章、法人私章、财务章）的刻制，应由指定的印章管理人员负责刻制，然后交行政部门备案，并从刻制之日起严格执行单位印章的具体使用规定。

因业务发展需要申请各职能部门专用章时，应由需求部门填写申请表，经授权核准后送交行政部门刻制。

单位内任何部门在启用印章前，均需与单位行政部门办理领取手续，并备案。

（1）公章：单位各部门如果需要加盖公章，须经单位领导同意或经单位已规定的程序审批，然后才能到行政部门办理相应的领取加盖手续。行政部门需要将印章使用申请表与印章使用登记簿留档。

（2）合同章：有的单位合同章由行政部门保管，有的单位由财务部门保管。不论由谁保管，需要加盖合同章者，都必须经单位领导同意或经单位已规定的程序审批，然后才能办理相应的领取加盖手续。行政部门或财务部门需要将印章使用申请表与印章使用登记簿留档。

（3）法人私章：一般由财务部门的出纳保管，主要用于银行汇票、支票等结算业务，出纳加盖时必须有经审批的支付申请单或已填制并审核无误的会计凭证。

（4）财务章：一般由会计机构负责人或主管会计或财务部门指定专人保管，主要用于银行汇票、支票等需要加盖银行预留印鉴等业务上使用。

（5）发票专用章：根据实际发生的业务，由发票专用章保管人加盖在发票上。

（6）其他职能部门章：主要适用于各部门内部使用，一般由各职能部门负责人进行保管并严格使用。

4. 关于废止、更换

废止或缴销的印章应由保管人员填写废止申请单，并按程序办理核准后交由行政部门统一废止或缴销。

遗失印章时应由印章保管人员填写废止申请单，并按程序办理核准，待遗失处理及处罚批准后，交由行政部门按批示处理，如果是遗失公司基本印章，那就需要登报申明。

更换印章时应由印章保管人员填写废止申请单，按程序办理核准后，交由行政部门按批示处理。

2.3 办理税务登记

《中华人民共和国税收征收管理法》第十五条规定：企业，企业在外地设立的分支机构和从事生产、经营的场所，个体工商户和从事生产、经营的事业单位（以下统称从事生产、经营的纳税人）自领取营业执照之日起三十日内，持有关证件，向税务机关申报办理税务登记。税务机关应当于收到申报的当日办理登记并发给税务登记证件。

2.3.1 纳税人首次办理税务登记

"三证合一"或"五证合一"后无须再次进行税务登记，不再领取税务登记证，但是还需要去税务局办理税务登记，即核税。企业核税完成之后，要每个月按时报税，若无经营，也需要零申报，并于每年 6 月 30 日之前做好上一年度的企业年检公示工作。

所以，新公司成立之后一个月之内必须去税务部门登记，带上营业执照副本、法人身份证复印件、全国组织机构统一代码证副本及复印件，以及开户行账号证明、公司财务专用印章等资料。填写纳税人首次办税补充信息表，见表2-5。

表 2-5   **纳税人首次办税补充信息表**

统一社会信用代码		纳税人名称		
核算方式	请选择对应项目打"√" □ 独立核算□ 非独立核算	从业人数	_____其中外籍人数_____	
适用会计制度	请选择对应项目打"√" □ 企业会计制度 □ 企业会计准则 □ 小企业会计准则 □ 行政事业单位会计制度			
生产经营地	_____ 省（市/自治区）_____ 市（地区/盟/自治州）_____ 县（自治县/旗/自治旗/市/区）_____ 乡（民族乡/镇/街道）_____ 村（路/社区）_____号			
办税人员	身份证件种类	身份证件号码	固定电话	移动电话	电子邮箱
财务负责人	身份证件种类	身份证件号码	固定电话	移动电话	电子邮箱
税务代理人信息					
纳税人识别号	名称	联系电话		电子信箱	
代扣代缴代收代缴税款业务情况					
代扣代缴、代收代缴税种		代扣代缴、代收代缴税款业务内容			

经办人签章： ___年___月___日	纳税人公章： ___年___月___日	
国标行业（主）	主行业明细行业	
国标行业（附）	国标行业（附）明细行业	
纳税人所处街乡	隶属 关系	国地管户类型
国税主管税务局	国税主管税务所 （科、分局）	
地税主管税务局	地税主管税务所 （科、分局）	
经办人	信息采集日期	

2.3.2 税务局核定税种

除了填写纳税人首次办税补充信息表外，税务局还要对企业进行税种核定。税种核定指由主管公司的税务专管员根据公司的实际经营特点和经营范围，正确核定企业应纳税种、税目。企业成立后会涉及哪些税种呢？先看看我国的税收体系。我国税收体系分为流转税、所得税、资源税、财产税、行为税和其他税费，见表2-6。

表 2-6　　　　　　　　　　　税与费

流转税	增值税、消费税、关税
所得税	企业所得税、个人所得税
资源税	资源税、城镇土地使用税、土地增值税
财产税	房产税、车辆购置税、船舶吨税
行为税	印花税、车船税、城市维护建设税
其他税与费	耕地占用税、契税、烟叶税、环境保护税以及矿产资源补偿费、教育费附加、地方教育费附加

1. 增值税

增值税是指对从事销售货物或者加工、修理修配劳务以及进口货物的单位和个人取得的增值额为计税依据征收的一种流转税。

增值税均实行比例税率。绝大多数一般纳税人适用基本税率、低税率或零税率；小规模纳税人和采用简易办法征税的一般纳税人，适用征收率。

> 根据《财政部　税务总局　海关总署关于深化增值税改革有关政策的公告》（财政部　税务总局　海关总署公告 2019 年第 39 号）规定：
>
> 一、增值税一般纳税人（以下称纳税人）发生增值税应税销售行为或者进口货物，原适用 16% 税率的，税率调整为 13%；原适用 10% 税率的，税率调整为 9%。
>
> 二、纳税人购进农产品，原适用 10% 扣除率的，扣除率调整为 9%。纳税人购进用于生产或者委托加工 13% 税率货物的农产品，按照 10% 的扣除率计算进项税额。
>
> 三、原适用 16% 税率且出口退税率为 16% 的出口货物劳务，出口退税率调整为 13%；原适用 10% 税率且出口退税率为 10% 的出口货物、跨境应税行为，出口退税率调整为 9%。

最新增值税税率表，见表 2-7。

表 2-7　　　　　　　　　　　最新增值税税率表

	类　　别	税率	征收项目	征收率
一般纳税人	销售或者进口货物（另有列举的货物除外）；提供加工、修理修配劳务	13%	一般纳税人销售自己使用过固定资产（符合简易计税方法条件的）	按照简易办法依照 3% 征收率，减按 2% 征收增值税。计算：含税价÷（1+3%）×2%
			纳税人销售旧货	
	1. 粮食、食用植物油、鲜奶	9%	县级及县级以下小型水力发电单位生产的电力	依照 3% 征收率
	2. 自来水、暖气、冷气、热气、煤气、石油液化气、天然气、沼气，居民用煤炭制品		建筑用和生产建筑材料所用的砂、土、石料	
			以自己采掘的砂、土、石料或其他矿物连续生产的砖、瓦、石灰（不含黏土实心砖、瓦）	
	3. 图书、报纸、杂志		用微生物、微生物代谢产物、动物毒素、人或动物的血液或组织制成的生物制品	
	4. 饲料、化肥、农药、农机（整机）、农膜		自来水	

类　别	税率	征收项目	征收率
5. 农产品（指各种动、植物初级产品）；音像制品；电子出版物；二甲醚；6. 农用挖掘机、养鸡设备系列、养猪设备系列产品属于农机，适用 10% 增值税税率	9%	商品混凝土（仅限于以水泥为原料生产的水泥混凝土）	依照 3% 征收率
		寄售商店代销寄售物品（包括居民个人寄售的物品在内）	
		典当业销售死当物品	
		经国务院或国务院授权机关批准的免税商店零售的免税品	
		销售其按照规定不得抵扣且未抵进项税额的固定资产	征收率 3%，减按 2% 征收
		2008 年 12 月 31 日以前未纳入扩大增值税抵扣范围试点的纳税人，销售自己使用过的 2008 年 12 月 31 日以前购进或者自制的固定资产	
出口货物	0%		
交通运输业	9%	陆路（含铁路）运输、水路运输、航空运输和管道运输服务	3%（小规模）
邮政业	9%	邮政普遍服务	3%（小规模）
	9%	邮政特殊服务	3%（小规模）
	9%	其他邮政服务	3%（小规模）
	9%	基础电信服务	3%（小规模）
	6%	增值电信服务	3%（小规模）
建筑服务	9%	安装、修缮、装饰、其他建筑服务	3%（小规模）

（左侧竖列：一般纳税人）

	类　别	税率	征收项目	征收率
增值税一般纳税人	金融服务	6%	贷款服务	3%（小规模）
		6%	直接收费金融服务	3%（小规模）
		6%	保险服务	3%（小规模）
		6%	金融商品转让	3%（小规模）
	现代服务业	6%	研发和技术服务、信息技术服务、文化创意服务、物流辅助服务、鉴证咨询服务、广播影视服务、有形动产租赁服务	
	租赁服务	9%	不动产融资租赁（1）	5%（小规模）
		9%	不动产融资租赁（2）	5%（一般老项目）
		9%	不动产经营租赁（1）	5%（一般老项目）
		9%	不动产经营租赁（2）	5%（小规模）
		13%	有形动产融资租赁	3%（小规模）
		13%	有形动产经营租赁	3%（小规模）
	物流辅助服务	6%	航空服务 港口码头服务 货运客运场站服务 打捞救助服务 装卸搬运服务 仓储服务 收派服务	3%（小规模）
	鉴证咨询服务	6%	认证服务 鉴证服务 咨询服务	3%（小规模）
	生活服务	6%	文化体育服务 教育医疗服务 旅游娱乐服务 餐饮住宿服务 居民日常服务 其他生活服务	3%（小规模）

类 别		税率	征收项目		征收率
增值税一般纳税人	销售无形资产	6%	专利或非专利技术		3%（小规模）
		6% 9%	商标和著作权 土地使用权		3%（小规模） 5%（一般老项目或小规模）
		6%	其他自然资源使用权		3%（小规模）
		6%	其他权益性无形资产		3%（小规模）
	销售不动产	9%	建筑物	建筑物（1）	5%（小规模）
		9%		建筑物（2）	5%（一般老项目）
		9%	构筑物	构筑物（1）	5%（小规模）
		9%		构筑物（2）	5%（一般老项目）
财政部和国家税务总局规定的应税服务		0%			

（2）根据财税〔2016〕36 号文件规定，一般纳税人企业增值税相关会计科目设置，见表 2-8。

表 2-8　　　　　　　　一般企业增值税基本会计科目设置明细表

科目代码	总分类科目 （一级科目）	明细分类科目	
		二级明细科目	三级明细科目
2221	应交税费		
222101	应交税费	应交增值税	
22210101	应交税费	应交增值税	进项税额
22210102	应交税费	应交增值税	已交税金
22210103	应交税费	应交增值税	减免税款
22210104	应交税费	应交增值税	转出未交增值税
22210105	应交税费	应交增值税	销项税额抵减
22210106	应交税费	应交增值税	出口抵减内销产品应纳税额
22210107	应交税费	应交增值税	销项税额
22210108	应交税费	应交增值税	进项税额转出

科目代码	总分类科目（一级科目）	明细分类科目	
		二级明细科目	三级明细科目
22210109	应交税费	应交增值税	出口退税
22210110	应交税费	应交增值税	转出多交增值税
222102	应交税费	预交增值税	
222103	应交税费	待抵扣进项税额	
222104	应交税费	待认证进项税额	
222105	应交税费	待转销项税额	
222106	应交税费	简易计税	
222107	应交税费	转让金融商品应缴增值税	
222108	应交税费	代扣代交增值税	
222109	应交税费	未交增值税	
2221010	应交税费	增值税留抵税额	
2221011	应交税费	预交增值税	

一般纳税人应该在"应交增值税"明细账内，设置子目，如图 2-2 所示。

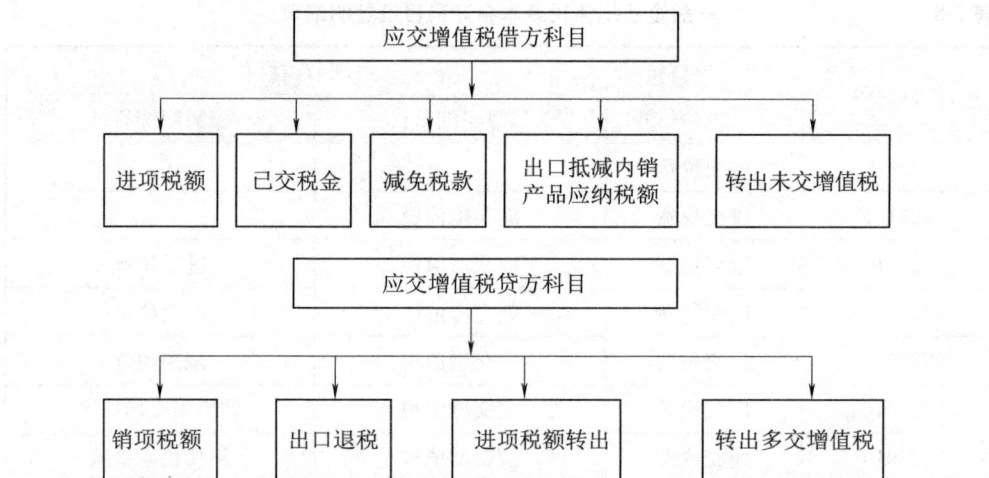

图 2-2　增值税应设子目

小规模纳税人只需在"应交税费"科目下设置"应交增值税"明细科目，不需要设置上述专栏及除"转让金融商品应交增值税""代扣代交增值税"外的明细科目。

2. 消费税

消费税是对我国境内从事生产、委托加工和进口，以及国务院确定的销售应税消费品的单位和个人，就其销售额或销售数量，在特定环节征收的一种税。消费税的征收范围主要包括：烟、酒、鞭炮、焰火、成品油、贵重首饰及珠宝玉石、高尔夫球及球具、高档手表、游艇、木制一次性筷子、实木地板、摩托车、小汽车、电池、涂料等税目。

3. 关税

关税就是进出口商品经过一国关境时，由当地政府所设置的海关向其进出口商所征收的税种，包括进口关税和出口关税。

（1）进口关税税率。我国对进口货物征收关税的税率。目前中国进口关税税率主要有以下三种：普通税率、优惠税率以及特别税率。

（2）出口关税税率。我国出口税则为一栏税率，即出口税率。国家仅对少数资源性产品及易于竞相杀价、盲目出口、需要规范出口秩序的半制成品征收出口关税。

（3）关税税则又称海关税则、关税税率表，是指一国制定和公布的对进出其关境的货物征收关税的条例和税率的分类表。关税税则分为单式税则和复式税则两种，大多数国家实行复式税则。

单式税则是指一个税目只有一个税率，适用于来自任何国家同类商品的进口，没有差别待遇；复式税则是指一个税目有两个以上税率，对来自不同国家的进口商品，使用不同税率。各国复式税则不同，设有普通税率、最惠国税率、协定税率、特惠税率等，一般是普通税率最高，特惠税率最低。

4. 企业所得税

企业所得税，又称公司所得税或法人所得税，是国家对企业生产经营所得和其他所得征收的一种所得税。

企业所得税的纳税人又是哪些人呢？税法规定，在中华人民共和国境内，企业和其他取得收入的组织（以下统称企业）为企业所得税的纳税人，依照企业所得税法的规定缴纳企业所得税。但个人独资企业、合伙企业不交企业所得税。

企业所得税的纳税人分为居民企业和非居民企业，各自承担不同的纳税义务。

（1）企业所得税的税率分为以下几种。

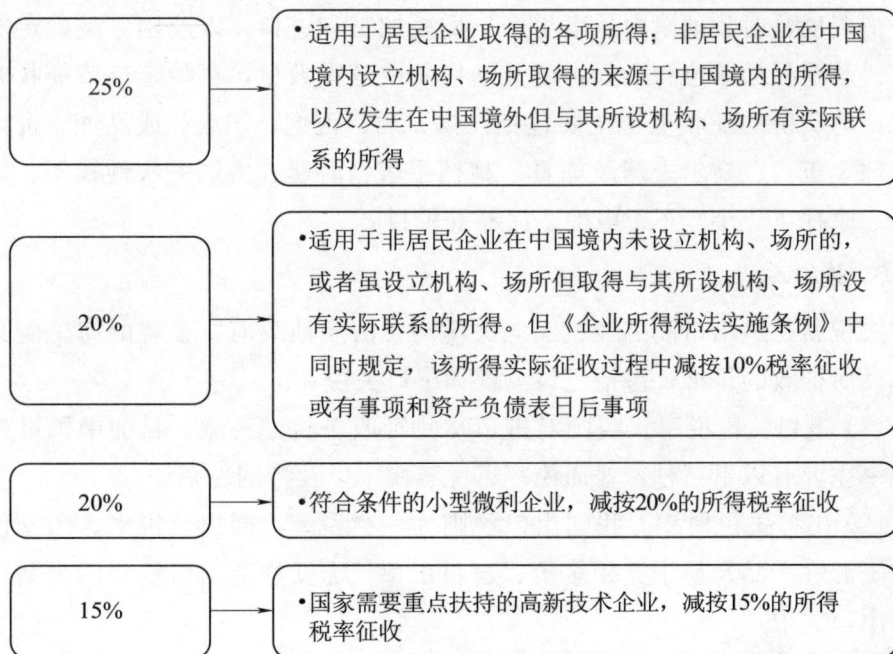

25%	• 适用于居民企业取得的各项所得；非居民企业在中国境内设立机构、场所取得的来源于中国境内的所得，以及发生在中国境外但与其所设机构、场所有实际联系的所得
20%	• 适用于非居民企业在中国境内未设立机构、场所的，或者虽设立机构、场所但取得与其所设机构、场所没有实际联系的所得。但《企业所得税法实施条例》中同时规定，该所得实际征收过程中减按10%税率征收或有事项和资产负债表日后事项
20%	• 符合条件的小型微利企业，减按20%的所得税率征收
15%	• 国家需要重点扶持的高新技术企业，减按15%的所得税率征收

（2）企业所得税的计税依据是应纳税所得额，即指企业每一纳税年度的收入总额，减除不征税收入、免税收入、各项扣除以及允许弥补的以前年度亏损后的余额。如果计算出的数额小于零，为亏损。

5. 个人所得税

《中华人民共和国个人所得税法》共列举了 10 项需要缴纳个税的项目：

（1）工资、薪金所得，一般来说就是个人工作而取得的工资、奖金等；

（2）个体工商户、个人独资企业和合伙企业的生产、经营所得；

（3）对企事业单位的承包经营、承租经营所得；

（4）劳务报酬所得；

（5）稿酬所得；

（6）特许权使用费所得；

（7）利息、股息、红利所得，但银行存款利息除外；

（8）财产租赁所得，比如房东出租自己的房屋所获得的租金；

（9）财产转让所得，常见的有个人转让股份、有价证券所获得的收入；

（10）偶然所得，比如彩票中奖。

纳税人的工资、薪金所得，先行以每月收入额减除费用 5 000 元以及专项扣除和依法确定的其他扣除后的余额为应纳税所得额，依照个人所得税税率表（综合所得适用）按月换算后计算缴纳税款，并不再扣除附加减除费用。

6. 资源税

资源税是对在我国境内开采应税矿产品和生产盐的单位和个人，就其应税数量征收的一种税。资源税征税范围：原油、天然气、煤炭、其他非金属矿原矿、黑色金属矿原矿、有色金属矿原矿、盐这 7 类。

《中华人民共和国资源税法》自 2020 年 9 月 1 日正式施行。

7. 城镇土地使用税

城镇土地使用税是以开征范围的土地为征税对象，以实际占用的土地面积为计税标准，按规定税额对拥有土地使用权的单位和个人征收的一种税。

（1）征税范围。

城镇土地使用税的征税范围为城市、县城、建制镇和工矿区。不论是属于国家所有的土地，还是集体所有的土地，都属于城镇土地使用税的征税范围。

①征税范围不包括农村的土地。

②建立在城市、县城、建制镇和工矿区以外的工矿企业则不需要缴纳城镇土地使用税。

③自 2009 年 1 月 1 日起，公园、名胜古迹内的索道公司经营用地，应按规定缴纳城镇土地使用税。

（2）城镇土地使用税纳税人。

凡在城市、县城、建制镇、工矿区范围内使用土地的单位和个人，为城镇土地使用税的纳税义务人。城镇土地使用税的纳税人通常包括以下几类。

1	拥有土地使用权的单位或个人为纳税人
2	拥有土地使用权的单位和个人不在土地所在地的，其土地的实际使用人和代管人为纳税人
3	土地使用权未确定或权属纠纷未解决的，其实际使用人为纳税人
4	土地使用权共有的，共有方都是纳税人，由共有方分别纳税

土地使用权共有的，以共有各方实际使用土地的面积占总面积的比例，分别计算缴纳城镇土地使用税。

8. 土地增值税

土地增值税是对有偿转让国有土地使用权及地上建筑物和其他附着物产权，并取得增值性收入的单位和个人所征收的一种税。

（1）纳税义务人。

土地增值税的纳税义务人为转让国有土地使用权、地上的建筑及其附着物（以下简称转让房地产）并取得收入的单位和个人。

单位包括各类企业、事业单位、国家机关和社会团体及其他组织。个人包括个体经营者。

（2）税率。

土地增值税实行四级超率累进税率，见表 2-9。

表 2-9　　　　　　　　　　土地增值税实行四级超率累进税率

级别	增值额与扣除项目金额的比率	税率	速算扣除系数（％）
1	增值额未超过扣除项目金额 50％的部分	30％	0
2	增值额超过扣除项目金额 50％、未超过扣除项目金额 100％的部分	40％	5
3	增值额超过扣除项目金额 100％、未超过扣除项目金额 200％的部分	50％	15
4	增值额超过扣除项目金额 200％的部分	60％	35

9. 房产税

房产税是以房屋为征税对象，以房屋的计税余值或租金收入为计税依据，向房屋产权所有人征收的一种财产税。

（1）征税范围。

《中华人民共和国房产税暂行条例》规定，房产税在城市、县城、建制镇和工矿区征收。

（2）房产税的纳税人。

房产税以在征税范围内的房屋产权所有人为纳税人。

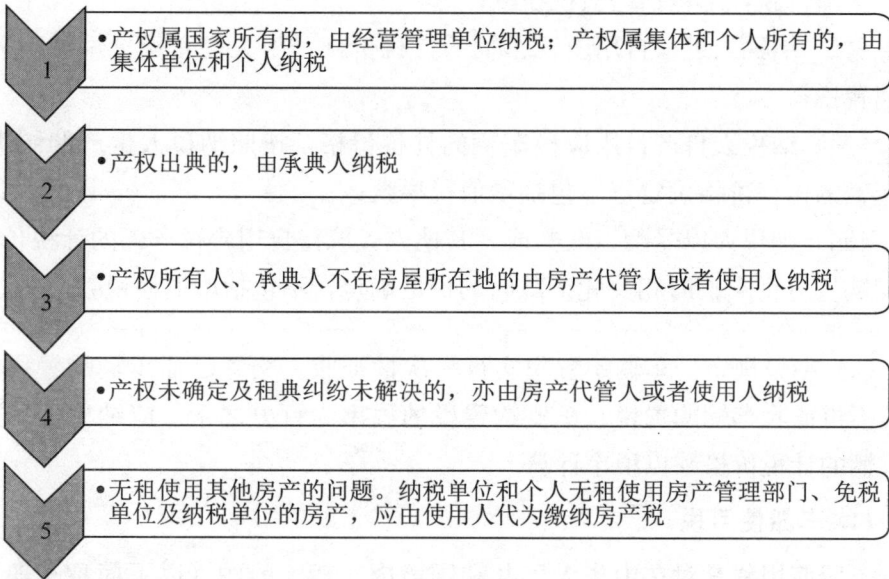

1	•产权属国家所有的，由经营管理单位纳税；产权属集体和个人所有的，由集体单位和个人纳税
2	•产权出典的，由承典人纳税
3	•产权所有人、承典人不在房屋所在地的由房产代管人或者使用人纳税
4	•产权未确定及租典纠纷未解决的，亦由房产代管人或者使用人纳税
5	•无租使用其他房产的问题。纳税单位和个人无租使用房产管理部门、免税单位及纳税单位的房产，应由使用人代为缴纳房产税

（3）适用税率。

依据房产计税余值计税的，税率为 1.2%；依据房产租金收入计税的，税率为 12%。

2008 年 3 月 1 日起，对个人出租住房，不区分用途，按 4% 的税率征收房产税。

对企事业单位、社会团体以及其他组织按市场价格向个人出租用于居住的住房，减按 4% 的税率征收房产税。

10. 车辆购置税

2018年12月29日第十三届全国人民代表大会常务委员会第七次会议通过《中华人民共和国车辆购置税法》，自2019年7月1日起施行。

（1）纳税人。在中华人民共和国境内购置汽车、有轨电车、汽车挂车、排气量超过一百五十毫升的摩托车（以下统称应税车辆）的单位和个人应当依照规定缴纳车辆购置税。购置，是指以购买、进口、自产、受赠、获奖或者其他方式取得并自用应税车辆的行为。应税车辆的计税价格，按照下列规定确定：

> （一）纳税人购买自用应税车辆的计税价格，为纳税人实际支付给销售者的全部价款，不包括增值税税款；
> （二）纳税人进口自用应税车辆的计税价格，为关税完税价格加上关税和消费税；
> （三）纳税人自产自用应税车辆的计税价格，按照纳税人生产的同类应税车辆的销售价格确定，不包括增值税税款；
> （四）纳税人以受赠、获奖或者其他方式取得自用应税车辆的计税价格，按照购置应税车辆时相关凭证载明的价格确定，不包括增值税税款。

（2）纳税规定。车辆购置税实行一次性征收。购置已征车辆购置税的车辆，不再征收车辆购置税。车辆购置税的税率为百分之十。应纳税额按照应税车辆的计税价格乘以税率计算。

11. 车船使用税

车船使用税是对在中华人民共和国境内车辆、船舶（以下简称车船）的所有人或者管理人征收的一种税。

车船使用税的征税范围是指依法应当在车船管理部门登记的车辆和船舶。具体包括以下几个方面。

（1）依法应当在车船登记管理部门登记的机动车辆和船舶。

（2）依法不需要在车船登记管理部门登记的在单位内行使或者作业的机动车辆和船舶。

在中华人民共和国境内属于本法所附《车船税税目税额表》规定的车辆、船舶（以下简称车船）的所有人或者管理人，为车船税的纳税人。

车船使用税的税目分为五大类：

1	• 乘用车。乘用车为核定载客人数9人（含）以下的车辆
2	• 商用车。商用车包括客车和货车
3	• 其他车辆。其他车辆包括专用作业车和轮式专用机械车等（不包括拖拉机）
4	• 摩托车。
5	• 船舶。船舶包括机动船舶、非机动驳船、拖船和游艇

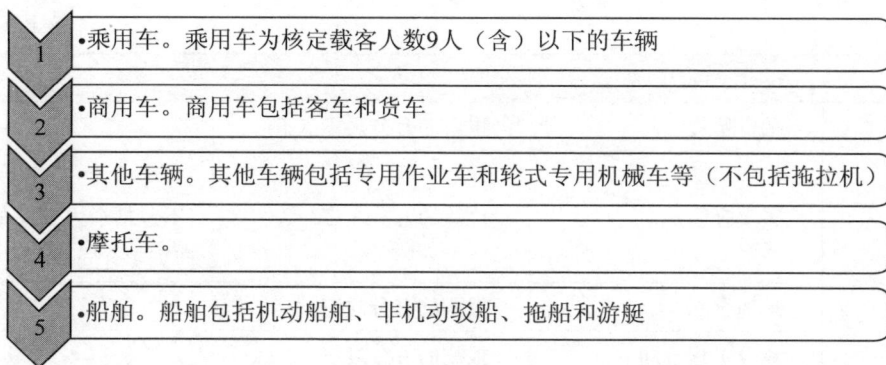

车船使用税的适用税额，依照条例所附的《车船税税目税额表》执行。

车船使用税采用定额税率，又称固定税额。根据《中华人民共和国车船税法》的规定，对应税车船实行有幅度的定额。

12. 印 花 税

2021年6月10日第13届全国人大常委会第29次会议通过《中华人民共和国印花税法》，于2022年7月1日执行。

（1）纳税人。在中华人民共和国境内书立应税凭证、进行证券交易的单位和个人，为印花税的纳税人，应当依照本法规定缴纳印花税。应税凭证，是指本法所附《印花税税目税率表》列明的合同、产权转移书据和营业账簿。证券交易，是指转让在依法设立的证券交易所、国务院批准的其他全国性证券交易场所交易的股票和以股票为基础的存托凭证。

（2）计税依据。应税合同的计税依据，为合同所列的金额，不包括列明的增值税税款；应税产权转移书据的计税依据，为产权转移书据所列的金额，不包括列明的增值税税款；应税营业账簿的计税依据，为账簿记载的实收资本（股本）、资本公积合计金额；证券交易的计税依据，为成交金额。

（3）税目税率见表2-10。

表 2-10 印花税税目与税率

税　　目		税　　率	备　　注
合同 （指书 面合同）	借款合同	借款金额的万分之零点五	指银行金融机构、经国务院银行业监督管理机构批准设立的其他金融机构与借款人（不包括同业拆借）的借款合同

税　目		税　率	备　注
合同（指书面合同）	融资租赁合同	租金的万分之零点五	
	买卖合同	价款的万分之三	指动产买卖合同（不包括个人书立的动产买卖合同）
	承揽合同	报酬的万分之三	
	建设工程合同	报酬的万分之三	
	运输合同	运输费用的万分之三	指货运合同和多式联运合同（不包括管道运输合同）
	技术合同	价款、报酬或者使用费的万分之三	不包括专利权、专有技术使用权转让书据
	租赁合同	租金的千分之一	
	保管合同	保费费用的千分之一	
	仓储合同	仓储费的千分之一	
	财税保险合同	保险费的千分之一	不包括再保险合同
产权转移书据	土地使用权出让书据	价款的万分之五	
	土地使用权、房屋等建筑物和构筑物所有权转让书据（不包括土地承包经管权转移）	价款的万分之五	
	股权转让书据（不包括土地承包经管权和土地经营权转移）	价款的万分之五	转让包括买卖（出售）、继承、赠与、互换、分割
	股权转让书据（不包括应缴纳证券交易印花税的）	价款的万分之五	
	商标专用权、著作权、专利权、专用技术使用权转让书据	价款的万分之三	

税　　目	税　　率	备　　注
营业账簿	实收资本（股本）、资本公积合计金额的万分之二点五	
证券交易	成交金额的千分之一	

印花税的应纳税额按照计税依据乘以适用税率计算。

13. 契税

《中华人民共和国契税法》已由中华人民共和国第十三届全国人民代表大会常务委员会第二十一次会议于 2020 年 8 月 11 日通过，于 2021 年 9 月 1 日起施行。

（1）纳税人。在中华人民共和国境内转移土地、房屋权属，承受的单位和个人为契税的纳税人，应当依照规定缴纳契税。转移土地、房屋权属，是指下列行为：土地使用权出让；土地使用权转让，包括出售、赠与、互换；房屋买卖、赠与、互换。

（2）计税依据。契税的计税依据：①土地使用权出让、出售，房屋买卖，为土地、房屋权属转移合同确定的成交价格，包括应交付的货币以及实物、其他经济利益对应的价款；②土地使用权互换、房屋互换，为所互换的土地使用权、房屋价格的差额；③土地使用权赠与、房屋赠与以及其他没有价格的转移土地、房屋权属行为，为税务机关参照土地使用权出售、房屋买卖的市场价格依法核定的价格。

（3）税率。契税税率为百分之三至百分之五。

初次办理税种核定时，税务机关根据公司提交的材料，核定税种。一般来说，企业涉及税种通常包括：增值税、企业所得税、个人所得税、印花税、城市维护建设税、教育费附加、地方教育费附加。其他税种视企业是否涉及此类业务而定，如白酒厂、啤酒厂涉及消费税，在生产环节征收；造纸厂等对环境有污染的企业通常涉及环境保护税；进口企业要缴纳关税。

只要是税务局核定的税种就要申报，哪怕是零申报。如果不申报，就会产生税务风险，要罚款，还要交滞纳金。

新企业所有证照办好以后，到相关银行开设基本户。然后就携带相关资料，由法人和会计人员一起到税务所专管员处办理企业税费种类鉴定，需要填写纳税人税种核定登记表（仅供参考），见表2-11。新公司核定税种所需要携带的资料：①法定代表人、实际经营者、财务人员的联系方式；②账册（需要贴好印花税票并划销）；③银行账号，开户银行许可证；④经营地租赁协议、发票或房产证等；⑤印花税购票凭证；⑥财务人员身份证明。

表 2-11 　　　　　　　　　　　　　**纳税人税种核定登记表**

纳税人识别号：　　　　　　　　　　法定代表人：

纳税人名称：

<table>
<tr><td colspan="4">一、增值税：</td></tr>
<tr><td rowspan="2">类别</td><td>1. 销售货物□
2. 加工□
3. 修理修配□
4. 其他□</td><td rowspan="2">货物或项
目名称</td><td>主　营</td></tr>
<tr><td>兼　营</td></tr>
<tr><td>纳税人认定情况</td><td colspan="3">1. 增值税一般纳税人 □2. 小规模纳税人□3. 暂认定增值税一般纳税人□</td></tr>
<tr><td>经营方式</td><td colspan="3">1. 境内经营货物□ 2. 境内加工修理□ 3. 自营出口 4. 间接出口□ 5. 收购出口□ 5. 加工出口□</td></tr>
<tr><td>备注</td><td colspan="3"></td></tr>
<tr><td colspan="4">二、消费税</td></tr>
<tr><td rowspan="2">类别</td><td>1. 生产□
2. 委托加工□
3. 零售□</td><td>应税
消费
品名称</td><td>1. 烟□ 2. 酒及酒精 3. 化妆品□ 4. 护肤、护发品□
5. 贵重首饰及珠宝玉石 6. 鞭炮、烟火□ 7. 汽油□ 8. 柴油□ 9. 汽车轮胎□ 10. 摩托车□ 11. 小汽车□</td></tr>
<tr><td colspan="2"></td></tr>
<tr><td colspan="2">经营方式</td><td colspan="2">1. 境内销售□ 2. 委托加工出口□ 3. 自营出口□ 4. 境内委托加工□</td></tr>
<tr><td colspan="2">备注：</td><td colspan="2"></td></tr>
<tr><td>三、
资源
税□</td><td colspan="2">应税产
品名称</td><td></td></tr>
</table>

	计税类别	1.自有房产□ 2.出租房产□ 3.代管房产□ 4.使用他人房产□				
四、房产税（城市房地产税）□	房产情况	座 落 地 址	建筑面积	原（估）值	出（承）租起止日期	收（付）月租金
五、车船税（车船使用牌照税）□	车辆情况	名　称	数　量	总　吨（座）位	船舶情况	名　称	船舶数	载　重（净）吨位

	用地名称	用途	土地面积	应税土地面积	土地等级	单位税额（元/平方米）	应纳税额
六、城镇土地使用税□							
	占 地 总 面 积			土 地 价 值			
	应交房地产税额			应交土地使用费			

七、土地增值税□	应税项目	
八、印花税□	税目	1. 购销合同□2. 加工承揽合同□3. 建设工程勘察设计合同□4. 建筑安装工程承包合同□5. 财产租赁合同□6. 货物运输合同□7. 仓储保管合同□8. 借款合同□9. 财产保险合同□10. 技术合同□11. 产权转移书据□12. 营业账簿□13. 权利许可证照□14. 证券交易□
九、个人所得税□	所得税项目□	1. 工资、薪金所得□2. 个体户的生产经营所得□3. 对企事业单位的承包经营、承租经营所得□4. 劳务报酬所得□5. 稿酬所得□6. 特许仅使用费所得□7. 利息、股息、红利所得□8. 财产租赁所得□9. 财产转让所得□10. 偶然所得□
十、城市维护建设税□	征税类别	1. 市区□2. 县城镇□3. 其他地区□
	计税依据	实际缴纳的增值税、消费税合计税额
十一、教育费附加□	计费依据	实际缴纳的增值税、消费税合计税额
十二、文化事业建设费□	计费依据	应纳娱乐业、广告业增值税的营业额
十三、地方教育费附加□	计费依据	实际缴纳的增值税、消费税合计税额
十四、社会保险费□	险种	1. 养老保险 □ 2. 医疗保险 □ 3. 工伤保险 □4. 失业保险 □ 5. 生育保险 □

2.3.3　办理财务会计制度和会计核算软件备案

现在施行"五证合一""一照一码"，但还是需要办理财务会计制度和会计核算软件备案的。根据规定，从事生产、经营的纳税人领取税务登记证件之日起 15 日内将其财务、会计制度或财务、会计处理办法报送税务机关备案时使用。采用电子计算机记账的，应当在使用前将其记账软件的名称和版本号及有关资料报送税务机关备案。在税务局填写财务会计制度及核算软件备案报告书，见表 2-12。

表 2-12 　　　　　　　　财务会计制度及核算软件备案报告书

单位名称（盖章）		行 业	
纳税人识别号		联系电话	
财务负责人		经营地点	
资 料	名 称	备 注	
财务、会计制度			
低值易耗品摊销方法			
折旧方法			
成本核算方法			
会计报表			
是否使用会计核算软件：□使用　　□未使用		批准机关	
使用会计核算软件的名称		版 本	
软件来源：□成品购买　　□定制开发　　□自行开发			
软件附列资料：			
纳税人： 经办人：　　　　负责人： 报告日期：　年　月　日		税务机关： 经办人：　　　负责人：　　　税务机关（盖章） 受理日期：　年　月　日	

　　税务登记、税种核定事项完成，开设银行基本户，签署委托银行划款协

议，如图 2-3 所示。

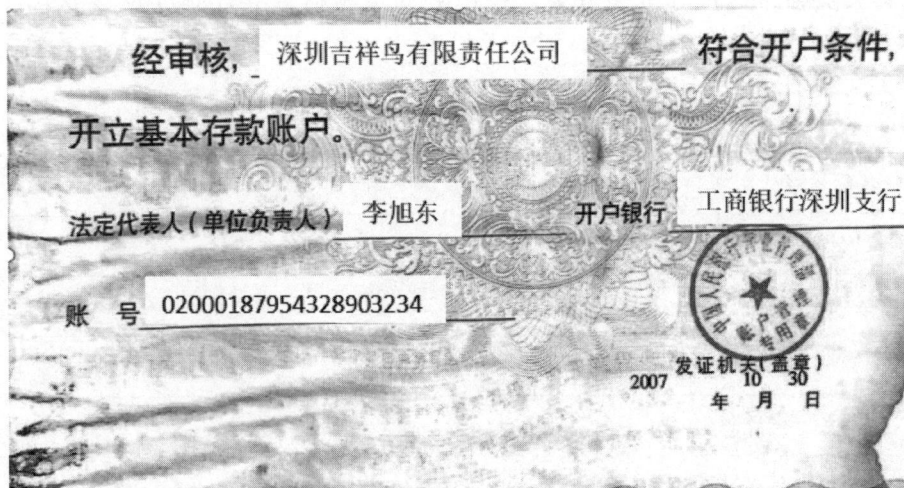

图 2-3 委托银行划款协议

2.4 企业年度报告公示

根据国务院《注册资本制度改革方案》和《企业信息公示暂行条例》的规定，2014 年 3 月 1 日起，取消企业年检制度，改为实施企业年度报告公示制度。企业应当于每年的 1 月 1 日至 6 月 30 日，通过企业信用信息公示系统向工商行政管理部门报送上一年度的年度报告，并向社会公示查询。

企业年报时间：1 月 1 号至 6 月 30 号。申报方式为网上申报。

1. 企业年度报告需要准备的资料

企业年度报告需要准备的资料如下：

（1）企业通信地址、邮政编码、联系电话、电子邮箱信息；

（2）企业开业、歇业、清算等存续状态信息；

（3）企业投资设立、购买股权信息；

（4）企业为有限责任公司或者股份有限公司的，其股东或者发起人认缴和实缴的出资额、出资时间、出资方式等信息；

（5）有限责任公司股东股权转让等股权变更信息；

（6）企业网站以及从事网络经营的网店的名称、网址等信息；

（7）企业从业人数、资产总额、负债总额、对外提供保证担保、所有者权益合计、营业总收入、主营业务收入、利润总额、净利润、纳税总额信息。

第 1 项至第 6 项规定的信息应当向社会公示，第 7 项规定的信息由企业选择是否向社会公示。

2. 企业年报网上申报流程

（1）进入携创网（原中国工商注册网），如图 2-4 所示。

图 2-4　携创网界面

（2）进入后选择您企业所属地区，企业所属哪个城市就进入哪个城市，或者直接进入省份，如图 2-5 所示。

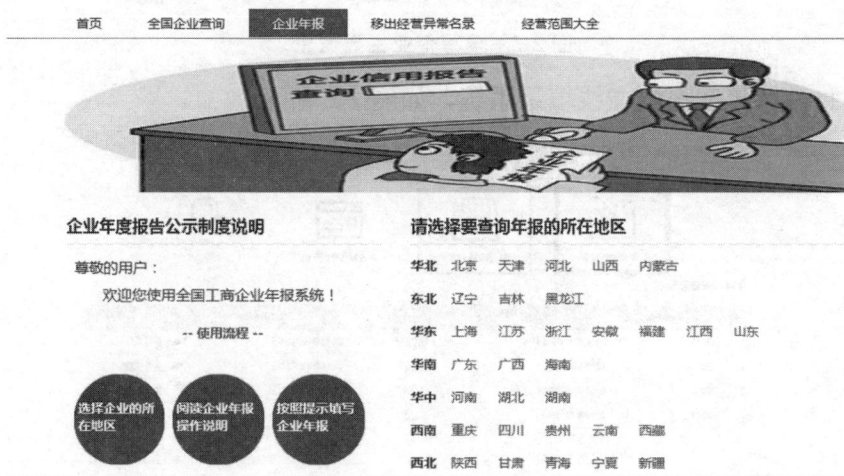

图 2-5　选择企业所在地区

（3）进入工商企业年报系统，如图 2-6 所示。

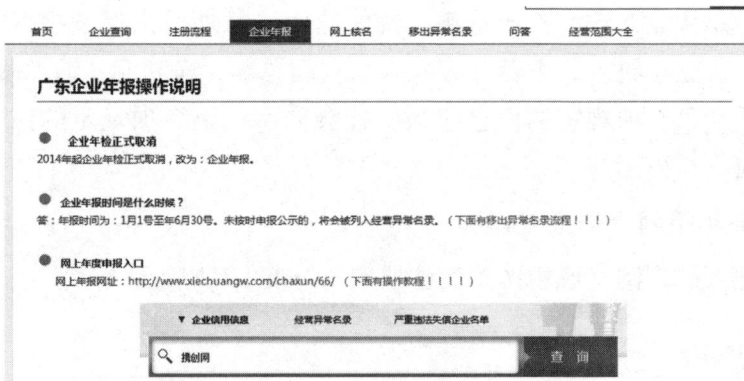

图 2-6　进入工商企业年报系统

（4）进入后登录工商企业年报系统，如图 2-7 所示。

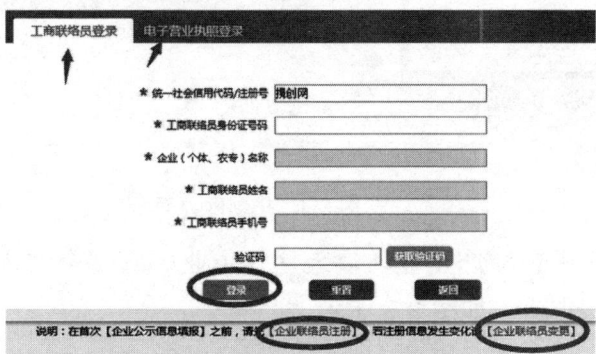

图 2-7　填写企业主要信息

（5）进入年度报告在线填录系统，如图 2-8 所示。

图 2-8　选择年份

（6）开始填写企业基本信息，如图 2-9 所示。

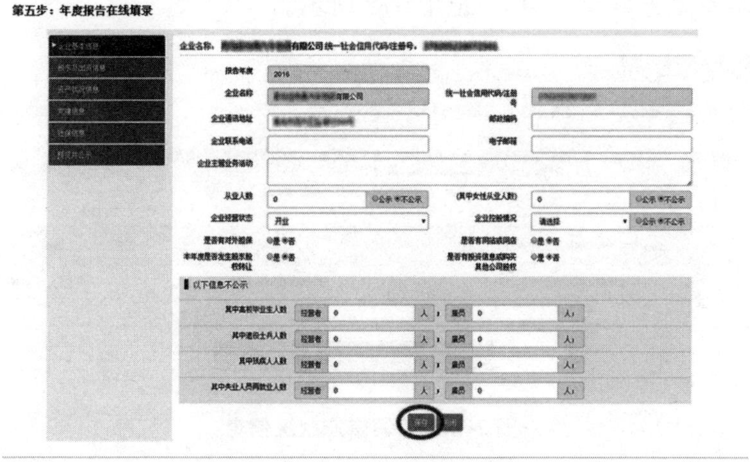
第五步：年度报告在线填录
企业名称：
有限公司 统一社会信用代码/注册号：
报告年度
2016
企业名称
统一社会信用代码/注册号
企业通讯地址
邮政编码
企业联系电话
电子邮箱
企业主营业务活动
从业人数
0
公示 不公示
(其中女性从业人数)
0
公示 不公示
企业经营状态
开业
企业控股情况
请选择
公示 不公示
是否有对外担保
是 否
是否有网站或网店
是 否
本年度是否发生股东股权转让
是 否
是否有投资信息或购买其他公司股权
是 否
以下信息不公示
其中高校毕业生人数
经营者 0 人，雇员 0 人
其中退役士兵人数
经营者 0 人，雇员 0 人
其中残疾人人数
经营者 0 人，雇员 0 人
其中失业人员再就业人数
经营者 0 人，雇员 0 人

图 2-9　填写企业基本信息

（7）填写网站信息，如图 2-10 所示。

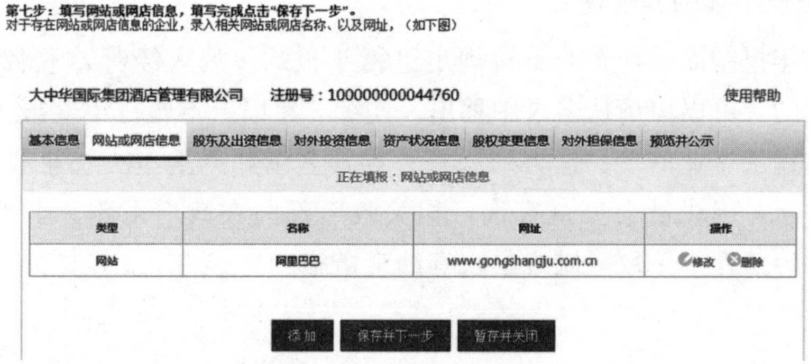
第七步：填写网站或网店信息，填写完成点击“保存下一步”。
对于存在网站或网店信息的企业，录入相关网站或网店名称、以及网址，（如下图）
大中华国际集团酒店管理有限公司
注册号：100000000044760
使用帮助
基本信息
网站或网店信息
股东及出资信息
对外投资信息
资产状况信息
股权变更信息
对外担保信息
预览并公示
正在填报：网站或网店信息
类型
名称
网址
操作
网站
阿里巴巴
www.gongshangju.com.cn
修改
删除
添加
保存并下一步
暂存并关闭

图 2-10　填写网站信息

（8）填写股东信息，如图 2-11 所示。

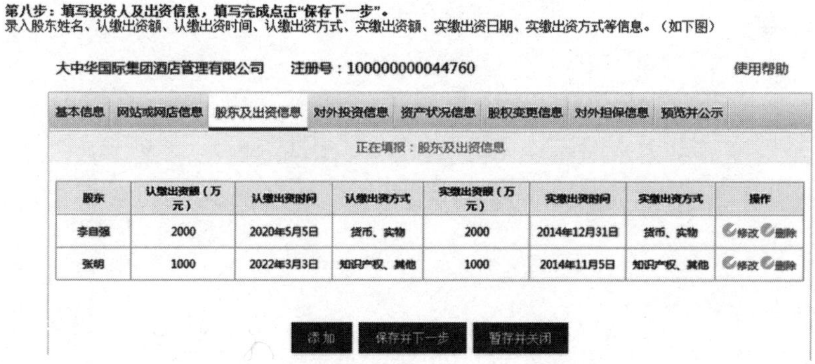
第八步：填写投资人及出资信息，填写完成点击“保存下一步”。
录入股东姓名、认缴出资额、认缴出资时间、认缴出资方式、实缴出资额、实缴出资日期、实缴出资方式等信息。（如下图）
大中华国际集团酒店管理有限公司
注册号：100000000044760
使用帮助
基本信息
网站或网店信息
股东及出资信息
对外投资信息
资产状况信息
股权变更信息
对外担保信息
预览并公示
正在填报：股东及出资信息
股东
认缴出资额（万元）
认缴出资时间
认缴出资方式
实缴出资额（万元）
实缴出资时间
实缴出资方式
操作
李自强
2000
2020年5月5日
货币、实物
2000
2014年12月31日
货币、实物
修改
删除
张明
1000
2022年3月3日
知识产权、其他
1000
2014年11月5日
知识产权、其他
修改
删除
添加
保存并下一步
暂存并关闭

图 2-11　填写股东信息

（9）填写资产状况信息，如图 2-12 所示。

图 2-12　填写资产状况信息

（10）填写资产状况信息、股权变更信息、对外担保信息后，点击预览并公示，最后提交即可。

3. 企业年报的其他规定

实施年报制度后，企业不按规定进行年报的，列入经营异常名录，如之后又补报的，可以申请从名录中移出。连续 3 年以上不履行年度报告义务的，列入严重违法企业清单。这类列入经营异常名录和严重违法企业清单的企业向社会公示，提供社会公众查询，相关政府部门在政府采购、工程招投标、授予荣誉等工作中采取限制或禁入等约束措施。

第 *3* 章

银行结算账户

银行结算账户是指存款人在经办银行开立的办理资金收付结算的人民币活期存款账户。

"存款人"是指在中国境内开立银行结算账户的机关、团体、部队、企事业单位、其他组织（以下统称单位）、个体工商户和自然人。

"银行"是指在中国境内经中国人民银行批准经营支付结算业务的银行业金融机构，如政策性银行、商业银行（含外资独资银行、中外合资银行、外国银行分行）、城市信用合作社、农村信用合作社。中国人民银行是银行结算账户的监督管理部门。

3.1 开立、变更及撤销银行结算账户

根据《人民币银行结算账户管理办法》的有关规定，银行结算账户管理应当遵守以下基本原则：

（1）一个基本账户原则。即单位只能在银行开立一个基本存款账户，不能多头开立基本银行账户。

（2）自主选择银行开立银行结算账户原则。

（3）存款保密原则。

（4）守法原则。

银行结算账户的特点：

（1）办理人民币业务。

（2）办理资金收付结算业务。

（3）是活期存款账户。与单位定期存款账户不同，单位定期存款账户不具有结算功能。

3.1.1 开立银行结算账户

银行结算账户按照用途不同，一般可以分为基本存款账户、一般存款账户、临时存款账户、专用存款账户。

1. 基本存款账户

基本存款账户是指存款人办理日常转账结算和现金收付而开立的银行结算账户，是存款人的主要存款账户。

基本存款账户使用范围包括：存款人日常经营活动的资金收付以及存款人的工资、奖金和现金的支取。

开立基本存款账户申请资料如下：

1	• "开立单位银行结算账户申请书"一式三份
2	• 营业执照正本原件及复印件2份
3	• 税务登记证原件及复印件
4	• 组织机构代码证书原件及复印件
5	• 法定代表人或单位负责人的身份原件及复印件
6	• 法定代表人或单位负责人授权书
7	• 经办人身份证原件及复印件
8	• 转户重开的还需填写"已经开立银行结算账户清单"

银行结算账户开立的一般程序如下：

（1）填写开户申请书，见表 3-1。

（2）银行对开户申请书进行真实性、完整性、合法性的审查。符合开立条件的，银行应于开户之日起 5 个工作日内向中国人民银行当地分行备案。

（3）银行与存款人签订银行结算账户管理协议，明确双方的权利与义务。

（4）银行建立存款人预留签章卡片，并将签章式样和有关证明文件的原件或复印件留存归档。预留银行印鉴卡见表 3-2。

存款人开立单位银行结算账户，自正式开立之日起 3 个工作日后，方可使用该账户办理付款业务。但是，注册验资的临时存款账户转为基本存款账户和因借款转存开立的一般存款账户除外。

表 3-1   开立单位银行结算账户申请书

存款人				电话	
地　址				邮编	
存款人类别		组织机构代码			
法定代表人（） 单位负责人（）	姓　　名				
	证件种类				
行业分类	A（）B（）C（）D（）E（）F（）G（）H（）I（）J（） K（）L（）M（）N（）O（）P（）Q（）R（）S（）T（）				
注册资金		地区代码			
经营范围					
证明文件种类		证明文件编号			
税务登记证编号 （国税或地税）					
关联企业	关联企业信息填列在"关联企业登记表"上				
账户性质	基本（）一般（）专用（）临时（）				
资金性质		有效日期至		年　月　日	

以下为存款人上级法人或主管单位信息：

上级法人或主管单位名称				
基本存款账户开户许可证核准号		组织机构代码		
法定代表人（） 单位负责人（）	姓　　名			
	证件种类			
	证件号码			

以下栏目由开户银行审核后填写：

开户银行名称		开户银行机构代码	
账户名称		账　　号	
基本存款账户开户许可证核准号		开户日期	

本存款人申请开立单位银行结算账户，并承诺所提供的开户资料真实、有效。 存款人（公章） 年　月　日	开户银行审核意见： 经办人（签章） 存款人（签章） 年　月　日	银行审核意见： 经办人（签章） 银行（签章） 年　月　日

表 3-2	存款人预留签章
企业名称	北京大地进出口公司
社会统一代码	567923798011245638
预留银行印鉴	(北京大地进出口公司 财务专用章) 张丽 彭强

[提示] 印鉴卡是单位与银行事先约定的一种具有法律效力的付款依据，银行在为单位办理结算业务时，凭开户单位在印鉴卡片上预留的印鉴审核支付凭证的真伪。如果支付凭证上加盖的印章与预留的印鉴不符，银行就可以拒绝办理付款业务，以保障开户单位款项的安全。

2. 一般存款账户

一般存款账户是指存款人因借款或其他结算需要，在基本存款账户开户银行以外的银行营业机构开立的银行结算账户。

一般存款账户主要用于办理存款人借款转存、借款归还和其他结算的资金收付。一般存款账户可以办理现金缴存，但不得办理现金支取。

开立一般存款账户申请资料如下：

1 • 开立基本存款账户所需要的全部资料

2 • 基本存款账户开户许可证正本

3 • 存款人因向银行借款需要，应出具银行借款合同，存款人因其他结算需要，应出具相关证明

3. 临时存款账户

临时存款账户是指存款人因临时需要并在规定期限内使用而开立的银行结算账户。

临时存款账户用于办理临时机构以及存款人临时经营活动发生的资金收付。

注册验资的临时存款账户在验资期间只收不付，注册验资资金的汇缴人应与出资人的名称一致。

注意：临时存款账户有效期最长不得超过 2 年。

开立临时存款账户申请资料如下：

1	• 开立基本存款账户所需要的全部资料
2	• 基本存款账户开户许可证正本
3	• 临时机构：驻地主管部门同意设立临时机构的批文
4	• 异地建筑施工及安装单位：营业执照正本或其隶属单位的营业执照正本，以及施工及安装地建设主管部门核发的许可证或建筑施工及安装合同
5	• 异地从事临时经营活动单位：营业执照正本以及临时经营地工商行政管理部门批文

4. 专用存款账户

专用存款账户是指存款人按照法律、行政法规和规章，对有特定用途资金进行专项管理和使用而开立的银行结算账户。

专用存款账户适用于基本建设资金，更新改造资金，财政预算外资金，粮、棉、油收购资金，证券交易结算资金，期货交易保证金，信托基金，住房基金，社会保障基金，收入汇缴资金，业务支出资金等专项管理和使用的资金。

专用存款账户申请资料如下：

1	• 开立基本账户所需要的全部资料
2	• 基本存款账户开户许可证正本
3	• 按中国人民银行《账户管理办法》第十九条规定的专用批文
4	• 若以单位名称后加内设机构或资金性质开立还需要：内设机构（部门）负责人身份证，单位授权该内设机构（部门）开户的授权书，专用存款账户申请书附页，以单位名称后加资金性质的无需申请书附页

3.1.2 银行结算账户的变更

银行结算账户的变更是指存款人名称、单位法定代表人或主要负责人、住址以及其他开户资料发生的变更。

银行结算账户的存款人名称发生变更，但不改变开户银行及账号的，应于 5 个工作日内向开户银行提出银行结算账户的变更申请，并出具有关部门的证明文件。

单位的法定代表人或主要负责人、住址以及其他开户资料发生变更时，应于 5 个工作日内书面通知开户银行并提供有关证明。变更银行结算账户申请书见表 3-3。

表 3-3   **变更银行结算账户申请书**

账户名称			
开户银行机构代码		账 号	
账户性质	基本（√）专用（ ）一般（ ）临时（ ）个人（ ）		
开户许可证核准号			
变更事项及变更后内容如下：			
账户名称			
地 址			
邮政编码			
电 话			
注册资金金额			
证明文件种类			
证明文件编号			
经营范围			
法定代表人或单位负责人	姓 名		
	证件种类		
	证件号码		
关联企业	变更后的关联企业信息填列在"关联企业登记表"中。		
上级法人或主管单位的基本存款账户核准号			

上级法人或主管单位的名称			
上级法人或主管单位法定代表人或单位负责人	姓　　名		
	证件种类		
	证件号码		
本存款人申请变更上述银行账户内容，并承诺所提供的资料真实、合法。存款人（签章）年　月　日	开户银行审核意见： 经办人（签章） 开户银行（签章） 年　月　日		银行审核意见： 经办人（签名） 银行（签章） 年　月　日

3.1.3　银行结算账户的撤销

银行结算账户的撤销是指存款人因开户资格或其他原因终止银行结算账户使用的行为。

1. 银行结算账户撤销的事由

存款人有以下情形之一的，应向开户银行提出撤销银行结算账户的申请：①被撤并、解散、宣告破产或关闭；②注销、被吊销营业执照；③因迁址需要变更开户银行；④其他原因需要撤销银行结算账户。

注意：存款人尚未清偿其开户银行债务的，不得申请撤销银行结算账户。

2. 银行结算账户撤销的手续办理

一是存款人发生被撤并、解散、宣告破产或关闭，或被注销、被吊销营业执照等主体资格终止的，应于 5 个工作日内向开户银行提出撤销银行结算账户的申请。

二是因地址变更或其他原因需要办理银行结算账户撤销手续的，银行在收到存款人撤销银行结算账户的申请后，对于符合销户条件的，应当在 2 个工作日内办理撤销手续。

3. 银行结算账户撤销的注意事项

一是未获得工商行政管理部门核准登记的单位，验资期满后，应向银行申请撤销注册验资临时存款账户，其账户资金应退还给原汇款人账户。

注册验资资金以现金方式存入，出资人需提取现金的，应出具缴存现金时的现金缴款单原件及其有效身份证件。

二是存款人尚未清偿其开户银行债务的，不得申请撤销该账户。

三是存款人撤销银行结算账户，必须与开户银行核对银行结算账户存款余额，交回各种重要空白票据及结算凭证和开户登记证，银行核对无误后方可办理销户手续。

四是银行撤销单位银行结算账户时应在其基本存款账户开户登记证上注明销户日期并签章，同时于撤销银行结算账户之日起 2 个工作日内，向中国人民银行报告。

五是存款人应撤销而未办理销户手续的单位银行结算账户或银行对一年未发生收付活动且未欠开户银行债务的单位银行结算账户，应通知单位自发出通知之日起 30 日内办理销户手续，逾期视同自愿销户，未划转款项列入久悬未取专户管理。

表 3-4 为撤销银行结算账户申请书。

表 3-4	撤销银行结算账户申请书		
账户名称			
开户银行名称			
开户银行代码		账　号	
账户性质	基本（　）一般（　）专用（　）临时（　）		
开户许可证核准号			
销户原因			
本存款人申请撤销上述银行账户，承诺所提供的证明文件真实、有效。 　　　　年　月　日		开户银行审核意见： 经办人（签章） 　　开户银行（签章） 　　　　年　月　日	

3.2　支付结算

支付结算是指单位、个人在社会经济活动中使用现金、票据、信用卡和结算凭证进行货币给付及其资金清算的行为，其主要功能是完成资金从一方当事人向另一方当事人的转移。

银行是支付结算和资金清算的中介机构。出纳是与银行打交道最多的财务人员。

票据是由出票人签发的，约定自己或者委托付款人在见票时或指定的日期向收款人或持票人无条件支付一定金额的有价证券。在我国，票据包括银行汇票、商业汇票、银行本票和支票。

3.2.1　银行的结算纪律与要求

单位和个人办理支付结算，不准签发没有资金保证的票据或远期支票，不准套取银行信用，不准签发、取得和转让没有真实交易和债权债务的票据，套取银行和他人资金，不准无理拒绝付款，任意占用他人资金，不准违反规定开立和使用账户。

1. 办理支付结算的原则

（1）恪守信用，履约付款原则。

（2）谁的钱进谁的账，由谁支配原则。

（3）银行不垫款原则。

2. 办理支付结算的基本要求

（1）银行结算票据、凭证，必须使用按中国人民银行规定的统一票据、凭证。

（2）单位、个人和银行应当按照《人民币银行结算账户管理办法》的规定开立、使用账户。

（3）票据和结算凭证上的签章和其他记载事项应当真实，不得伪造、变造。

注意：签章的变造属于伪造。伪造、变造票据属于欺诈行为，应追究刑事责任。

（4）填写票据和结算凭证应当规范，做到要素齐全、数字正确、字迹清晰、正确。

3.2.2 支　票

支票是出票人签发的、委托办理支票存款业务的银行在见票时无条件支付确定的金额给收款人或者持票人的票据。

在实践中，我国一直采用的是现金支票和转账支票，没有普通支票。现金支票如图 3-1 所示。

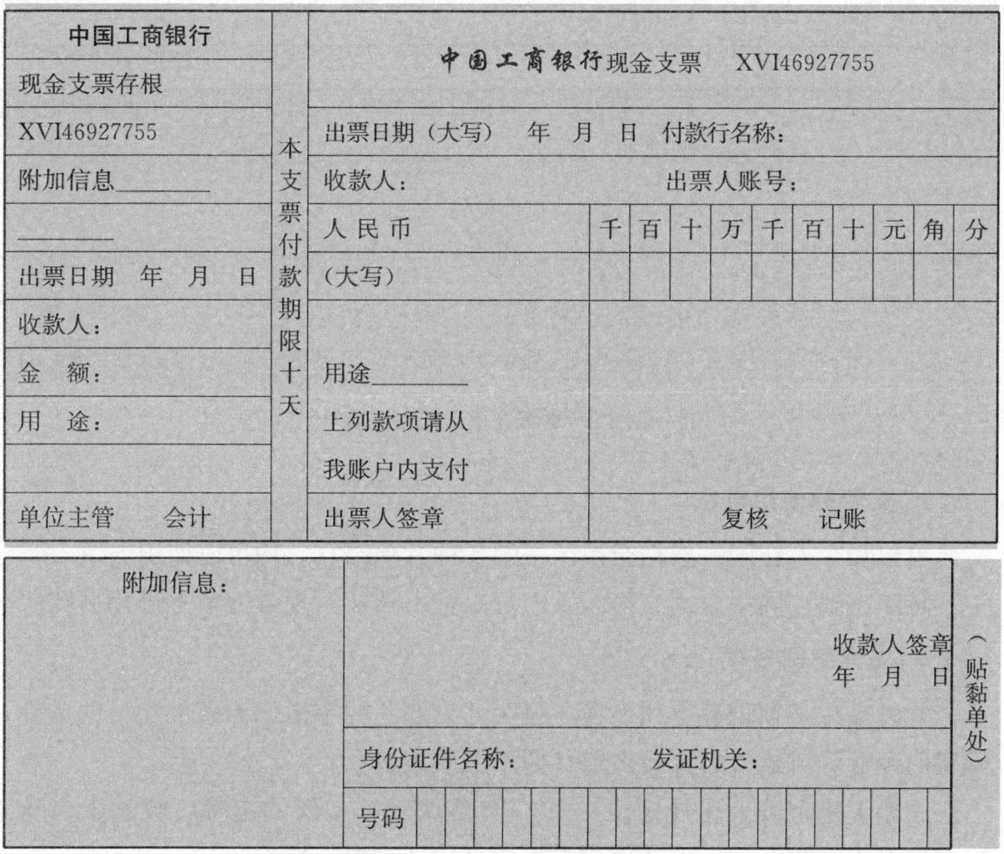

中国工商银行	本支票付款期限十天	中国工商银行现金支票　XVI46927755										
现金支票存根		出票日期（大写）　年 月 日　付款行名称：										
XVI46927755		收款人：　　　　　　　出票人账号：										
附加信息_____		人民币	千	百	十	万	千	百	十	元	角	分
_____		（大写）										
出票日期　年 月 日												
收款人：		用途_____										
金　额：		上列款项请从										
用　途：		我账户内支付										
单位主管　　会计		出票人签章　　　　　　　　复核　　记账										

附加信息：								（贴黏单处）
							收款人签章 年 月 日	
身份证件名称：　　　　　　发证机关：								
号码								

图 3-1　现金支票的正面与背面

转账支票的正面与背面票样，如图 3-2 所示。

中国工商银行		中国工商银行转账支票 XVI46927455										
现金支票存根	本支票付款期限十天	出票日期（大写） 年 月 日 付款行名称：工商银行青岛分行										
XVI46927455												
附加信息_____		收款人： 出票人账号：11990246783460										
_____		人 民 币	千	百	十	万	千	百	十	元	角	分
出票日期 年 月 日		（大写）										
收款人：		用途_____ 上列款项请从 我账户内支付										
金 额：												
用 途：												
单位主管 会计		出票人签章 复核 记账										

被背书人	被背书人
背书人签章 年 月 日	背书人签章 年 月 日

图 3-2 转账支票正面与背面

1. 支票的使用范围

单位和个人在同一票据交换区域的各种款项结算，均可以使用支票。

转账支票在同一票据交换区域内可以背书转让，现金支票不得背书转让。

2. 支票记载事项

签发支票必须记载下列事项：表明"支票"的字样，无条件支付的委托，确定的金额，付款人名称，出票日期，出票人签章。

支票上未记载上述规定之一的，支票无效。支票的金额、收款人名称，可由出票人授权补记，未补记前不得背书转让和提示付款。

3. 支票结算的注意事项

①支票一律记名。②支票限于见票即付，不得另行记载付款日期。支票

提示付款期限自出票日起 10 天。超过提示付款期限提示付款的，持票人开户银行不予受理，付款人不予付款。③支票的办理程序等应符合有关规定。

存款人领购支票，必须填写"票据和结算凭证领用单"并签章，签章应与预留银行的签章相符。存款账户结清时，必须将全部剩余空白支票交回银行注销。

4. 支票结算的一般程序

支票结算流程，如图 3-3 所示。

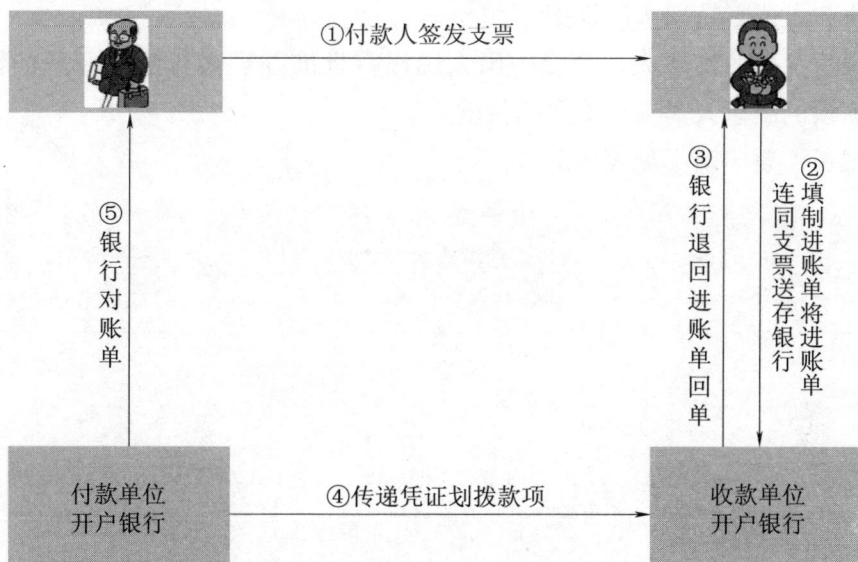

图 3-3　支票结算的一般程序

5. 使用支票注意事项

（1）签发支票应当使用碳素墨水或墨汁填写，中国人民银行另有规定的除外。现在开支票有专门的设备打印，很多单位都使用这种机器。

（2）签发现金支票和用于支取现金的转账支票，必须符合国家现金管理的规定。

（3）支票的出票人预留银行签章是银行审核支票付款的依据。出票人不得签发与其预留银行签章不符的支票，使用支付密码的，出票人不得签发支付密码错误的支票。

（4）支票的出票人签发支票的金额不得超过付款时在付款人处实有的存款金额，禁止签发空头支票。

（5）签发空头支票或者签发与其预留的签章不符的支票，不以骗取财物为目的的，由中国人民银行处以票面金额 5% 但不低于 1 000 元的罚款。持票人有权要求出票人赔偿支票金额 2% 的赔偿金。

3.2.3　银行汇票

银行汇票是出票银行签发的，由其在见票时按照实际结算金额无条件支付给收款人或者持票人的票据。

银行汇票的出票人，为经中国人民银行批准办理银行汇票业务的银行。银行汇票的出票人为银行汇票的付款人。

银行汇票申请书见表 3-5。

表 3-5

中 国 工 商 银 行

银行汇票申请书（存根）　1

申请日期：　年　月　日　　　　　　　NO.00000001

银行打印						
业务类型	□电汇□信汇□ 汇票申请书□本票申请书 □其他		汇款方式	□普通　□加急		
申请人	全　　称		收款人	全　　称		
	账号或地址			账号或地址		
	开户行名称			开户行名称		
	开户银行			开户银行		
金额（大写） 人民币				千百十万千百十元角分		
支付密码		上列款项及相关费用请从我账户内支付				
加急汇款签字						
用途						
附加信息及用途		申请人签章				
会计主管：　　　　　复核：　　　　　记账：						

此联申请人留存

1. 银行汇票的使用范围

银行汇票一般由汇款人将款项交存当地银行，由银行签发给汇款人持往异地办理转账结算或支取现金。单位和个人在异地、同城或统一票据交换区域的各种款项结算，均可使用银行汇票。银行汇票可以用于转账，填明"现金"字样的银行汇票也可以用于支取现金。

2. 银行汇票的记载事项

（1）银行汇票有绝对记载事项。欠缺记载下列事项之一的，银行汇票无效。

一是表明"银行汇票"的字样。

二是无条件支付的承诺。

三是出票金额。汇票上记载的金额必须是确定的金额，如果汇票上记载的金额不确定，汇票无效。在实践中，银行汇票记载的金额有汇票金额和实际结算金额。汇票金额是出票时应该记载的确定金额。实际结算金额，是另外记载的具体结算的金额，实际结算金额只能小于或等于汇票金额。

四是收款人名称。指出票人出票时在汇票上记载的受领汇票金额的最初票据权利人。

五是出票日期。出票人在汇票上记载的签发汇票的日期。

六是出票人签章。出票人应当按照有关规定进行签章。

七是付款人名称。付款人是指出票人在汇票上的委托支付汇票金额的人。汇票上未记载付款人的，汇票无效。

（2）银行汇票的相对记载事项。

银行汇票的相对记载事项未在汇票上记载的，不影响汇票本身的效力，汇票仍然有效。未记载的事项可以通过法律的直接规定来补充确定。

一是付款日期。如果没有记载，为见票即付。

二是付款地。

三是出票地。

（3）银行汇票的非法定记载事项。如签发票据的用途或原因、该票据项下交易的合同号码等。这些事项与票据本身关系不大。

表 3-6 　　　　　　　　　中国工商银行　地　BA 00000000
　　　　　　　　　　　　　　　银 行 汇 票

| 付款期限壹个月 |

| 出票日期（大写）　　　年　月　日 | 代理付款行：　　　　　　行号： |

| 收款人：　　　　　　　　账号： |

| 出票金额人民币（大写） |

| 实际结算金额人民币（大写） | 千 | 百 | 十 | 万 | 千 | 百 | 十 | 元 | 角 | 分 |

申请人：　　　　账号： 出票行：_____　行号： 备　注：_____ 凭票付款	密押										
	多余金额										
	千	百	十	万	千	百	十	元	角	分	复核　记账

3. 银行汇票的提示付款期限

银行汇票的提示付款期限自出票日起 1 个月。持票人超过付款期限提示付款的，代理付款人不予以付款。

4. 银行汇票办理的一般程序

银行汇票办理一般流程，如图 3-4 所示。

5. 银行汇票兑付的基本要求

（1）收款人受理银行汇票时，应审查下列事项。

一是银行汇票和解讫通知是否齐全、汇票号码和记载的内容是否一致。

二是收款人是否确为本单位或本人。

三是银行汇票是否在提示付款期限内。

四是必须记载的事项是否齐全。

五是出票人签章是否符合规定，是否有压数机压印的出票金额，并与大写出票金额一致。

六是出票金额、出票日期、收款人名称是否更改，更改的其他记载事项是否由原记载人签章证明。

图 3-4　银行汇票办理的一般程序

（2）收款人对申请人交付的银行汇票审查无误后，应在出票金额以内，根据实际需要的款项办理结算，并将实际结算金额和多余金额准确、清晰地填入银行汇票和解讫通知的有关栏内。未填明实际结算金额和多余金额或实际结算金额超过出票金额的，银行不予受理。

（3）银行汇票的实际结算金额不得更改，更改实际结算金额的银行汇票无效。

（4）收款人可以将银行汇票背书给被背书人。银行汇票的背书转让以不超过出票金额的实际结算金额为准。未填明实际结算金额或实际结算金额超过出票金额的银行汇票不得背书转让。

（5）被背书人受理银行汇票时，除审查上述收款人应审查的事项外，还应审查银行汇票是否记载实际结算金额，有无更改，其金额是否超过出票金额。背书是否连续，背书人签章是否符合规定，背书使用的黏单是否按规定签章。背书人为个人的，应验证其个人身份证件。

（6）持票人向银行提示付款时，必须同时提交银行汇票和解讫通知，缺少任何一联，银行不予受理。

（7）在银行开立存款账户的持票人向开户银行提示付款时，应在汇票背面"持票人向银行提示付款签章"处签章，签章须与预留银行签章相同，并将银行汇票和解讫通知、进账单送交开户银行，银行审查无误后办理转账。

（8）银行汇票的实际结算金额低于出票金额，其多余金额由出票银行退还申请人。

（9）银行汇票丧失后，失票人可以凭人民法院出具的其享有票据权利的证明，向出票银行请求付款或退款。

3.2.4　银行本票

银行本票是出票银行签发的，承诺自己在见票时无条件支付确定的金额给收款人或者持票人的票据。

银行本票分为定额本票和不定额本票两种。定额银行本票面额为 1 000 元、5 000 元、1 万元和 5 万元。

1. 银行本票的使用范围

单位和个人在同一票据交换区域需要支付各种款项，均可以使用银行本票。银行本票可以用于转账，注明"现金"字样的银行本票可以用于支取现金。

2. 银行本票的记载事项

（1）本票的绝对应记载事项：表明"银行本票"字样；无条件支付的承诺；确定的金额；收款人名称；出票日期；出票人签章。欠缺上述六项内容之一的，银行本票无效。

（2）本票的相对应记载事项：付款地，本票上未记载付款地的，出票人的营业场所为付款地。出票地，本票上未记载出票地的，出票人的营业场所为出票地。

3. 银行本票的提示付款期限

银行本票的提示付款期限自出票日起最长不得超过 2 个月。持票人超过付款期限提示付款的，代理付款人不予受理。

4. 银行本票结算的一般程序

银行本票结算流程，如图 3-5 所示。

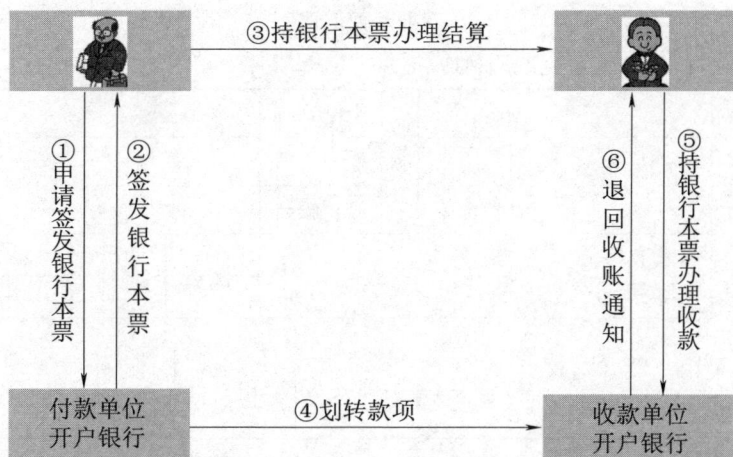

图 3-5　银行本票结算的一般程序

3.2.5　商业汇票

商业汇票是出票人签发的，委托付款人在指定日期无条件支付确定金额给收款人或持票人的票据。

商业汇票按承兑人不同，分为商业承兑汇票和银行承兑汇票。商业承兑汇票由银行以外的付款人承兑，银行承兑汇票由银行承兑。

1. 商业汇票的使用范围

商业汇票适用于在银行开立存款账户的法人以及其他组织之间具有真实交易关系或债权债务关系的款项结算。

2. 商业汇票的记载事项

签发商业汇票必须记载以下事项：表明"商业承兑汇票"或"银行承兑汇票"的字样；无条件支付的委托；确定的金额；付款人名称；收款人名称；出票日期；出票人签章。欠缺记载上述事项之一的，商业汇票无效。

3. 商业汇票的付款期限和提示付款期限

商业汇票的付款期限，最长不得超过 6 个月。商业汇票的提示付款期限，自汇票到期日起 10 日内。持票人超过提示付款期限提示付款的，持票人开户银行不予受理。商业承兑汇票见表 3-7。

表 3-7 **商业承兑汇票**

出票日期（大写）：　年　月　日　　　　汇票号码：

付款人	全称		收款人	全称		此联持票人开户行随托收凭证寄付款人开户行作借方凭证附件
	账号			账号		
	开户银行			开户银行		

出票金额	人民币（大写）	千 百 十 万 千 百 十 元 角 分

汇票到期日（大写）	年　月　日	付款人开户行	行号
交易合同号码			地址

本汇票已经承兑，到期无条件支付票款。 承兑人签章 承兑日期　年　月　日	本汇票予以承兑，于到期日付款。 出票人签章

3.2.6　其他几种结算方式

除了支票、银行本票、银行汇票、商业汇票外，还有其他几种结算方式，如汇兑、托收承付、委托收款、信用证、信用卡、电子支付等。

1. 汇兑

汇兑，是汇款人委托银行将其款项支付给收款人的结算方式。

汇兑分为信汇、电汇两种。信汇是以邮寄方式将汇款凭证转给外地收款人指定的汇入行。电汇是以电报方式将汇款凭证转给收款人指定的汇入行。

（1）汇兑的使用范围。

单位和个人的各种款项的结算，都可以使用汇兑结算方式。

（2）汇兑结算凭证的记载事项。

签发汇兑凭证必须记载下列事项：表明"信汇"或"电汇"的字样，无条件支付的委托，确定的金额，收款人名称，汇款人名称，汇入地点、汇入行名称，汇出地点、汇出行名称，委托日期，汇款人签章。汇兑凭证上欠缺上列记载事项之一的，银行不予受理。

中国工商银行电汇、信汇凭证票样，见表 3-8、表 3-9。

表 3-8　　　　　　　中国工商银行　**电汇凭证**（回单）

□普通　□加急　　　　　委托日期：　　年　月　日

汇款人	全　称		收款人	全　称												此联汇出行给汇款人的回单
	账　号			账　号												
	汇出地点　省　　市/县			汇入地点　省　　市/县												
汇入行名称			汇出地点													
金额	人民币（大写）				亿	千	百	十	万	千	百	十	元	角	分	
			支付密码													
			附加信息及用途：													
	汇出行签章					复核　　　记账										

表 3-9　　　　　　　中国工商银行　**信汇凭证**（回单）　1

委托日期：　　年　月　日

汇款人	全　称		收款人	全　称												此联汇出行给汇款人的回单
	账　号			账　号												
	汇出地点			汇入地点												
汇入行名称			汇入行名称													
金额	人民币（大写）				亿	千	百	十	万	千	百	十	元	角	分	
			支付密码													
			附加信息及用途：													
	汇出行签章					复核　　　　　记账										

2. 托收承付

托收承付是指根据购销合同由收款人发货后委托银行向异地付款人收取款项，由付款人向银行承认付款的结算方式。

（1）托收承付的使用范围。

使用托收承付结算方式的收款单位和付款单位，必须是国有企业、供销合作社以及经营管理较好，并经开户银行审查同意的城乡集体所有制工业企业。

办理托收承付结算的款项，必须是商品交易，以及因商品交易而产生的劳务供应的款项。

注意：代销、寄销、赊销商品的款项，不得办理托收承付结算。

（2）托收承付结算凭证的记载事项。

签发托收承付凭证必须记载下列事项：①表明"托收承付"的字样；②确定的金额；③付款人的名称和账号；④收款人的名称和账号；⑤付款人的开户银行名称；⑥收款人的开户银行名称；⑦托收附寄单证张数或册数；⑧合同名称、号码；⑨委托日期；⑩收款人签章。欠缺上述任一事项，银行不予受理。

（3）托收承付结算中的注意事项。

①付款人开户银行收到托收凭证及其附件后，应当及时通知付款人。验单付款的承付期为3天，从付款人开户银行发出承付通知的次日算起（承付期内遇法定休假日顺延）。验货付款的承付期为10天，从运输部门向付款人发出提货通知的次日算起。付款人在承付期内，未向银行表示拒绝付款，银行即视作承付，并在承付期满的次日（法定节假日顺延）上午银行开始营业时，将款项主动从付款人的账户付出，按照收款人指定的划款方式，划给收款人。

②付款人在承付期满日银行营业终了时，如无足够资金支付，其不足部分，即为逾期未付款项，按逾期付款处理。

③付款人在承付期内，对不符合规定条件的款项，可以向银行提出全部或部分拒绝付款。

④收款人对被无理拒绝付款的托收款项，在收到退回的结算凭证及其所附单证后，可以委托银行重办托收。

3. 委托收款

委托收款结算，是收款人向银行提供收款依据，委托银行向付款人收取款项的一种结算方式。

委托收款结算款项的划回方式，分邮寄和电报两种，由收款人选择使用。

（1）委托收款的使用范围。单位和个人凭已承兑商业汇票、债券、存单等付款人债务证明办理款项的结算，均可以使用委托收款结算方式，委托收款在同城、异地均可以使用。

（2）委托收款凭证的记载事项。

签发委托收款凭证必须记载下列事项：①表明"委托收款"的字样；②确定的金额；③付款人的名称；④收款人的名称；⑤委托收款凭据名称及附寄单证张数；⑥委托日期；⑦收款人签章。

欠缺记载上列事项之一的，银行不予受理。委托收款人以银行以外的单位为付款人的，委托收款凭证必须记载付款人银行名称。

4. 信用证

信用证，是指开证银行依照申请人的申请开出的，凭符合信用证条款的单据支付的付款承诺。

信用证的使用范围：我国信用证为不可撤销、不可转让的跟单信用证。它只适用于国内企业之间商品交易产生的货款结算。信用证限于转账结算，不能支取现金。

5. 信用卡

信用卡，是指商业银行向单位和个人发行的，凭以向特约单位购物、消费和向银行存取现金，且具有消费信用的特制载体卡片。

信用卡按使用对象分为单位卡和个人卡，按信誉等级分为金卡和普通卡。

信用卡的使用范围：凡在中国境内金融机构开立基本存款账户的单位可以申领单位卡。单位卡可以申领若干张，持卡人资格由申领单位法定代表人或其委托代理人书面指定和注销。

注意：单位卡的账户资金一律从其基本存款账户转入，不得缴存现金，不得将销货收入的款项存入其账户；单位卡不得用于 10 万元以上的商品交易、劳务供应款项的结算，并一律不得支取现金。

6. 电子支付

电子支付是指单位或个人直接或授权他人通过电子终端，向银行业金融机构发出支付指令，实现货币支付与资金转移的行为。电子终端是指客户可用以发起电子支付指令的计算机、电话、销售点终端、自动柜员机、移动通信工具或其他电子设备等。电子支付的业务类型按电子支付指令发起方式分为网上支付、电话支付、移动支付、销售点终端交易、自动柜员机交易和其他电子支付。

第 *4* 章

发票管理

发票是企业日常发生经营业务开具和取得的业务凭证，是会计核算的原始依据，也是审计机关、税务机关执法检查的重要依据。本章介绍发票领购、开具、丢失的处理等。

4.1 发票的分类

发票根据是否从增值税发票管理系统开具分为以下几类。

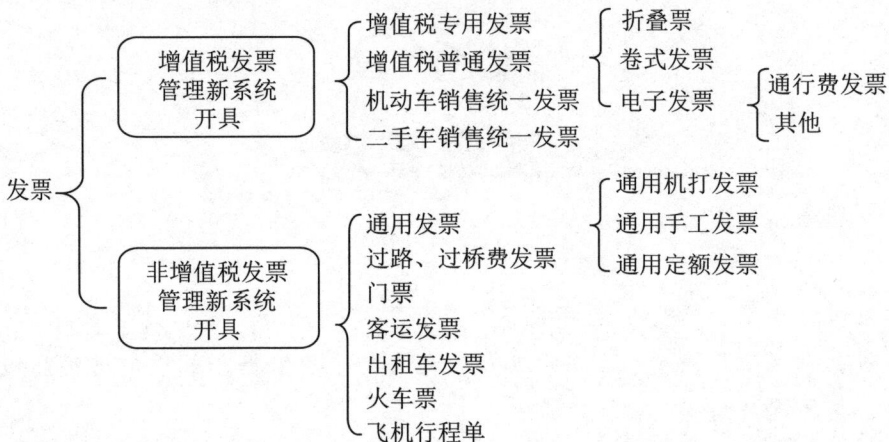

发票
- 增值税发票管理新系统开具
  - 增值税专用发票
  - 增值税普通发票
    - 折叠票
    - 卷式发票
    - 电子发票
      - 通行费发票
      - 其他
  - 机动车销售统一发票
  - 二手车销售统一发票
- 非增值税发票管理新系统开具
  - 通用发票
    - 通用机打发票
    - 通用手工发票
    - 通用定额发票
  - 过路、过桥费发票
  - 门票
  - 客运发票
  - 出租车发票
  - 火车票
  - 飞机行程单

4.1.1 增值税专用发票版式及防伪识别

增值税专用发票（含增值税电子专用发票）是增值税纳税人销售货物或者提供应税劳务开具的发票，是购买方支付增值税额并可按照增值税有关规定据以抵扣增值税进项税额的凭证，具备完税凭证的作用。

1. 版式

根据《增值税专用发票使用规定》第三条的规定，一般纳税人应通过增值税防伪税控系统（以下简称防伪税控系统）使用专用发票。使用，包括领购、开具、缴销、认证纸质专用发票及其相应的数据电文。《增值税专用发票使用规定》第四条规定，专用发票由基本联次或者基本联次附加其他联次构成，基本联次为三联：发票联、抵扣联和记账联。发票联，作为购买方核算采购成本和增值税进项税额的记账凭证；抵扣联，作为购买方报送主管税务机关认证和留存备查的凭证；记账联，作为销售方核算销售收入和增值税销项税额的记账凭证。其他联次用途，由一般纳税人自行确定。

增值税专用发票规格为 240 mm×140 mm，票样如图 4-1 所示。

北京增值税专用发票 №

1100143160

此联不作报销、扣税凭证使用　　　　开票日期：

购买方	名　　称： 纳税人识别号： 地 址 、电 话： 开户行及账号：	密码区	

货物或应税劳务、服务名称	规格型号	单位	数量	单价	金　额	税率	税　额
合　　计							
价税合计（大写）						（小写）	

销售方	名　　称： 纳税人识别号： 地 址 、电 话： 开户行及账号：	备注	

收款人：　　　复核：　　　开票人：　　　销货方：（章）

税总函（2014）××号××××公司

第一联：记账联　销售方记账凭证

图 4-1　增值税专用发票票样

发票监制章形状为椭圆形，长轴为 3 厘米，短轴为 2 厘米，边宽为 0.1 厘米，内环加刻一细线，上环刻制“全国统一发票监制章”字样，中间刻制“省市自治区”字样，下环刻制“××省（区、市）税务局”字样，如“江苏省税务局”“上海市税务局”“内蒙古自治区税务局”“新疆维吾尔自治区税务局”。字体为楷体 7 磅，印色为大红色，如图 4-2 所示。

图 4-2　发票监制章

2. 防伪技术

增值税专用发票防伪手段有光角变色圆环纤维、造纸防伪线、防伪油墨颜色擦可变、专用异型号码、复合信息防伪。

①防伪纤维的物理形态呈圆环状随机分布在发票的发票联、抵扣联和记账联专用纸张中。在自然光下观察，与普通纸张基本相同，在 365 nm 紫外光照射下，圆环靠近光源的半圆环为红色，远离光源的半圆环为黄绿色（图 4-3）。

紫外光下观察

图 4-3　防伪纤维

②造纸防伪线。在发票的发票联、抵扣联和记账联专用纸张中含有造纸防伪线，防伪线在自然光下有黑水印的特点，在 365 nm 紫外光照射下，为红蓝荧光点形成的条状荧光带（图 4-4），防伪线据票面右边缘 20 mm～80 mm。

自然光下观察　　　　　　紫外光下观察

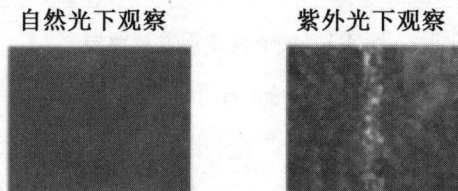

图 4-4　造纸防伪线

③防伪油墨颜色摩擦可变。发票各联次左上方的发票代码使用防伪油

墨印制，油墨印记在外力摩擦作用下可以发生颜色变化，产生红色擦痕（图4-5）。

发票代码图案原色	原色摩擦可产生红色擦痕
4600143160	4600143160

图 4-5 防伪油墨印制

④专用异型号码。发票各联次右上方的发票号码为专用异型号码，字体为专用异型变化字体（图4-6）。

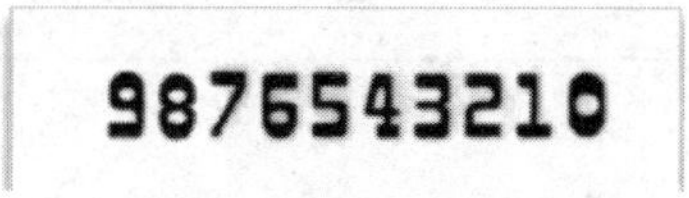

9876543210

图 4-6 异形号码防伪

⑤复合信息防伪。使用复合防伪特征检验仪检测（图4-7），对通过检测的发票，检验仪自动发出复合信息防伪特征验证通过的语音提示。

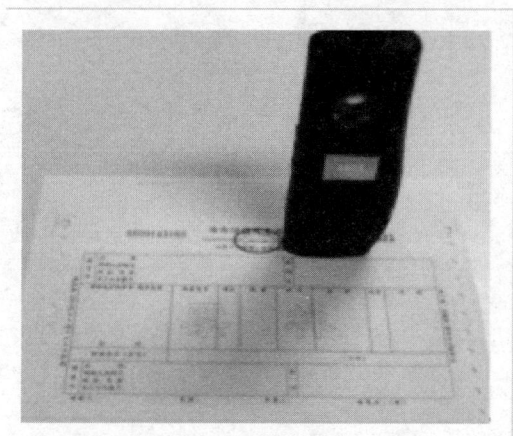

图 4-7 防伪特征检验仪

4.1.2 增值税电子专用发票版式及防伪识别

2020 年 7 月 21 日，国务院发布《国务院办公厅关于进一步优化营商环境更好服务市场主体的实施意见》（国办发〔2020〕24号），在2020年底前基本实现增值税专用发票电子化，主要涉税服务事项基本实现网上办理。

增值税电子专用发票纵向分为票头、购买方、应税明细和合计、销售方和票尾五个部分，高度分别为30 mm、22 mm、52 mm、20 mm和16 mm。不包含票头、票尾的内框尺寸为201 mm×94 mm，发票规格为215 mm×140 mm，如图4-8所示。

发票代码：
发票号码：
××增值税电子专用发票
国家税务总局 ××税务局
开票日期：
机器编号：　　　　校 验 码：

购买方	名　　称： 纳税人识别号： 地 址 、电 话： 开户行及账号：	密码区	

项目名称	规格型号	单位	数量	单价	金额	税率	税额
合　计							
价税合计（大写）						（小写）	

销售方	名　　称： 纳税人识别号： 地 址 、电 话： 开户行及账号：	备注	

收款人：　　　复核：　　　开票人：

图4-8　增值税电子专用发票

4.1.3　增值税普通发票版式及防伪识别

增值税普通发票（含卷式发票、电子普通发票、通行费发票）是增值税纳税人销售货物或者提供应税劳务、服务时，通过增值税税控系统开具的普通发票。

（1）增值税普通发票（卷票）为定长发票。发票宽度有 76 mm、57 mm 两种，长度固定为 177.8 mm。

发票基本联次为一联，即“发票联”。发票印制的基本内容包括：发票名称、发票监制章、发票联、发票代码、发票号码、黑标定位符和二维码等。

发票印制二维码中包含发票代码和发票号码信息，用于发票查验时的快速扫描录入。发票监制章未换版，椭圆形，上环刻制“全国统一发票监制章”字样，中间刻制“省、自治区、直辖市、计划单列市”名称，下环刻制“国家税务总局监制”，如图 4-9 所示。

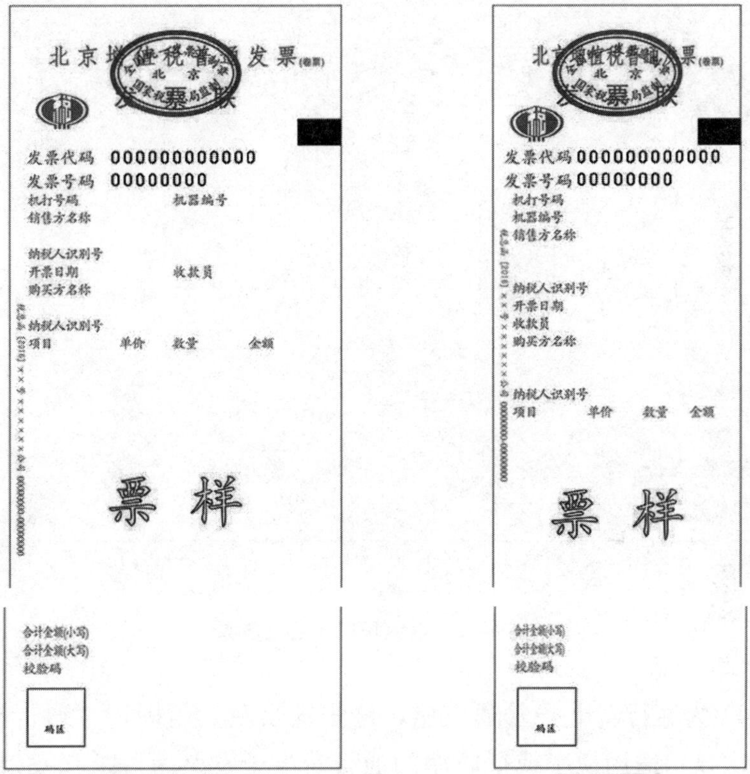

76×177.8　　57×177.8

图 4-9　卷式增值税普通发票

（2）增值税电子普通发票监制章形状为椭圆形，与原发票监制章规格相同，内环加刻一细线。上环刻制"全国统一发票监制章"字样，中间刻制"国家税务总局"字样，下环刻制"××税务局"字样，如"四川省税务局"等，如图 4-10 所示。

电子普通发票版式如图 4-10 所示。

| 发票代码： |
| 发票号码： |
| 开票日期： |
| 校 验 码： |

××增值税电子普通发票

（国家税务总局 北京市税务局）

机器编号：

购买方	名　　　称：					密码区			
	纳税人识别号：								
	地址、电话：								
	开户行及账号：								
货物或应税劳务、服务名称	规格型号	单位	数量	单价	金额	税率	税额
合　　计							
价税合计（大写）						（小写）	
销售方	名　　　称：					备注			
	纳税人识别号：								
	地址、电话：								
	开户行及账号：								
收款人：		复核：		开票人：		销售方：（章）			

图 4-10　增值税电子普通发票

图 4-11 为通行费电子普通发票，这张发票左上角标识"通行费"字样，且税率栏次显示适用税率或征收率的通行费电子发票为可抵扣发票。左上角无"通行费"字样，且税率栏次显示"不征税"的通行费电子发票为不可抵扣发票。

<table>
<tr><td colspan="2">[二维码] 通行费
机器编号：</td><td colspan="4">××增值税电子普通发票
[全国统一发票监制章 北京 国家税务局监制]</td><td colspan="3">发票代码：
发票号码：
开票日期：
校 验 码：</td></tr>
</table>

购买方	名　　　称： 纳税人识别号： 地址、电话： 开户行及账号：					密码区		
	项目名称	车牌号	类型	通行日期起	通行日期止	金额	税率	税额
	合　　计							
价税合计（大写）							（小写）	
销售方	名　　　称： 纳税人识别号： 地址、电话： 开户行及账号：					备注		
收款人：		复核：		开票人：		销售方：（章）		

图 4-11　通行费电子普通发票

4.1.4　非增值税发票管理系统开具的发票版式

非增值税发票管理新系统开具的发票包括通用发票、飞机行程单等。

1. 通用机打（定额）发票

新发票监制章形状为椭圆形，与原发票监制章规格相同，内环加刻一细线。上环刻制"全国统一发票监制章"字样，中间刻制"国家税务总局"字样，下环刻制"×××税务局"字样，如"四川省税务局"等。

2. 航空运输电子客票行程单

发票监制章未换版，椭圆形，上环刻制"全国统一发票监制章"字样，下环刻制"国家税务总局监制"，如图 4-12 所示。

图 4-12　航空运输电子客票行程单

3. 出租车发票、客运发票

新发票监制章形状为椭圆形，与原发票监制章规格相同，内环加刻一细线。上环刻制"全国统一发票监制章"字样，中间刻制"国家税务总局"字样，下环刻制"××税务局"字样，如图 4-13 所示。

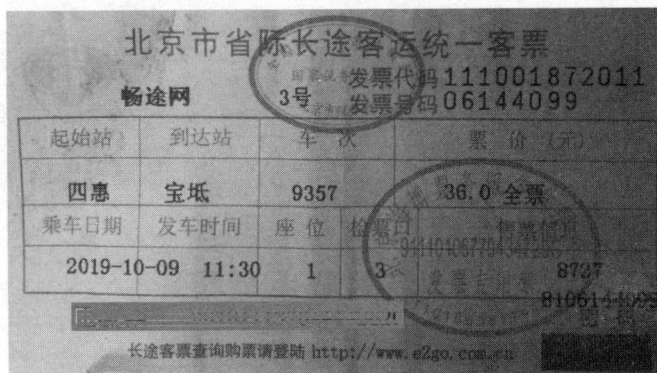

图 4-13　客运发票票样

4. 二手车销售统一发票

二手车经销企业、经纪机构和拍卖企业，在销售、中介和拍卖二手车收取款项时，通过开票软件开具的发票。二手车发票为一式五联计算机票。计算机票第一联为发票联，印色为棕色；第二联为转移登记联（公安车辆管理部门留存），印色为蓝色；第三联为出入库联，印色为紫色；第四联为记账联，印色为红色；第五联为存根联，印色为黑色。规格为 241 mm×178 mm。

新发票监制章形状为椭圆形，与原发票监制章规格相同，内环加刻一细线。上环刻制"全国统一发票监制章"字样，中间刻制"国家税务总局"字样，下环刻制"××税务局"字样，如"四川省税务局"等，如图 4-14 所示。

二手车销售统一发票

発票联（国家税务局监制 发票联）

发票代号 000000000000

发票号码 00000000

开票日期：

机打代码 机打号码 机器编号		税控码			
买方单位/个人		单位代码/身份证号码			
买方单位/个人住址				电话	
卖方单位/个人		单位代码/身份证号码			
卖方单位/个人住址				电话	
车牌照号	登记证号	车辆类型			
车架号/车辆识别代码	厂牌型号	转入地车辆车理所名称			
车价合计（大写）			小写		
经营、拍卖单位					
经营、拍卖单位地址		纳税人识别号			
开户银行、账号				电话	
二手车市场	纳税人识别号				
	地址				
开户银行、账号				电话	
备 注：					

开票单位（盖章）　　工商部门审核（盖章）　　开票人　　手写无效

×× 印刷厂 ×× 年 ×× 月印 × 份（数量 ×5）号码超话

第一联 发票联

图 4-14　二手车普通发票

5. 机动车销售统一发票

凡从事机动车零售业务的单位和个人，从 2006 年 8 月 1 日起，在销售机动车（不包括销售旧机动车）收取款项时开具的发票。机动车销售统一发票为电脑六联式发票。即第一联发票联（购货单位付款凭证），第二联抵扣联（购货单位扣税凭证），第三联报税联（车购税征收单位留存），第四联注册登记联（车辆登记单位留存），第五联记账联（销货单位记账凭证），第六联存根联（销货单位留存）。第一联印色为棕色，第二联印色为绿色，第三联印色为紫色，第四联印色为蓝色，第五联印色为红色，第六联印色为黑色。发票代码、发票号码印色为黑色。发票规格为 241 mm×177 mm，如图 4-15 所示。

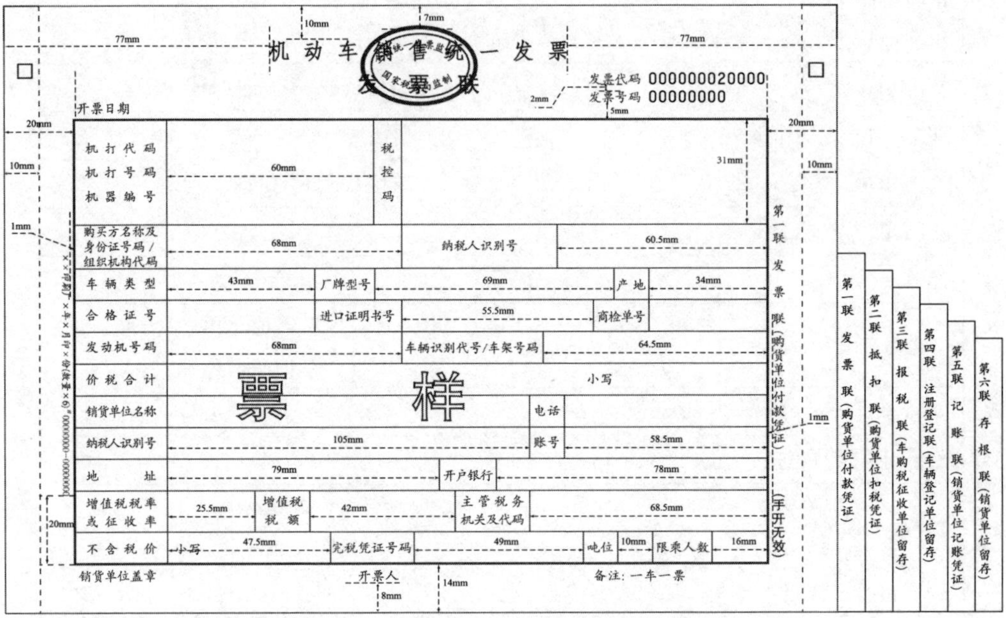

图 4-15　机动车销售统一发票票样

其他未列明样式的发票，包括门票、通用手工发票、医疗卫生门诊（住院）收费发票，但凡发票监制章未出现"国家税务总局"字样的均需要改版为新的发票监制章。

4.2　发票领购与开具

新开办企业，无论是小规模纳税人，还是一般纳税人都需要购买税控设备，开具增值税发票。现在税务局有两家企业研发并销售税控设备：国家信息安全工程技术研究中心和航天信息股份有限公司。国家信息安全工程技术研究中心开发的增值税发票系统叫税控盘，航天信息股份有限公司制造开发的系统叫金税盘，企业购买设备和服务费可全额抵扣增值税。

4.2.1 发票领购

依法办理税务登记的单位和个人，在领取税务登记证件后，向主管税务机关申请领购发票，经主管税务机关审核后，发放"发票领购簿"。发票领购可以网上申请，也可以去税务大厅。

（1）网上申请发票流程，登录开票系统，填写发票申领信息，如图 4-16 所示。

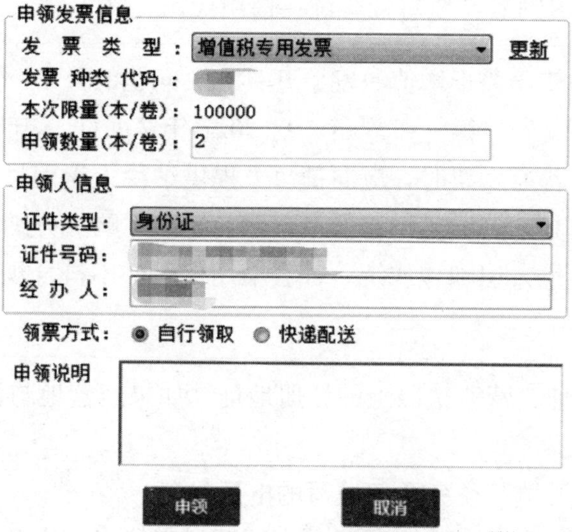

图 4-16　网上申请发票界面

发票申领信息填写完成之后，企业可以选择发票领取方式，自行领取或快递配送。

（2）现场购买。企业办税人员带上相关资料，去税务大厅购买。

4.2.2　增值税专用发票填写要点

无论哪种情况，单位和个人在开具发票时，必须做到按照号码顺序填开，填写项目齐全，内容真实，字迹清楚，全部联次一次打印，内容完全一致，并在发票联和抵扣联加盖发票专用章。开具增值税专用发票，需要将购买方名称、纳税人识别号、地址、电话，开户行及账号填写完整。

具体填写要求如下：

（1）名称：填写企业营业执照上的全称。

《国家税务总局关于进一步加强普通发票管理工作的通知》（国税发〔2008〕80号）第八条第二款规定，在日常检查中发现纳税人使用不符合规定发票特别是没有填开付款方全称的发票，不得允许纳税人用于税前扣除、抵扣税款、出口退税和财务报销。

（2）纳税人识别号：填写社会统一信用代码，共18位。

《国家税务总局关于增值税发票开具有关问题的公告》（国家税务总局公告2017年第16号）第一条规定，自2017年7月1日起，购买方为企业的，索取增值税普通发票时，应向销售方提供纳税人识别号或统一社会信用代码；销售方为其开具增值税普通发票时，应在"购买方纳税人识别号"栏填写购买方的纳税人识别号或统一社会信用代码。不符合规定的发票，不得作为税收凭证。

（3）注册地址：营业执照上的注册地址。如果经营地与注册地址不一致，要填写注册地址。

（4）电话：要填写税务登记填写的电话号码。

（5）开户行及账号：要填写开户许可证或者税务局备案的开户银行和银行账号。

（6）"货物或应税劳务、服务名称"栏，名称要和实际一致，并准确选择税收编码。自2018年1月1日起，纳税人通过增值税发票管理新系统开具增值税发票（包括：增值税专用发票、增值税普通发票、增值税电子普通发票）时，商品和服务税收分类编码对应的简称会自动显示并打印在发票票面"货物或应税劳务、服务名称"或"项目"栏次中。

销售不动产，纳税人自行开具或者税务机关代开增值税发票时，应在发票"货物或应税劳务、服务名称"栏填写不动产名称及房屋产权证书号码（无房屋产权证书的可不填写），"单位"栏填写面积单位，备注栏注明不动产的详细地址。

（6）规格型号、单位、数量和单价栏的填写。

商品的规格型号、单位、数量和单价栏，必须填写，并与实际业务相符合；服务或者劳务，可以不填写。

（7）增值税发票清单。

增值税发票的版面最多可以添加八行，超过八行时，就需要用到增值税发票清单。

按国家税务总局《增值税专用发票使用规定》第十二条规定：一般纳税人销售货物或者提供应税劳务可汇总开具专用发票。汇总开具专用发票的，同时使用防伪税控系统开具《销售货物或者提供应税劳务清单》，并加盖发票专用章，见表4-1。

表 4-1   **销售货物或者提供应税劳务清单**

购买方名称：

销售方名称：

所属增值税专用发票代码：   号码：   共 页 第 页序号

序号	货物（劳务）名称	规格型号	单位	数量	单价	金额	税率	税额
小计						0.00		0.00
总计						0.00		0.00
备注								

销售方（章）：   填开日期： 年 月 日

（8）"税率"栏。

通常，发票税率栏显示为"0%"或者"免税"，税额显示"＊＊＊"，这是什么意思呢？这表示销售方发生应税行为适用零税率或者免征增值税政策。

其中，"＊＊＊"有三种可能：一是税额栏也显示"＊＊＊"，表示对方免征增值税；二是税额栏有数，备注栏显示"差额征税"，表示对方选用了差额开票功能；三是税额栏有数，备注栏显示不动产的详细地址，以及"属于个人出租住房，按5%的征收率减按1.5%计算应纳税额"的字样。

还有一种情形，税率为"＊"，税额栏也显示"＊"，属于电信公司提供电信服务，根据总局规定开具发票时可以选择上级节点编码开票，由于"基础电信服务"和"增值电信服务"适用税率不同，导致发票系统只能打印"＊"。

③发票联和抵扣联加盖单位发票专用章，不得加盖其他财务印章。根据不同版本的专用发票，财务专用章或发票专用章分别加盖在专用发票的左下角或右下角，覆盖"开票单位"一栏。发票专用章使用红色印泥。

④纳税人开具专用发票必须预先加盖专用发票销货单位栏戳记。不得手工填写"销货单位"栏，用手工填写的，属于未按规定开具专用发票，购货方不得作为扣税凭证。专用发票销货单位栏戳记用蓝色印泥。

⑤开具专用发票，必须在"金额""税额"栏合计（小写）数前用"￥"符号封顶。

购销双方单位名称必须详细填写，不得简写。如果单位名称较长，可在"名称"栏分上下两行填写，必要时可出该栏的上下横线。

4.2.3 增值税专用发票最高定额的规定

《增值税专用发票使用规定》（国税发〔2006〕156号）第五条规定：

专用发票实行最高开票限额管理。最高开票限额，是指单份专用发票开具的销售额合计数不得达到的上限额度。

最高开票限额由一般纳税人申请，税务机关依法审批。最高开票限额为十万元及以下的，由区县级税务机关审批；最高开票限额为一百万元的，由地市级税务机关审批；最高开票限额为一千万元及以上的，由省级税务机关审批。防伪税控系统的具体发行工作由区县级税务机关负责。

税务机关审批最高开票限额应进行实地核查。批准使用最高开票限额为十万元及以下的，由区县级税务机关派人实地核查；批准使用最高开票限额为一百万元的，由地市级税务机关派人实地核查；批准使用最高开票限额为一千万元及以上的，由地市级税务机关派人实地核查后将核查资料报省级税务机关审核。

一般纳税人申请最高开票限额时，需填报《最高开票限额申请表》（附件1）。

第六条规定：一般纳税人领购专用设备后，凭《最高开票限额申请表》《发票领购簿》到主管税务机关办理初始发行。

增值税专用发票最高开票限额申请表，见表 4-2。

表 4-2 　　　　　　　　　　增值税专用发票最高开票限额申请表

申请事项 （由企业填写）	企业名称		税务登记代码	
	地　　址		联系电话	
申请最高开票限额	□一亿元□一千万元□一百万元□十万元□一万元□一千元（请在选择数额前的□内打"√"）			
	经办人（签字）： 　　年　月　日		企业（印章）： 　　年　月　日	
区县级税务机关意见	批准最高开票限额： 经办人（签字）：　　批准人（签字）：　　税务机关（印章）： 　　年　月　日　　　　年　月　日　　　　年　月　日			
地市级税务机关意见	批准最高开票限额： 经办人（签字）：　　批准人（签字）：　　税务机关（印章）： 　　年　月　日　　　　年　月　日　　　　年　月　日			
省级税务机关意见	批准最高开票限额： 经办人（签字）：　　批准人（签字）：　　税务机关（印章）： 　　年　月　日　　　　年　月　日　　　　年　月　日			

注：本申请表一式两联。第一联，申请企业留存；第二联，区县级税务机关留存。

国家税务总局印发《关于实施第二批便民办税缴费新举措的通知》，明确全面推行自行开具增值税专用发票。小规模纳税人（其他个人除外）发生增值税应税行为，需要开具增值税专用发票的，可以自愿使用增值税发票管理系统自行开具。

4.3　开票的几种正确做法

企业日常业务离不开发票的填开，正确的使用和开具发票可以为企业免去很多不必要的麻烦和错误。按规定的时限开具增值税专用发票，不得提前或滞后，避免税务风险的发生。

4.3.1　开票时间的规定

根据《中华人民共和国发票管理办法实施细则》第三十三条规定，填开发票的单位和个人必须在发生经营业务确认营业收入时开具发票。未发生经营业务一律不准开具发票。

销售商品、提供服务以及从事其他经营活动的单位和个人，对外发生经营业务收取款项时，收款方应向付款方开具发票。纳税人向消费者个人零售商品可以不开具发票，但消费者索要发票时，不得拒绝开具，更不得以内部销货结算凭证代替发票向消费者开具。

开票时间具体要求如下：

（1）采用预收货款、托收承付、委托银行收款结算方式的，为货物发出的当天。

（2）采用交款发货结算方式的，为收到货款的当天。

（3）采用赊销、分期付款结算方式的，为合同约定的收款日期的当天。

（4）将货物交给他人代销，为收到受托人送交的代销清单的当天。

（5）设有两个以上机构并实行统一核算的纳税人，将货物从一个机构移送其他机构用于销售，按照规定应当征收增值税的，为货物移送的当天。

（6）将货物作为投资提供给其他单位或者个体经营者，将货物分给股东或投资者的，均为货物移送的当天。

在实务中，一般存在开具正数发票、折扣发票、红字发票等情形。

4.3.2 正数发票的开具

打开增值税开票系统，单击"发票填开"，选择"增值税专用发票"或"增值税普通发票"，然后根据实际需要填开的发票性质选择，要注意核对发票内容，以免错开发票，如图 4-17 所示。

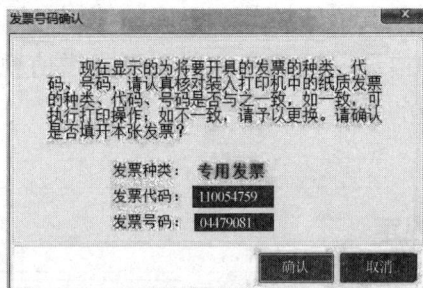

图 4-17　选择发票的各类

如果开具增值税普通发票，单击"发票管理→正数发票填开→增值税普通发票"菜单项，系统打开发票开具窗口。如果开具增值税专用发票，单击"发票管理→正数发票填开→增值税专用发票"菜单项。出现增值税开具界面，如图4-18所示。

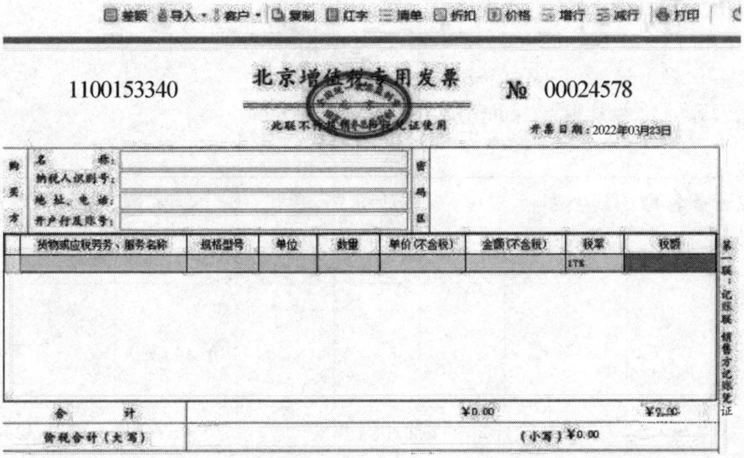

图4-18 开具发票界面

根据《中华人民共和国发票管理办法》第二十二条，开具发票应当按照规定的时限、顺序、栏目，全部联次一次性如实开具，并加盖发票专用章。

专用发票必填项为：购货单位名称、纳税人识别号、地址电话、开户行及账号、货物或应税劳务名称和金额等。

第二十八条规定，单位和个人在开具发票时，必须做到按照号码顺序填开，填写项目齐全，内容真实，字迹清楚，全部联次一次打印，内容完全一致，并在发票联和抵扣联加盖发票专用章。

根据《增值税专用发票使用规定》第十一条，专用发票应按下列要求开具：

①项目齐全，与实际交易相符；

②字迹清楚，不得压线、错格；

③发票联和抵扣联加盖发票专用章；

④按照增值税纳税义务的发生时间开具。

对不符合上列要求的专用发票，购买方有权拒收。

正数发票如图4-19所示。

增值税普通发票								
440234202341						NO：123456		
						开票日期：2021 年 4 月 2 日		

	名　　　　称：深圳商业大厦有限公司							
购货单位	纳税人识别号：9144087657036342H				密码区		略	
	地 址 、 电 话：深圳市南山区南山街道 12 号 0755-63845678							
	开户行及账号：中国银行深圳分行南山支行 000290041							

货物或应税劳务名称	规格型号	单位	数量	单价	金额	税率（%）	税额
女式风衣	170	件	100	384.20	34 000	13%	4 420
合计					¥34 000		¥4 420

价税合计（大写）	⊗叁万捌仟肆佰贰拾元整	（小写）¥ 38 420

	名　　　　称：深圳吉祥岛服装有限公司	
销货单位	纳税人识别号：91440300070369645H	备注
	地 址 、 电 话：深圳市宝安区松岗潭头工业区 177 号 0755-68892348	
	开户行及账号：工商银行深圳分行 6354537453453	

收款人：钟鸣	复核：田芬玉	开票人：李珍珍	销货单位：

图 4-19　正数发票

4.3.3　折扣发票的开具

根据《国家税务总局关于印发〈增值税若干具体问题的规定〉的通知》（国税发〔1993〕154 号）规定，纳税人采取折扣方式销售货物，如果销售额和折扣额在同张发票上分别注明的，可按折扣后的销售额征收增值税；如果将折扣额另开发票，不论其在财务上如何处理，均不得从销售额中减除折扣额。

那么如何开具折扣发票呢？例如，深圳吉祥岛服装有限公司销售给深圳商业大厦有限公司 100 件女士风衣，总价 38 420 元，给予 10% 的商业折扣。

增值税开票系统有折扣选项，单击"折扣"，出现图 4-20 对话框。在折扣行数填写 1，商品金额栏填写 38 420，在折扣率栏填写 10%、折扣金额自动显示 3 842。

折扣行数	1
商品金额	38 420
折扣率	10%
折扣金额	3 842

图 4-20 折扣信息

开好的折扣发票，如图 4-21 所示。

增值税普通发票

440234202341　　　　　　　　　　　　　　　　　　NO：123456

购货单位	名　　　　称：深圳商业大厦有限公司 纳税人识别号：9144087657036342H 地　址、电话：深圳市南山区南山街道 12 号 　　　　　　　0755-63845678 开户行及账号：中国银行深圳分行南山支行 　　　　　　　000290041	密码区	略

货物或应税劳务名称	规格型号	单位	数量	单价	金额	税率（%）	税额
1　女式风衣		件	100	384.20	34 000	13%	4 420
2　女式风衣					−3 400	13%	−442
合计					30 600		3 978

价税合计（大写）	⊗叁万肆仟伍佰柒拾捌元整	（小写）￥34 578

销货单位	名　　　　称：深圳吉祥岛服装有限公司 纳税人识别号：91440300070369645H 地　址、电话：深圳市宝安区松岗潭头工业区 177 号 0755- 　　　　　　　68892348 开户行及账号：工商银行深圳分行 6354537453453	备注

收款人：钟鸣　　　　　复核：田芬玉　　　　　开票人：李珍珍

图 4-21 折扣发票

4.3.4 红字发票的开具

红字发票即负数发票。开具红字发票有两个前提条件：一是客户收到增值税专用发票没有发现问题，进行发票认证，对应的进项税已经抵扣，这种情形下就不能简单作废发票，要开具红字发票更正；二是虽然没有进行发票认证，但发票跨月或跨年了，也需要开具红字发票。

需要注意的是，红字发票与作废发票是不同的，作废发票的条件如下：

（1）收到退回的发票联、抵扣联时间未超过销售方开票当月；

（2）销售方未抄税并且未记账；

（3）购买方未认证或者认证结果为"纳税人识别号认证不符""专用发票代码、号码认证不符"等。

根据《中华人民共和国增值税暂行条例》《中华人民共和国发票管理办法》的规定，企业只能在下列情况下才可开具负数增值税专用发票。

（1）企业跨月作废开具红冲增值税专用发票，必须先收回已发出给购货方的发票联和抵扣联。收回的发票联和抵扣联是企业开具红冲增值税专用发票的合法凭据，在未收回发票联和抵扣联前，企业不得擅自开具红冲增值税专用发票。企业在记账时，要将被冲销的发票联和抵扣联以及对应冲销的红冲发票联和抵扣联附在红冲增值税专用发票记账联后面，以便备查，开具的红冲发票联和抵扣联不得交付购货方。

（2）企业发生退货或折让开具负数增值税专用发票，必须收到由购货方税务机关开具的《增值税进货退出与折让证明单》后，方能开具相应的红冲增值税发票。《进货退出与折让证明单》是企业在发生退货或折让时开具红冲增值税专用发票的合法凭据，在未取得《进货退出与折让证明单》前，企业不得擅自开具红冲增值税专用发票。企业在记账时，要将《进货退出与折让证明单》附在红冲增值税专用发票记账联后面，以便备查。开具的红冲发票联和抵扣联交付购货方。

那么，开具红字发票是由哪一方申请呢？开具红字发票需要申请，既可由销售方申请，也可由购买方申请。

如果购买方没有认证，也没有账务处理，只是跨月了，提交给销售方，需要由销售方申请；如果购买方已认证，需要开红字发票，由购买方申请。

销售方发生开票失误，对方发票无法认证以及销售退回等情形，只要是购买方没有认证抵扣，应由销售方申请开具红字发票申请单。

1. 红字增值税专用发票信息表怎么填

深圳吉祥岛服装有限公司为增值税一般纳税人。2021年4月5日，向天津华安商厦销售100件男士风衣，含税价款101 700元，开出一张增值税专用发票。2021年4月6日，天津华安商厦进行发票认证。2021年4月10日，财务人员发现发票有问题，需要开具红字发票。因为这张增值税专用发票已认证，由天津华安商厦申请开具红字发票，如图4-22所示。

深圳增值税专用发票

440238799761

NO：04564322

2021年4月5日

购货单位	名　　　称：天津华安商厦 纳税人识别号：3242087657031122H 地址、电话：天津市宝坻区康南街道21号 开户行及账号：中国农业银行天津分行康南支行	密码区	（略）

货物或应税劳务名称	规格型号	单位	数量	单价	金额	税率（%）	税额
1　男式风衣		件	100	1 017	90 000	13%	11 700
合计					￥90 000		￥11 700

价税合计（大写）	⊗壹拾万零壹仟柒佰元整	（小写）￥101 700

销货单位	名　　　称：深圳吉祥岛服装有限公司 纳税人识别号：91440300070369645H 地址、电话：深圳市宝安区松岗潭头工业区177号 0755—68892348 开户行及账号：工商银行深圳分行 6354537453453	备注	

收款人：钟鸣　　　　复核：田芬玉　　　　开票人：李珍珍

图4-22　开错发票

因为发票开出后购买方已认证，需由购买方开出增值税红字信息表。

（1）打开增值税开票系统，单击"红字发票信息表"→单击"红字增值税专用发票信息表填开"，弹出"红字增值税专用发票信息表信息选择"对话框。出现三条选择：①"成品油专用发票信息选择选项"，企业不涉及成品油业务的，就不填写。②"开具红字增值税专用发票信息表信息选择"有两个选项：一是购买方申请，分两种情形，已抵扣和未抵扣；二是由销售方申请，要输入对应蓝字增值税专用发票信息的发票代码和发票号码。③"对应蓝字增值税专用发票信息"，需要填写发票种类、发票代码、发票号码，如图 4-23 所示。

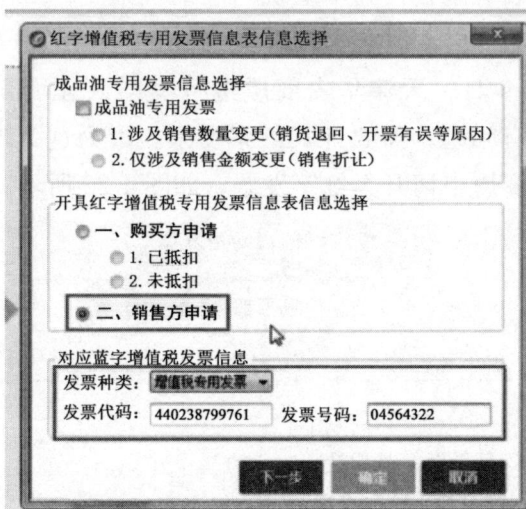

图 4-23　红字增值税专用发票信息表选择

（2）点击"购买方申请→已抵扣"，弹出"本张发票可以开具红字发票"提示框，单击"确定"，如图 4-24 所示。

图 4-24

进入"开具红字增值税专用发票信息表"界面，系统自动出现购买方及商品信息。

开具红字增值税专用发票信息表见表 4-3。

表 4-3   **开具红字增值税专用发票信息表**

填开日期：2021 年 4 月 20 日

销售方	名　称	深圳吉祥岛服装有限公司购买方	购买方	名　称	
	纳税人识别号	91440300070369645H		纳税人识别号	

	货物（劳务服务）名称	数量	单价	金额	税率	税额
红字专用发票内容	男士风衣	100	1 017	90 000	13%	11 700
	合计	100	—	90 000	—	11 700

说明	一、购买方□ 对应蓝字专用发票抵扣增值税销项税额情况： 　1. 已抵扣 ☑ 　2. 未抵扣 □ 　　（1）无法认证 □ 　　（2）纳税人识别号认证不符 □ 　　（3）增值税专用发票代码、号码认证不符 □ 　　（4）所购货物或劳务、服务不属于增值税扣税项目范围 □ 　对应蓝字专用发票的代码：440238799761 号码：04564322 二、销售方□ 　1. 购买方拒收发票 □ 　2. 发票尚未交付 □ 　对应蓝字专用发票的代码：_____ 号码：_____

红字发票信息表编号	5382653286

（3）进入信息表填开界面，将销方企业信息、商品信息（数量、金额为负数，单价为正数；右上角"价格"按钮用来切换含税与不含税）录入完整，点击右上角"打印"。

（4）选择"不打印"。

（5）弹开界面点击"取消"（如果还有多张发票需要填开，可以点击"确定"）。

（6）再次点击左上方"发票管理→红字发票信息表→红字增值税专用发票信息表查询导出"。

（7）进入界面后，选中已开具信息表，点击"上传"（可多选），点击"确认"。

（8）待信息表描述变为"审核通过"，系统生成信息表编号，即可导出信息表，将信息表编号交给销方开具负数发票。

2. 开具红字发票

开具红字发票就很简单了，单击发票管理→发票填开→增值税专用发票→确认发票。

单击"红字"按钮，选择"导入红字发票信息表"，从文件中选择这张发票的信息表，选中后，系统自动将信息表内容转换到票面，备注栏显示对应的信息表编号，单击"打印"，即为开具成功。

3. 红字发票交付留存

开出的红字发票要交付哪一方留存呢？具体要求如下：

（1）购买方留存。

对于销货部分退回及发生销售折让，或者购买方已经认证，并将发票入账，则不能将原票退回，销售方需要将红字发票交付购买方。购买方取得销售方开具的红字专用发票后，与"信息表"一并作为记账凭证。

（2）销售方留存。

如果销售方开具专用发票尚未交付购买方，以及购买方未用于申报抵扣并将发票联及抵扣联退回的，则开出的红字发票应该由销售方留存，与"信息表"一并作为记账凭证。

4.4 发票丢失的处理

发票丢失分为空白发票丢失、开票设备丢失等。

4.4.1 空白发票丢失怎么办

空白发票丢失分为丢失空白增值税专用发票、丢失空白增值税普通发票的处理流程以及税务局对企业的惩罚。

纳税人丢失空白增值税专用发票，应根据《中华人民共和国发票管理办法实施细则》第三十一条规定处理，即使用发票的单位和个人应当妥善保管发票，发生发票丢失情形时，应当于发现丢失当日书面报告税务机关，并登报声明作废（2019 年 7 月 23 日，《国家税务总局关于公布取消一批税务证明事项以及废止和修改部分规章规范性文件的决定》规定，登报声明作废已取消）。因此，纳税人丢失增值税专用发票后，必须按规定程序向当地主管税务机关报告。纳税人应将丢失增值税专用发票的纳税人名称、发票份数、字轨号码等情况，填报《发票丢失被盗登记表》，持 IC 卡到国税主管机关办理电子发票退回或作废手续。

税务机关对丢失增值税专用发票的纳税人，可以按《中华人民共和国发票管理办法》（以下简称《发票管理办法》）未按照规定保管发票的情形，由税务机关责令限期改正，可以并处 1 万元以下的罚款。

纳税人丢失空白普通发票后，必须按规定程序向当地主管税务机关报告，丢失普通发票的纳税人必须自行到辖区内的地级市报刊上刊登丢失声明，然后填报《发票丢失被盗登记表》，持 IC 卡到国税主管机关办理电子发票退回或作废手续。

税务机关对丢失空白普通发票的纳税人，可以按《发票管理办法》第三十六条未按照规定保管发票的情形，由税务机关责令限期改正，可以并处 1 万元以下的罚款。

4.4.2 丢失已开具增值税专用发票的处理

一般纳税人丢失已开具增值税专用发票，具体分为如下三种情形。

1. 丢失发票联和抵扣联

根据《关于修订〈增值税专用发票使用规定〉的通知》（国税发〔2006〕156号）规定，一般纳税人丢失已开具专用发票的发票联和抵扣联，认证前与认证后的处理是不同的。

（1）认证后丢失。

购买方凭销售方提供的相应专用发票记账联复印件及销售方所在地主管税务机关出具的《丢失增值税专用发票已报税证明单》，经购买方主管税务机关审核同意后，可作为增值税进项税额的抵扣凭证。

（2）认证前丢失。

如果丢失前未认证的，购买方凭销售方提供的相应专用发票记账联复印件到主管税务机关进行认证，认证相符的凭该专用发票记账联复印件及销售方所在地主管税务机关出具的《丢失增值税专用发票已报税证明单》，经购买方主管税务机关审核同意后，可作为增值税进项税额的抵扣凭证。

2. 一般纳税人丢失已开具专用发票的抵扣联

（1）已认证。

如果丢失前已认证相符的，可使用专用发票发票联复印件留存备查。

（2）未认证。

如果丢失前未认证的，可使用专用发票发票联到主管税务机关认证，专用发票发票联复印件留存备查。

3. 一般纳税人丢失已开具专用发票的发票联

一般纳税人丢失已开具专用发票的发票联，可将专用发票抵扣联作为记账凭证，专用发票抵扣联复印件留存备查。

4.4.3　丢失已开具增值税普通发票处理

增值税普通发票丢失后，向税务机关提供所丢失发票的存根联复印件，经主管税务机关审核后，可作为合法凭据入账。未经税务机关审核同意，发票取得方用开具方提供的复印件、证明等材料不能作为税前扣除凭据。

纳税人将在税务机关代开的发票联或者记账联丢失，可以向开具发票的税务机关申请出具曾于某年某月某日开具某发票。

（1）说明取得发票单位名称、购货或服务的单位数量、单价、规格、大小写金额、发票字规、发票编码、发票号码等书面证明。

（2）要求开具发票税务机关提供所丢失发票的存根联复印件，经主管税务机关审核后，可作为合法凭据入账。

（3）纳税人丢失发票存根联或者记账联的，应取得发票联的复印件，发票复印件经提供原件的单位注明：与原件相符。加盖公章后，方可作为原始凭据。

4.4.4　防伪税控专用设备被盗或丢失的应对方法

关于防伪税控专用设备被盗或丢失，福建省国家税务局出台了一份文件，可以作为参照。

福建省国家税务局关于防伪税控企业专用设备（发票）丢失被盗后各系统操作的补充通知

一、对发生 IC 卡丢失被盗的防伪税控企业，主管税务机关应出具有关证明由其向技术服务单位另购 IC 卡，通过发行子系统重新发行，企业即可重新使用防伪税控开票子系统进行抄报税和开具专用发票。

二、对发生金税卡丢失被盗或金税卡与 IC 卡一起丢失被盗的防伪税控企业，主管税务机关应将其库存尚未开具的专用发票按空白发票作废处理，连同已经开具的专用发票存根联及时录入或扫描进认证子系统，传至报税子系统、稽核子系统。主管税务机关出具有关证明由防伪税控企业向技术服务单位另购金税卡（或金税卡与 IC 卡），通过发行，发售子系统重新发行和发售专用发票。

三、对发生空白专用发票丢失被盗的防伪税控企业，主管税务机关应将其丢失被盗的专用发票按失控发票处理，录入稽核子系统，企业在开票子系统上对这部分专用发票作"系统作废"处理。如果企业 IC 卡中发票信息未进入金税卡前就发生丢失的，则主管税务机关应将其丢失被盗的专用发票按失控发票处理，录入稽核子系统，而后通过发行、发售子系统重新发行和发售专用发票。

在申报期发生上述情况，不影响企业对已经开具的专用发票先进行抄报税。

四、对发生空白专用发票和 IC 卡一道丢失被盗的防伪税控企业，主管税务机关应将其丢失被盗的专用发票按失控发票处理，录入稽核子系统；出具有关证明由其向技术服务单位另购 IC 卡，通过发行子系统重新发行；企业在开票子系统上对这部分专用发票作"系统作废"处理。

五、对发生金税卡（或包括 IC 卡）和专用发票同时丢失被盗的防伪税控企业。首先，主管税务机关将其丢失被盗的空白专用发票按失控发票处理，录入稽核子系统；其次，将其已经开具的专用发票存根联（或抵扣联复印件）及时录入或扫描进认证子系统，传至报税子系统，再采集到稽核子系统；最后，主管税务机关出具有关证明由防伪税控企业向技术服务单位另购金税卡（或金税卡与 IC 卡），通过发行、发售子系统重新发行和发售专用发票。

第5章

会计凭证

会计凭证，简称凭证，是记录经济活动，明确经济责任的书面证明。

5.1 原始凭证

原始凭证亦称单据，是在经济业务发生时由经办人员直接取得或填制的，用以载明经济业务的具体内容，表明某项经济业务已经发生和完成，明确有关经济责任，具有法律效力的书面证明。

作为记录和证明经济业务的发生或完成情况，明确经办单位和人员经济责任的原始证据，必须具备以下基本内容，如图 5-1 所示。

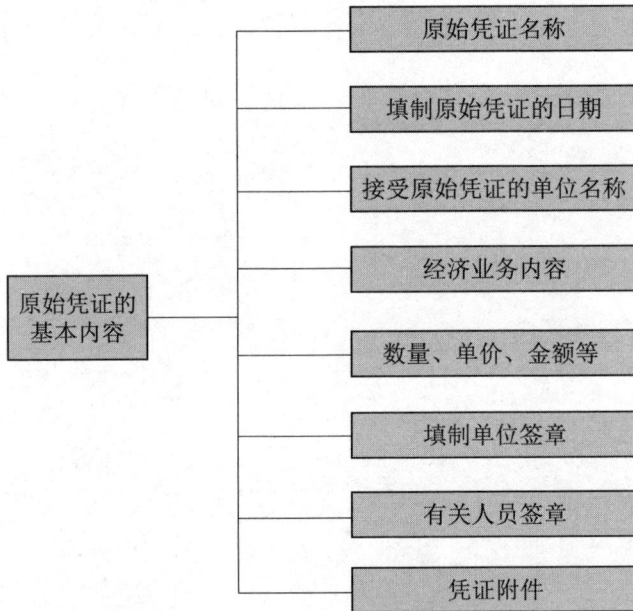

图 5-1　原始凭证的基本内容

原始凭证必须记载的事项，如图 5-2 所示。

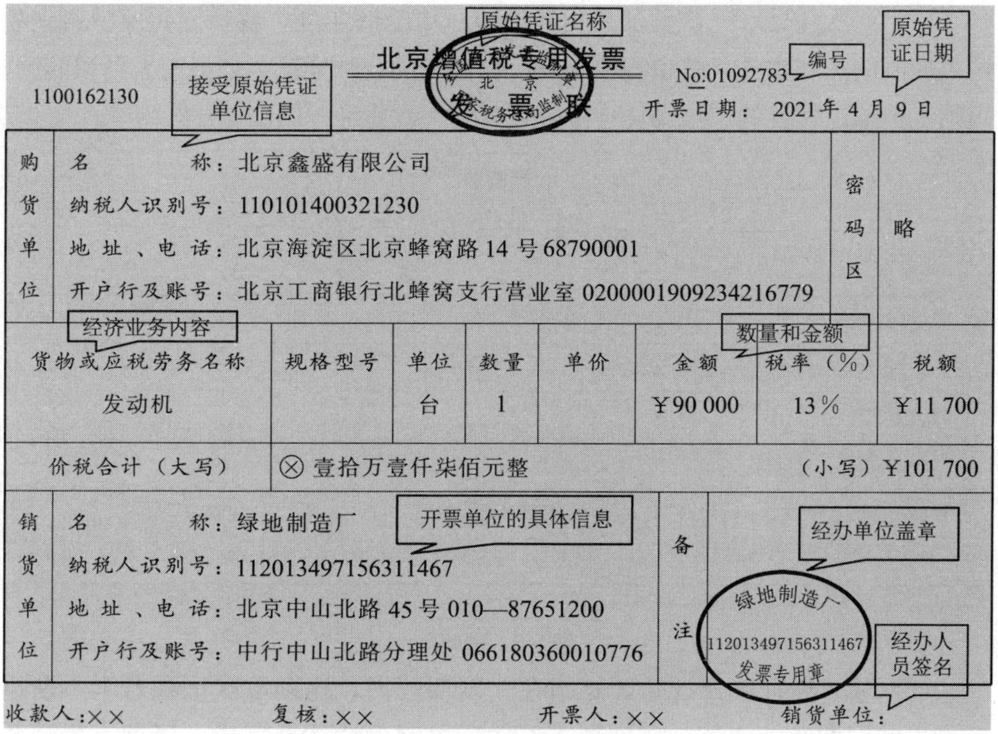

北京增值税专用发票

1100162130　　No:01092783

发票联　　开票日期：2021年4月9日

购货单位	名　　称：北京鑫盛有限公司 纳税人识别号：110101400321230 地址、电话：北京海淀区北京蜂窝路14号68790001 开户行及账号：北京工商银行北蜂窝支行营业室0200001909234216779	密码区：略

货物或应税劳务名称	规格型号	单位	数量	单价	金额	税率（%）	税额
发动机		台	1		￥90 000	13％	￥11 700
价税合计（大写）	⊗壹拾万壹仟柒佰元整					（小写）￥101 700	

销货单位	名　　称：绿地制造厂 纳税人识别号：112013497156311467 地址、电话：北京中山北路45号010—87651200 开户行及账号：中行中山北路分理处066180360010776	备注

收款人：××　　复核：××　　开票人：××　　销货单位：

图 5-2　原始凭证的基本内容

5.1.1　原始凭证的分类

原始凭证按取得的来源不同，可以分为外来原始凭证和自制原始凭证两类。

1. 外来原始凭证

外来原始凭证，是指在同外单位发生经济往来业务时，从外单位取得的凭证。外来原始凭证都是一次凭证。如企业购买材料、商品时，从供货单位取得的发货票，就是外来原始凭证。

2. 自制原始凭证

自制原始凭证是指在经济业务发生、执行或完成时，由本单位的经办人员自行填制的原始凭证，如收料单、领料单、产品入库单等。自制原始凭证按其填制手续不同，又可分为一次凭证、累计凭证、汇总原始凭证和记账编制凭证四种。

（1）一次凭证。一次凭证是指只反映一项经济业务，或者同时反映若干项同类性质的经济业务，其填制手续是一次完成的会计凭证。如报销人员填制的、出纳人员据以付款的"报销凭单"等，都是一次凭证。图 5-3 为借款单。

借款单

2022 年 1 月 26 日

资金性质：

借款单位：		
借款理由：		
借款数额：人民币（大写）		
本单位领导人意见：		
主管领导意见：	会计主管人员核批：	付款记录：

图 5-3　借款单

（2）累计凭证。累计凭证是指在一定期间内，连续多次记载若干不断重复发生的同类经济业务，直到期末，凭证填制手续才算完成，以期末累计数作为记账依据的原始凭证，如工业企业常用的限额领料单等。使用累计凭证，可以简化核算手续，能对材料消耗、成本管理起事先控制作用，是企业进行计划管理的手段之一。图 5-4 为限额领料单。

限 额 领 料 单

领料部门：　　　　　　　　　　　　　　　　　　　　　　第　　号：

用　　途：　　　　　　　年　　月　　日　　　　　发料仓库：

材料编号	材料名称规格	计量单位	计划投产量	单位消耗定额	领用限额	实　发									
						数量	单价	百	十	万	千	百	十	元	角	分

日　期	领　用			退　料			限额结余数量
	数量	领用人	发料人	数量	退料人	收料人	

图 5-4　累计原始凭证（限额领料单）

（3）汇总原始凭证。汇总原始凭证是指在会计核算工作中，为简化记账凭证的编制工作，将一定时期内若干份记录同类经济业务的原始凭证按照一定的管理要求汇总编制一张汇总凭证，用以集中反映某项经济业务总括发生情况的会计凭证，如"发料凭证汇总表""收料凭证汇总表""现金收入汇总表"等都是汇总原始凭证。表5-1为工程材料费用分配表。

表5-1　　　　　　　　　　　　工程施工材料费用分配表　　　　　　　　　单位：万元

工程成本计算对象	主要材料						结构件	其他材料	周转材料摊销	合计
	钢材	水泥	沙子	砾石	其他	合计				
主体工程	150	65	8	4.4	2	229.4	12	6.6	4	252
配套工程	140	34	5	2.8	1.5	183.3	7.7	3	1	195
合计	190	99	13	7.2	3.5	312.7	19.7	9.6	5	447

（4）记账编制凭证。记账编制凭证是根据账簿记录和经济业务的需要编制的一种自制原始凭证。例如在计算产品成本时，编制的"制造费用分配表"就是根据制造费用明细账记录的数字按费用的用途填制的。表5-2为产品成本计算表。

表5-2　　　　　　　　　　　　　产品成本计算单

产品名称：　　　　　　　　　　年　月　日

项　　目	直接材料	直接人工	制造费用	合　　计
月初在产品成本				
本月生产费用				
生产费用合计				
约当产量				
分配率				
月末完工产品成本				
月末在产品成本				

财务科长：　　　　　　　　　　制表人：

5.1.2　原始凭证的填制

原始凭证填制的依据和填制的人员有三种：以实际发生或完成的经济业

务为依据，由经办业务人员直接填制，如"入库单""出库单"等；以账簿记录为依据、由会计人员加工整理计算填制，如各种记账编制凭证；以若干张反映同类经济业务的原始凭证为依据，定期汇总，填制汇总原始凭证，填制人员可能是业务经办人也可能是会计人员。

1. 原始凭证的填制要求

（1）记录要真实。

原始凭证所填列的经济业务内容和数字，必须真实可靠，符合实际情况。

（2）内容要完整。

原始凭证所要求填列的项目必须逐项填列齐全，不得遗漏和省略。

（3）手续要完备。

单位自制的原始凭证必须有经办单位领导人或者其他指定的人员签名盖章，对外开出的原始凭证必须加盖本单位公章，从外部取得的原始凭证，必须盖有填制单位的公章；从个人取得的原始凭证，必须有填制人员的签名盖章。

（4）书写要清楚、规范。

2. 特殊的原始凭证

（1）原始凭证分割。

一张原始凭证所列的支出需要由两个以上单位共同负担时，应当由保存该原始凭证的单位开给其他应负担单位原始凭证分割单。收到原始凭证分割单的单位以分割单作为记账凭证的附件。原始凭证分割单必须具备原始凭证的基本内容：凭证名称、填制凭证日期、填制凭证单位名称或者填制人姓名、经办人的签名或者盖章、接受凭证单位名称、经济业务内容、数量、单价、金额和费用分摊情况等，原始凭证分割单见表5-3。

（2）原始单据遗失。

从外单位取得的原始凭证如有遗失，应当取得原开出单位盖有公章的证明，并注明原来凭证的号码、金额和内容等，对方原始单据存根的复印件（加盖对方财务公章），由经办单位会计机构负责人、会计主管人员和单位领导人批准后，才能代作原始凭证。

表 5-3   原始凭证分割单
                                       年 月 日   编号

接受单位名称							地　　址						
原始凭证	单位名称						地　　址						
	名　称				日　期				编　号				
总金额	人民币（大写）	千	百	十	万	千	百	十	元	角	分		
分割金额	人民币（大写）	千	百	十	万	千	百	十	元	角	分		
原始凭证主要内容，分割原因													
备注													

如果确实无法取得证明的，如火车、轮船、飞机票等凭证，由当事人写出详细情况，由经办单位会计机构负责人、会计主管人员和单位领导人批准后，代作原始凭证。

3. 原始凭证的整理

（1）原始凭证进行粘贴时，必须使用统一印制的单据粘贴单汇总相关单据。单据粘贴单如图 5-5 所示。

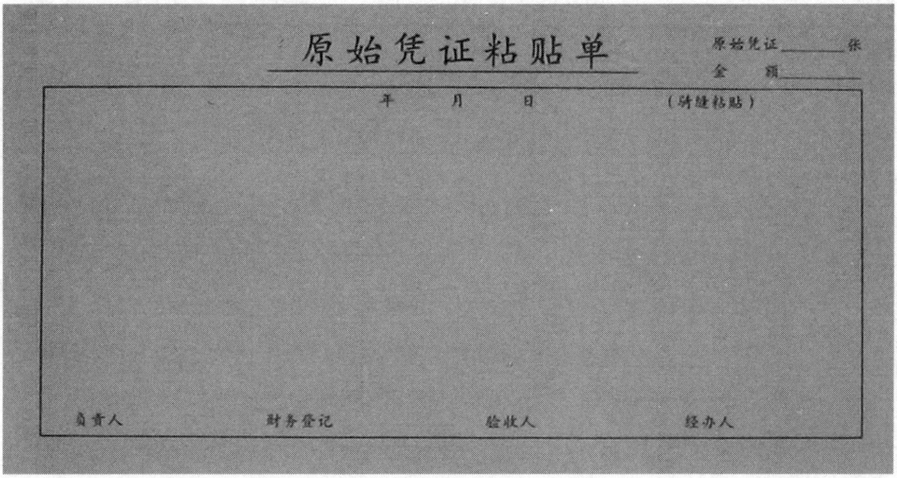

图 5-5　原始凭证粘贴单

（2）原始凭证应按照末级会计科目（如办公费、招待费等）进行分类整理，同类末级会计科目的原始凭证应粘贴在一起。

（3）同类原始凭证如果数量较多，大小不一，应按凭证规格的大小进行分类，同一张单据粘贴单上所粘贴的凭证尽量保持大小一致。每张单据粘贴单所粘贴的凭证不得过多，规格较大的凭证（如购物发票等）可粘贴2～6张；规格较小的凭证（如停车费、过路过桥费、定额餐饮发票等）可粘贴8～10张。

（4）在单据粘贴单上粘贴凭证时，应由上而下、自左至右、均匀排列粘贴，上、下及右方不得超出粘贴线，两列之间不得重叠、留空或大量累压粘贴。原始凭证应保持原样粘贴。个别规格参差不齐的凭证，可先裁边整理后再行粘贴，但必须保证原始凭证内容的完整性。

（5）对于规格较大、纸质较硬的原始凭证（如证明文件），要分张折叠，规格大小要与单据粘贴单的规格保持一致。

（6）原始凭证粘贴完毕，需将凭证张数、合计金额填列完整。

（7）出差报销凭证（如住宿费、过路过桥费、车船票等），均应使用差旅费报销汇总单做封面。粘贴时，应先将凭证粘贴在单据粘贴单上，然后加贴差旅费报销汇总单，不得直接在差旅费报销汇总单的背面粘贴报销凭证。出差期间因工作需要支出的接待费凭证需单独粘贴，不得混同于差旅费报销。差旅费报销单如图5-6所示。

差旅费报销单

单位名称：　　　　　　　　出差起止日期由　年　月　日至　年　月　日

出差人姓名：				出差地点：		出差天数：				事由：	
飞机车船及住宿	种　　类	票据张数	金　　额	出差补助费	出差地点	天　数	标　准	金　额	报销结算情况		
	火车票										
	市内汽车费										
	住宿费										
	其他车补										
	长途汽车费							说明 审批人 支领人 （签名）　年　月　日		
	小计								
合计金额	大写＿＿＿＿＿＿＿＿＿＿＿＿＿			￥＿＿＿＿＿＿＿							

图5-6　差旅费报销单

（8）原始凭证应使用优质胶水进行粘贴，以保证凭证的粘贴效果，粘贴凭证如果数量较多、厚度较高，应在粘贴线外加粘贴条，粘贴好后及时用重物压平，以防褶皱、膨松，确保凭证整体平整。

（9）过宽过长的附件，应进行纵向和横向的折叠。折叠后的附件外形尺寸，不应长于或宽于记账凭证，同时还要便于翻阅。附件本身不必保留的部分可以裁掉，但不得因此影响原始凭证内容的完整。过窄过短的附件，不能直接装订时，应进行必要的加工后再粘贴于特制的原始凭证粘贴纸上，然后再装订粘贴纸。

5.1.3 原始凭证的审核

原始凭证的审核包括以下内容，见表 5-4。

表 5-4   原始凭证的审核

审核内容	审核事项
审核发票的票面	仔细查看是否有涂改的痕迹，防止把无关的发票拿来报销，或者将小数改大数
审核出具发票的单位名称	①与本单位有无经济业务关系 ②发票名称与经济内容是否相符 ③发票内容与售货单位的经营范围是否吻合
审核发票的抬头	查看所填单位名称是否为本单位，防止把私人或者其他单位的购货发票拿来报销
审核发票的数字	检查数量乘以单价是否等于总金额；大小写金额是否一致；小写金额前面是否有"￥"字样，大写金额前面是否顶格等
审核发票所开出物品的价格	检查与以往所购物品是否相同，如果相差过大，应查明原因
审核发票的编号	检查有无连号现象，防止把别人的发票拿来报销
审核发票的开出时间	①检查是否有同一经济内容、同一金额的发票在相近时间内出现，防止重复报账 ②检查发票之间在时间和内容上的内在联系，如购买大件商品与其运费发生的时间是否前后相距太远等

审核内容	审核事项
审核发票的印章	①检查有无税务部门的监制章； ②检查有无售货单位的财务专用章或发票专用章； ③检查有无经手人签章。只有印章齐全，才能报销
审核发票的备注	检查备注栏有何规定，如有无"违章罚款，不得报销""费用自理"等字样
审核发票的印制日期	按照规定，开具发票的单位每年度都应从税务部门领取本年度版本的发票，即便是可使用上一年度版本的发票，按规定也不宜时间跨度太长
审核发票的报销手续	检查有无经手人、验收人、批准人签字，如没有，应先补齐手续

5.2 记账凭证

记账凭证又称记账凭单，或分录凭单，是会计人员根据审核无误的原始凭证按照经济业务事项的内容加以归类，并据以确定会计分录后所填制的会计凭证。

5.2.1 记账凭证的分类

记账凭证按其适用的经济业务，分为专用记账凭证和通用记账凭证两类。

1. 专用记账凭证

专用记账凭证用来专门记录某一类经济业务的记账凭证。专用凭证按其所记录的经济业务与现金和银行存款的收付有无关系，又分为收款凭证、付款凭证和转账凭证三种。

（1）收款凭证：用于记录库存现金和银行存款收款业务的会计凭证。它是根据有关现金和银行存款收入业务的原始凭证填制，是登记现金日记账、银行存款日记账以及有关明细账和总账等账簿的依据，也是出纳人员收讫款项的依据。收款凭证样式，见表5-5。

表 5-5 　　　　　　　　　　　　　　**收款凭证** 　　　　　　　　　　　　　总号_____

借方科目： 　　　　　　　　　　年　月　日 　　　　　　　　　　　收字第____号

摘　　要	贷方科目		账页	金额								
	一级科目	二级或明细科目		百	十	万	千	百	十	元	角	分
合计												

会计主管： 　　　记账： 　　　出纳： 　　　审核： 　　　填制：

（2）付款凭证：用于记录库存现金和银行存款付款业务的会计凭证。它是根据有关现金和银行存款支付业务的原始凭证填制，是登记现金日记账、银行存款日记账以及有关明细账和总账等账簿的依据，也是出纳人员付讫款项的依据。付款凭证样式，见表 5-6。

表 5-6 　　　　　　　　　　　　　　**付款凭证** 　　　　　　　　　　　　　总号_____

贷方科目： 　　　　　　　　　　年　月　日 　　　　　　　　　　　付字第____号

摘要	借方科目		账页	金额								
	一级科目	二级或明细科目		百	十	万	千	百	十	元	角	分
合计												

会计主管： 　　　记账： 　　　出纳： 　　　审核： 　　　填制：

（3）转账凭证：用于记录不涉及库存现金和银行存款业务的会计凭证。它是根据有关转账业务的原始凭证填制。转账凭证是登记总分类账及有关明细分类账的依据。转账凭证样式，见表 5-7。

表 5-7

转账凭证

年　月　日

摘　　要	一级科目	二级或明细科目	账页	借方金额									贷方金额								
				百	十	万	千	百	十	元	角	分	百	十	万	千	百	十	元	角	分
	合计																				

会计主管：　　　　　记账：　　　　　出纳：　　　　　审核：　　　　　填制：

2. 通用记账凭证

通用记账凭证用来记录各种经济业务的记账凭证。

在经济业务比较简单的企业，为了简化凭证可以使用通用记账凭证（表 5-8），记录所发生的各种经济业务。

表 5-8

通用记账凭证

摘　　要	会计科目	明细科目	√	借方金额										√	贷方金额								
				千	百	十	万	千	百	十	元	角	分		千	百	十	万	千	百	十	元	角	分
合　　计																							

财务管理：　　　　　记账：　　　　　出纳：　　　　　审核：　　　　　制单：

记账凭证按其包括的会计科目是否单一，分为复式记账凭证和单式记账凭证两类。

（1）复式记账凭证：将每一笔经济业务事项所涉及的全部会计科目及其发生额均在同一张记账凭证中反映的一种凭证。

优点：可以集中反映一项经济业务的科目对应关系，便于了解有关经济业务的全貌，减少凭证数量，节约纸张等。

缺点：不便于汇总计算每一个会计科目的发生额。

（2）单式记账凭证：每一张记账凭证只填列经济业务事项所涉及的一个会计科目及其金额的记账凭证。

优点：内容单一，便于汇总计算每一个会计科目的发生额，便于分工记账。

缺点：制证工作量大，且不能在一张凭证上反映经济业务的全貌，内容分散，也不便于查账。

3. 按照是否汇总分类

记账凭证按其是否经过汇总，可以分为汇总记账凭证和非汇总记账凭证。

（1）汇总记账凭证。

汇总记账凭证是根据同类记账凭证定期加以汇总而重新编制的记账凭证，目的是简化登记总分类账的手续。汇总的记账凭证根据汇总方法的不同，可分为分类汇总和全部汇总两种。

（2）非汇总记账凭证。

非汇总记账凭证是没有经过汇总的记账凭证，前面介绍的收款凭证、付款凭证和转账凭证以及通用记账凭证都是非汇总记账凭证。

5.2.2 记账凭证的编制

记账凭证应具备的基本内容如下：

（1）记账凭证的名称；

（2）填制记账凭证的日期；

（3）记账凭证的编号；

（4）经济业务事项的内容摘要；

（5）经济业务事项所涉及的会计科目及其记账方向；

（6）经济业务事项的金额；

（7）记账标记；

（8）所附原始凭证张数；

（9）会计主管、记账、审核、出纳、制单等有关人员的签章。

如果单位采用分类记账凭证，可将记账凭证分为"现收字第×号""现付字第×号""银收字第×号""银付字第×号""转字第×号"五种进行流水顺序编号，但出纳人员所涉及的凭证不包括转字。如果单位采用通用记账凭证，则可以将所有的记账凭证统一编号，注明"总字第×号"。

记账凭证张数的计算一般以原始凭证的自然张数为准，经过汇总的原始凭证，每一张汇总表算一张。

涉及现金和银行存款的转存业务，只填制一张付款凭证。

1. 收款凭证的编制要求

收款凭证根据现金和银行存款收款业务的原始凭证填制。凡是涉及增加现金或者银行存款账户金额的，都必须填制收款凭证。

（1）收款凭证左上方的"借方科目（或账户）"，应填写"现金"或"银行存款"，右上方应填写凭证编号。收款凭证的编号一般按"现收×号"和"银收×号"分类，业务量少的单位也可不分"现收"与"银收"，而按收款业务发生的先后顺序统一编号，如"收字×号"。

（2）日期填写的是编制本凭证的日期。

（3）右上角填写编制收款凭证的顺序号。

（4）"摘要"填写对所记录的经济业务的简要说明。

（5）"贷方科目（或账户）"栏内填写与"现金"或"银行存款"科目相对应的总账（一级）科目及其所属明细（二级）科目。

（6）"金额"栏内填写实际收到的现金或银行存款数额。

（7）"记账符号"栏供记账员在根据收款凭证登记有关账簿以后做记号用，表示该项金额已经记入有关账户，避免重记或漏记。

（8）凭证右边"附件　张"是指本记账凭证所附原始凭证的张数。

（9）最下边分别由有关人员签章，以明确经济责任。

2. 付款凭证的编制要求

付款凭证根据现金和银行存款付款业务的原始凭证填制。凡是涉及减少现金或者银行存款账户金额的，都必须填制付款凭证。对于只涉及"现金"与"银行存款"这两个账户的业务，如从银行存款中提取现金或以现金存入银行等，只需填制付款凭证，不再填制收款凭证，以免重复记账。

付款凭证的填制方法和要求与收款凭证基本相同，不同的只是在付款凭证的左上方应填列贷方科目（或账户），因为现金和银行存款的减少应记账户的贷方，付款凭证的对应科目为"借方科目（或账户）"，需填写与现金或银行存款支出业务有关的总账（一级）科目和明细（二级）科目。

3. 转账凭证的编制要求

转账凭证根据不涉及现金和银行存款收付的转账业务的原始凭证填制。凡是不涉及现金和银行存款增加或减少的业务，都必须填制转账凭证。

转账凭证将经济业务事项中所涉及全部会计科目，按照先借后贷的顺序记入"会计科目"栏中的"一级科目"和"二级及明细科目"，并按应借、应贷方向分别记入"借方金额"或"贷方金额"栏。其他项目的填列与收、付款凭证相同。

4. 通用记账凭证的填制要求

通用记账凭证的名称为"记账凭证"或"记账凭单"。它集收款、付款和转账凭证于一身，通用于收款、付款和转账等各种类型的经济业务。其格式及填制方法与转账凭证完全相同。

5. 汇总记账凭证的填制要求

（1）汇总收款凭证的填制。汇总收款凭证根据现金或银行存款的收款凭证，按现金或银行存款科目的借方分别设置，并按贷方科目加以归类汇总，定期（5天或10天）填列一次，每月编制一张。月份终了，计算出汇总收款凭证的合计数后，分别登记现金或银行存款总账的借方，以及各个对应账户的贷方。

（2）汇总付款凭证的填制。汇总付款凭证根据现金或银行存款的付款凭证，按现金或银行存款科目的贷方分别设置，并按借方科目加以归类汇总，定期（5天或10天）填列一次，每月编制一张。月份终了，计算出汇总付款凭证的合计数后，分别登记现金或银行存款总账的贷方，以及各个对应账户的借方。

（3）汇总转账凭证的填制。汇总转账凭证根据转账凭证按每个科目的贷方分别设置，并按对应的借方科目归类汇总，定期（5天或10天）填列一次，每月编制一张。月份终了，计算出汇总转账凭证的合计数后，分别登记各有关总账的贷方或借方。

（4）记账凭证汇总表的填制。根据记账凭证逐笔登记总账，如果工作量很大，可以先填制记账凭证汇总表，然后根据记账凭证汇总表再来登记总账。

5.2.3　记账凭证的附件

记账凭证的附件就是所附的原始凭证，填制记账凭证所依据的原始凭证必须附在相应的记账凭证后面，并在记账凭证上标明所附原始凭证的张数。

根据财政部《会计基础工作规范》第五十一条规定，对附件应当区别不同情况进行处理：

（1）一张原始凭证只对应一张记账凭证的，将原始凭证直接附在记账凭证后面；

（2）结账的记账凭证、更正错误的记账凭证可以不附原始凭证；

（3）一张原始凭证涉及几张记账凭证的，有两种方法可以使用：

①将原始凭证附在一张主要的记账凭证后面，然后在其他记账凭证上注明附有该原始凭证的记账凭证的编号，便于查找。

②将原始凭证附在一张主要的记账凭证后面，然后在其他记账凭证后面附该原始凭证的复印件。

（4）一张原始凭证所列支的费用需要几个单位共同负担的，该原始凭证由本单位保留，附在本单位的有关记账凭证后面，给共同负担费用的其他单位开出原始凭证分割单，供其结算使用。

（5）附件张数的计算。

原始凭证附件张数应区分以下几种情况，分别计算原始凭证的张数：

①对能全面反映每笔经济业务活动情况的原始凭证，应按自然张数计算。

②对不能全面反映每笔经济业务活动情况，需要附件进行补充和说明的，应在原始凭证上注明附件张数，并将其粘贴在一起，附件不计入原始凭证张数。

③对某类或某些原始凭证利用自制封面来进行汇总的，如差旅费报销单、支出汇总审批单等，其封面已对所反映的经济业务活动综合说明，对所附凭证张数也已注明，所以，它们应作为一张原始凭证计算。

5.2.4 记账凭证的审核

记账凭证是登记账簿的依据，为了保证账簿登记的正确性，所有填制好的记账凭证，都必须经过其他会计人员认真的审核。在审核记账凭证的过程中，如发现记账凭证填制有误，应当按照规定的方法及时加以更正。只有经过审核无误后的记账凭证，才能作为登记账簿的依据。审核的主要内容如下：

（1）填制凭证的日期是否正确：收款凭证和付款凭证的填制日期是否是货币资金的实际收入日期、实际付出日期，转账凭证的填制日期是否是收到原始凭证的日期或者是编制记账凭证的日期。

（2）凭证是否编号，编号是否正确。

（3）经济业务摘要是否正确地反映了经济业务的基本内容。

（4）会计科目的使用是否正确，总账科目和明细科目是否填列齐全。

（5）记账凭证所列金额计算是否准确，书写是否清楚，符合要求。

（6）所附原始凭证的张数与记账凭证上填写的所附原始凭证的张数是否相符。

（7）填制凭证人员、稽核人员、记账人员、会计机构负责人、会计主管人员的签名或盖章是否齐全。

5.3 会计摘要的书写

在记账凭证、账簿和有关表式中，除了填明会计科目及其所属的明细科目（二级科目和明细科目），写上金额等内容以外，还必须用文字在"摘要"栏内以简明扼要的文字，概括地写清楚经济业务的内容。

会计人员首先必须确切掌握经济业务活动的来龙去脉，正确填写摘要，见表 5-9。

表 5-9 填写摘要必须掌握的经济业务例表

项 目	必须熟悉的内容
收付款凭证	编写之前应确切地了解清楚收付款的单位或个人的姓名
	在收付款的记账凭证的摘要栏内应记上收付款单位（个人）的名称

项　　目	必须熟悉的内容
按月、按季或按年发放的费用	要了解清楚发放费用时间的起讫点
	在"摘要"栏内写明所发放费用的月份和年份
更正以往错账或调整以前账目	应清楚了解错账发生的原因、时间和更正办法
	在"摘要"栏里注明更正或调整账目的凭证所在的月份、日期、册数、号数等

为了使摘要写得简明扼要，应尽可能使用一般会计通用的代用符号。尽可能用会计通用术语，如结转、冲转、转存、冲销、核销等。

【例5-1】伟业联合有限公司的一张银行存款付出凭证上的会计分录如下，付款凭证见表5-10。

借：管理费用　　　　　　　　　　　　　　　3 300.00

　　贷：银行存款　　　　　　　　　　　　　　3 300.00

表5-10　　　　　　　　　　　　**付款凭证**　　　　　　　　　　附件：××张

贷方科目：银行存款　　　　　2017年1月8日　　　　　　　银付字第××号

摘　　要	借方科目		账页	金额							
	一级科目	二级或明细科目		百	十	万	千	百	十	元	角	分
		管理费用	✓				3	3	0	0	0	0
	合计						￥	3	3	0	0	0	0

会计主管：肖丽　　　记账：张子非　　　出纳：侯明　　　审核：杨东　　　填制：

由于没有在该凭证上填写摘要，因此，该凭证所反映的经济业务内容就很不明确了。若想分清是哪笔业务，只能去阅读所附的原始凭证。

【例5-2】下面是伟业联合有限公司的一笔现金收入的会计分录。收款凭证见表5-11。

借：库存现金　　　　　　　　　　　　　　　3 450.00

　　贷：其他应收款　　　　　　　　　　　　　3 450.00

表 5-11 收款凭证 附件：××张

借方科目：库存现金　　2022 年 1 月 8 日　　现收字第××号

摘要	贷方科目		账页	金额								
	一级科目	二级或明细科目		百	十	万	千	百	十	元	角	分
	其他应收款		✓				3	4	5	0	0	0
合计						¥	3	4	5	0	0	0

会计主管：肖丽　　记账：张子非　　出纳：侯明　　审核：杨东　　填制：

这张凭证没有写明是哪笔业务，所以不能明确现金的来源。因此，为了说明现金来源，就必须补上摘要。

【例 5-3】 下面是某一笔转账凭证上的复合会计分录（一借多贷）。记账凭证见表 5-12。

借：利润分配　　　　　　　　　　　　　68 000.00
　　贷：盈余公积——一般盈余公积　　　　20 000.00
　　　　盈余公积——公益金　　　　　　　10 000.00
　　　　应付股利　　　　　　　　　　　　38 000.00

表 5-12 记账凭证 总号_____

2022 年 1 月 31 日　　转字第××号

摘要	一级科目	二级或明细科目	账页	借方金额									贷方金额								
				百	十	万	千	百	十	元	角	分	百	十	万	千	百	十	元	角	分
结转利润	利润分配					6	8	0	0	0	0	0									
	盈余公积	一般盈余公积													2	0	0	0	0	0	0
	盈余公积	公益金													1	0	0	0	0	0	0
	应付股利														3	8	0	0	0	0	0
合计						6	8	0	0	0	0	0			6	8	0	0	0	0	0

会计主管：肖丽　　记账：张子非　　出纳：侯明　　审核：杨东　　填制：

这一转账凭证反映了该企业对净利润的分配状况。会计分录上虽然能够指明其借贷对应科目和经济业务的内容及其金额，但是却没有指明是如何计算出来的。

应在摘要处注明（×月利润分配摘要：一般盈余公积＝200 000×10％，公益金＝200 000×5％，应付股利＝170 000×22.35％）

对于复合经济业务的摘要文字比较长的问题，会计人员还可以分别采用以下办法进行处理：

一方面在摘要栏里写上"结转×月利润分配"，另一方面将计算过程（算式）编制一张转账工作底稿作为附件，附在该张记账凭证之后作为摘要内容的补充，这样可以收到摘要简洁而附件详尽的配合效果。

5.4 错账的查找方法

一般情况下，如果发生了错账，应采取以下措施查找：要确认错误的金额，先计算出差错的数额，综合各种有关情况，确定可能出现差错的范围。包括要确认错在借方还是贷方，确定查找的线索，采用适当的方法予以查错。主要查错方法有四种。

1. 顺查法

顺查法是按照账务处理的顺序，从原始凭证→账簿→编制会计报表全部过程进行查找的一种方法。顺查法一般适用于业务规模不大、会计制度不健全，存在账账不符、账实不符的企业。可以通过此方法发现重记科目、漏记科目、错记科目、错记金额等。

顺查法的查账程序如下：

（1）审查原始凭证，并与记账凭证相核对，审查原始凭证的要点如图 5-7 所示。

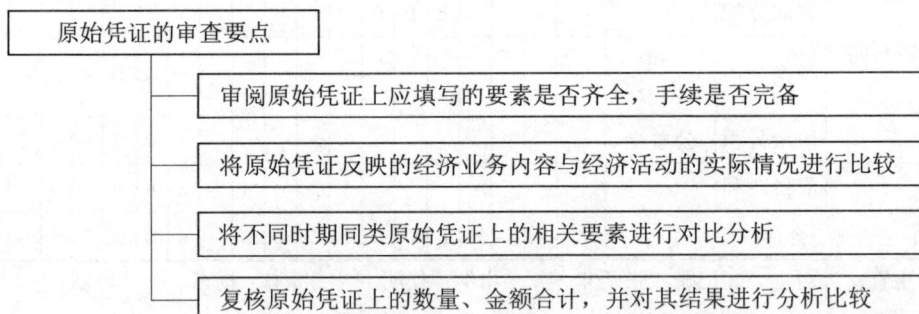

图 5-7 原始凭证的审查要点

（2）将记账凭证与有关的明细账、日记账或总账进行逐笔核对。

（3）将总账与所属的明细账和日记账进行逐笔核对。

（4）将有关明细账、总账和会计报表进行核对。

（5）对实物进行盘点，将盘点结果与账簿进行核对。

2. 逆查法

逆查法是一种与顺查法正好相反的查账方法。逆查法的审查顺序是会计报表→账簿→记账凭证→原始凭证。

逆查法一般适用于大中型企业、内部控制健全的企业以及凭证较多的企事业单位。而并不适合用于管理非常混乱、账目资料不全的单位，以及某些特别重要的和危险的核查项目。

逆查法比顺查法取证的范围小，能够按照业务、科目系统的查账，省时省力。并且能够从整体上了解企业的生产经营活动和基本状况，从而发现问题，有一定的审查重点，并且效率较高。

由于逆查法重于根据事先已经掌握的问题，有针对性地进行审查，其结果更多局限于从会计报表中发现问题。因此，逆查法无法全面取证、全面揭露会计上的各种错误和弊端。如果审查人员能力不强、经验不足，很难保证审查的质量。如果在必要的时候对所有的账务进行审查，就可以克服这种缺点。

3. 详查法

详查法是指对被查单位在被查期内的会计凭证、会计账簿、会计报表等会计资料，以及计划、合同等其他资料采取全面的、精细的审查，以发现问题的一种查账方法。

详查法大多适用规模较小，人员少、经济业务较少、会计核算简单的小型企业，同时，对管理混乱、业务复杂的单位以及财经法纪审计项目也适用。而对于那些规模较大、经济业务量大且复杂、经济资料多的大中型企事业单位，一般不宜采用这种方法。在查账时，也可以根据被查对象的重要程度及其危险、复杂程度，适当地使用详查方法。

4. 抽查法

抽查法是对整个账簿记账记录有目的或随意地抽取其中某部分进行局部

检查的一种方法。在使用抽查法时，如果抽查出来的样本没有明显错弊，则其他部分不再进行检查，反之，则要根据具体的问题扩大抽样的范围和规模。

抽查法一般适用于经济规模比较大、经济业务比较复杂、会计核算资料比较多、内部控制制度比较健全、生产经营水平比较高的企业。对于内部控制制度不完善的企业，如果经营者认为某些问题需要用抽查法也可以运用。在现代查账工作中，通常使用抽查法。

抽查法根据不同的情况又可以分为差数法、除 2 法、除 9 法。

（1）差数法。这是按照错账的差数查找错账的方法。

【例 5-4】某公司会计凭证上记录的是：

借：应交税费——消费税	5 250.00
——城市维护建设税	367.50
——个人所得税	500.00
——教育费附加	157.50
贷：银行存款	6 275.00

而记账时漏记了城市维护建设税 367.50 元，在进行应交税费总账和明细账核对时，就会出现总账借方余额比明细账借方余额多 367.50 元的现象。对于类似差错，应由会计人员通过回忆相关金额的记账凭证进行查找。

（2）除 2 法。

当账账、账证或账实不符，且差数为偶数时，应首先检查记账方向是否发生错误。在记账时，有时由于疏忽，错将借方金额登记到贷方或将贷方金额登记到了借方，必然会出现一方合计增多，而另一方合计数减少的情况，其差额恰是记错方向数字的 1 倍，且差数是偶数。对于这种错误的检查，可用差错数除以 2，得出的商数就是账中记账方向的反方向数字，然后再到账目中去寻找差错的数字就有了一定的目标。

【例 5-5】某公司会计凭证上记录的是：

借：其他应收款——总务科	500
贷：库存现金	500

登记明细账时，错把其他应收款登记入了贷方，总账与明细账核对时，就会出现总账借方余额大于明细账借方余额 1 000 元，将 1 000 元除以 2，正好是贷方记错的 500 元。

（3）除 9 法。

除 9 法即先将差数用 9 来除，如果能除尽，可能属于下列两种情况之一，见表 5-13。

表 5-13　　　　　　　　　　　　　除 9 法详情一览表

情　况	具体内容
顺序错位	将 300 写成 3 000 或 30 000，30 以及 3 等，这样就将原来数字扩大或缩小了 9 倍、99 倍等
	如果差数能被 9 或 99 以及 999 等除尽，则所除得的商数就是错位的数字
	根据商数或者将商数扩大 10 倍、100 倍、1 000 倍等之后，就能查找到写错的数字
	已查明，借方合计数大于贷方合计数 2 700，用 9 来除商为 300 倍，这时就查有无一笔 3 000 元的贷方记录错记为 300 元
相邻两个数字颠倒	将 98 写成 89，将 345 写成 354 等
	两位数的两个数字颠倒，其差数都是 9 的倍数，被 9 除以后的商数正好等于这个两位数中的两个数字的差额
	把 98 颠倒为 89，其差数为 9（98－89），差数除以 9 所得商数为 1，颠倒的两个数字之差就为 1
	把 13 颠倒为 31，其差数为 18，18 除以 9 所得商数为 2，颠倒的两个数字之差即为 2
	当出现错账时推断有哪些两位数中的两个数字之差，等于所发生的差数除以 9 后的商数，并据以查找记账金额中这样的颠倒数
	三位及三位以上的数中相邻两个数字顺序颠倒
	正确数与错误数的差额也是 9 的倍数，被 9 除后的商数其首位数字以下的数字都是 0，且商数的首位数字正好等于颠倒的两个数字之差

可能出现错误的数字如图 5-8 所示。

大数颠倒为小数									差数	小数颠倒为大数								
89	78	67	56	45	34	23	12	01	9	10	21	32	43	54	65	76	87	98
	79	68	57	46	35	24	13	02	18	20	31	42	53	64	75	86	97	
		69	58	47	36	25	14	03	27	30	41	52	63	74	85	96		
			59	48	37	26	15	04	36	40	51	62	73	84	95			
				49	38	27	16	05	45	50	61	72	83	94				
					39	28	17	06	54	60	71	82	93					
						29	18	07	63	70	81	92						
							19	08	72	80	91							
								09	81	90								

图 5-8　两位数颠倒便查表

5.5　错账的更正方法

如果发现账簿记录有差错，应根据错误的具体情况，采用规定的方法予以更正，不得涂改、挖补、刮擦或用褪色药水消除原有字迹。一般常用的更正错账的方法有以下三种。

1. 划线更正法

记账凭证正确，在记账或结账过程中，如果发现账簿记录中文字或数字记账错误，或数字计算错误，应采用划线更正法进行更正。更正时，先在错误的文字或数字（整个数字）上划一条红线，加以注销，并使原来的字迹仍可辨认，然后在红线上方空白处用蓝字填上正确的文字或数字，并由更正人员在更正处盖章，以明确责任。

【例5-6】记账人员在根据记账凭证登记账簿时，将98 765 元错误登记为98 675元，应将错误数字98 675 元全部用红线划掉，再写上正确的数字98 765 元，并由记账员加盖名章。更正数字时，应将全部数字划红线注销再更改，不得只划销更改数字中的个别错字，如只把"76"改为"67"。具体方式见表5-14。

表 5-14　　　　　　　　　　正误更正错账对照表

正确更正方法							错误更正方法						
万	仟	佰	拾	元	角	分	万	仟	佰	拾	元	角	分
9	8	7	6	5	0	0			7	6			
9	8	6	7	5	0	0	9	8	6	7	5	0	0

2. 红字更正法

红字更正法也叫赤字冲账法或红字订正法。一般适用于以下两种情况。

（1）记账以后，如果发现记账凭证上应记科目和金额发生错误并已登记入账时，更正时，先用红字金额填制一张内容与原来填制错误的记账凭证完全相同的记账凭证，并据以用红字金额记入有关账簿，以便冲销原来的错误记录，然后再用蓝字填制一张正确的记账凭证，并据以蓝字记入有关账簿。

【例 5-7】仓库发出一批材料用于生产产品，共计 7 000 元，填制记账凭证时，误写应借科目为"制造费用"，并已登记入账。当发现这种错误时，应先用红字填制一张内容与原来一样的记账凭证：

| 借：制造费用 | 7 000 | |
| 贷：原材料 | | 7 000 |

同时，再用蓝字填制一张正确的记账凭证：

| 借：生产成本 | 7 000 | |
| 贷：原材料 | | 7 000 |

（2）记账以后，如果发现原填记账凭证中应借、应贷科目虽然没有错误，但所记的金额大于应填的金额时，更正时，应将多记的金额用红字填制一张与原错误记账凭证内容完全相同的记账凭证，并据以用红字登记入账，则多记的金额就会被冲销。

【例 5-8】某企业管理部门 6 月以银行存款支付下半年报刊订阅费 1 890 元。在填制记账凭证时，误将金额填记为 1 920 元，并已登记入账。当发现这种错误时，可将多记的 30 元，用红字金额填制一张内容与原来一样的记账凭证：

| 借：管理费用 | 30 | |
| 贷：银行存款 | | 30 |

根据这张记账凭证记入有关账簿，就可将多记的金额予以冲销。这笔经济业务也可将 1 920 元全部用红字冲销，再填制一张正确的 1 890 元的记账凭证。

3. 补充登记法

在记账以后，如果发现记账凭证中应借、应贷科目虽然没有错误，但所写的金额小于应填的金额，可以用补充登记法进行更正。更正时，应把少记的金额用蓝字填制一张与原来记账凭证内容完全相同的记账凭证，在摘要栏中注明"补充某日×号凭证少记金额"，并据以登记入账，这样就可将少记的金额补充记入。

【例 5-9】用银行存款 40 000 元购买原材料，在填制记账凭证时，误记金额为 4 000 元，但会计科目、借贷方向均无错误，其错误记账凭证所反映的会计分录为：

借：原材料   4 000

  贷：银行存款   4 000

在更正时，应用蓝字或黑字编制如下记账凭证进行更正：

借：原材料   36 000

  贷：银行存款   36 000

如果记账凭证中所记录的文字、金额与账簿记录的文字、金额不符，应首先采用划线法更正，然后用补充登记法更正。

【例 5-10】开出支票归还银行借款利息 6 000 元。填制记账凭证时把金额误写为 600 元，并已登记入账。当发现这种错误时，可将少记的 5 400 元填制一张与原来一样的记账凭证。

借：财务费用   5 400

  贷：银行存款   5 400

这笔经济业务也可将 600 元全部用红字冲销，然后填制一张 6 000 元的记账凭证。

4. 电算化下的错账

电算化下造成错账的，是由凭证错误而引起，也就是说，在计算机正常运行情况下，只存在记账凭证错误导致的错账，不存在登记入账错误，也就不存在划线更正法。

手工方式下补充登记法和非全额红字冲销法，在会计电算化方式下是不宜采用的。在电算化方式下，本年度内发现因记账凭证所发生的任何错误，都应采用全额红字冲销法进行错账更正，强调必须是全额冲销，即填制一张与错误凭证内容一致、有明确的摘要说明、金额为红字的记账凭证，然后填制一张正确的记账凭证，据以入账。

采用红字冲销法，不仅符合会计原理，而且能清晰地反映账簿中发生额和科目对应关系，而且还能完整地反映出经济业务的来龙去脉和资金运行的来踪去迹，更符合会计电算化的自动对账要求。

5.6 电算化记账凭证制单

5.6.1 凭证设置

在开始使用计算机录入凭证之前，应根据企业管理和核算的要求在系统中设置凭证类别，以便将凭证按类别分别编制、管理、记账和汇总。

1. 凭证类别预置

系统提供了常用的凭证分类方式，可以从中选择，也可以根据实际情况自行定义。

【例 5-11】设置类别字为"记"字、类别名称为"记账凭证"，如图 5-9 所示。

①打开【设置】→【凭证类别】菜单，进入"凭证类别预设"窗口；

②单击"记账凭证"选项；

③单击【确定】按钮；

④单击【退出】按钮。

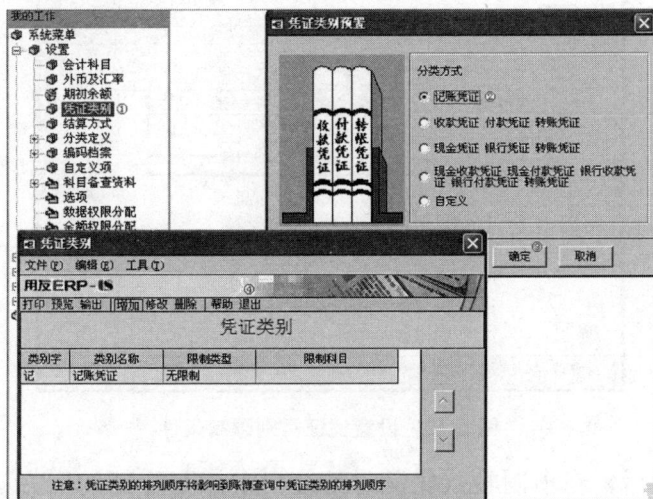

图 5-9　凭证类别预设

注意：在采用通用记账凭证以外时，凭证类别的排列顺序，将影响到账簿查询中凭证类别的查询顺序。

某些凭证类别的凭证在制单时对科目有一定限制，系统有 5 种限制类型供选择。

①无限制：制单时，此类凭证可以使用所有合法的科目自由输入。

②借方必有：制单时，此类凭证借方至少有一个限制科目被使用。

③贷方必有：制单时，此类凭证贷方至少有一个限制科目被使用。

④凭证必有：制单时，此类凭证无论是借方还是贷方，至少有一个限制科目被使用。

⑤凭证必无：制单时，此类凭证无论是借方还是贷方，不能有一个限制科目被使用。

限制科目中所限制的科目名称和数量不限，限制科目之间用逗号分隔（逗号必须是在英文状态下录入），也可以参照输入，但不能重复输入。

【例 5-12】系统选择凭证的分类方式为"收款凭证、付款凭证、转账凭证"，将收款凭证设置限制类型为"借方必有"、限制科目"1001、1002"；付款凭证设置限制类型为"贷方必有"、限制科目"1001、1002"；转账凭证设置限制类型"凭证必无"、限制科目"1001、1002"，如图 5-10 所示。

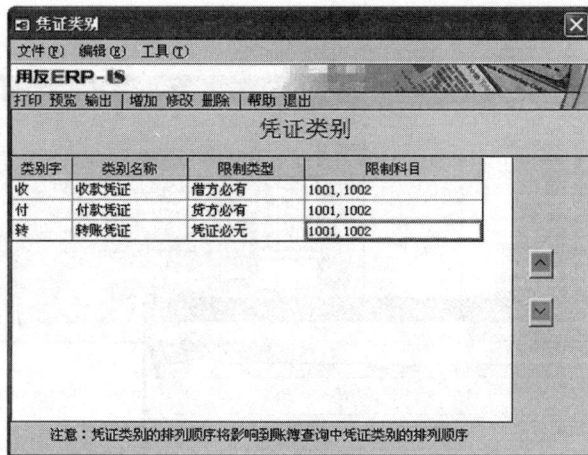

图 5-10 设置凭证类别限制条件

设置限制后，在填制收款凭证时系统要求该张凭证的借方必须有"库存现金"或"银行存款"，填制付款凭证时系统要求该张凭证的贷方必须有"库存现金"或"银行存款"，填制转账凭证时系统要求该张凭证无论是借方还是贷方都没有"库存现金"或"银行存款"，如果不符合这些限制性条件，系统则拒绝录入该张凭证。

2. 凭证选项

（1）为规范制单过程，对凭证应根据业务内容进行控制，达到会计核算和财务管理的目的。

单击【设置】→【选项】菜单，打开"选项"窗口，如图 5-11 所示，即可对凭证的控制进行设置，如图 5-11 所示。

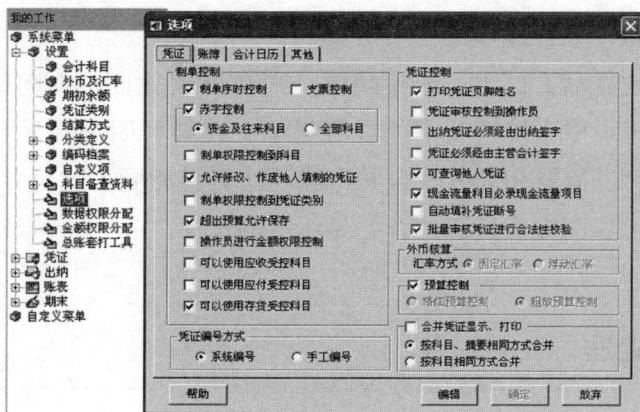

图 5-11　凭证选项页

（2）外币核算。

如果企业有外币业务，则应选择相应的汇率方式——固定汇率、浮动汇率。"固定汇率"即在制单时，一个月只按一个固定的汇率折算本位币金额。"浮动汇率"即在制单时，按当日汇率折算本位币金额。

（3）凭证控制。

①打印凭证页脚姓名：在打印凭证时，是否自动打印制单人、出纳、审核人、记账人的姓名。

②权限设置：如只允许某操作员审核其本部门操作员填制的凭证，则应选择"凭证审核控制到操作员"。如果要求现金、银行存款科目凭证必须由出纳人员核对签字后才能记账，则选择"出纳凭证必须经由出纳签字"。如要求所有凭证必须由主管签字后才能记账，则选择"凭证必须经主管签字"。如允许操作员查询他人凭证，则选择"可查询他人凭证"。

③自动填补凭证断号：如果选择凭证编号方式为系统编号，则在新增凭证时，系统按凭证类别自动查询本月的第一个断号默认为本次新增凭证的凭证号。如无断号则为新号，与原编号规则一致。

④现金流量科目必录现金流量项目：选择此项后，在录入凭证时如果使用现金流量科目则必须输入现金流量项目及金额。

⑤批量审核凭证进行合法性校验：批量审核凭证时针对凭证进行二次审核，提高凭证输入的正确率，合法性校验与保存凭证时的合法性校验相同。

⑥凭证编号方式：系统在"填制凭证"功能中一般按照凭证类别按月自动编制凭证编号，即"系统编号"；但有的企业需要系统允许在制单时手工录入凭证编号，即"手工编号"。

⑦合并凭证显示、打印：选择此项，则在填制凭证、查询凭证、出纳签字和凭证审核时，以系统选项中的设置显示。在科目明细账显示或打印时凭证按照"按科目、摘要相同方式合并"或"按科目相同方式合并"合并显示，并在明细账显示界面提供是否"合并显示"的选项。

5.6.2 凭证处理

在实际工作中，填制记账凭证有两种方式，一种是用户可直接在计算机上根据审核无误、准予报销的原始凭证填制记账凭证，称之为前台处理；另一种是先由人工制单，而后集中输入到系统中，称之为后台处理。使用者可根据本单位的实际情况，进行灵活选择。

1. 增加凭证

记账凭证一般包括两个部分：一是凭证头部分，包括凭证类别、凭证编号、凭证日期和附件张数；二是凭证正文部分，包括摘要、科目、借贷方向和金额等。

（1）录入凭证头。

填制记账凭证时，应先完成凭证头部的录入。此项工作对于录入各种类型的凭证，其操作步骤都是类似的。

【例5-13】2021年12月2日从工行提取库存现金50 00元，附单据一张，现金支票号21428276。

借：（1001）库存现金 5 000

贷：（100201）银行存款——工行 5 000

操作步骤，如图5-12所示：

①在"凭证"菜单中单击【填制凭证】；

②单击【增加】按钮或 F5 键，增加一张新凭证；

③"凭证类别"框中，选择凭证类别，参照选择凭证类别，默认凭证为：记字 0001；

④录入"制单日期"：2021 年 12 月 2 日；

⑤录入"附单据"：1 张。

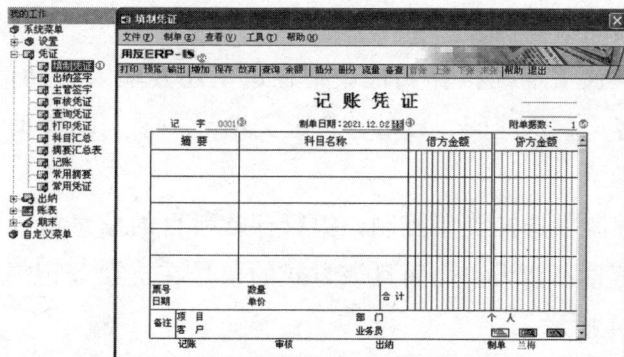

图 5-12 录入凭证头

（2）录入凭证正文。

凭证头部分完成后，接下来输入凭证正文部分，这是填制凭证的重要环节。应根据具体经济内容，采用对应的方式填制，而且要求每张凭证借贷平衡。

具体操作步骤，如图 5-13 所示。

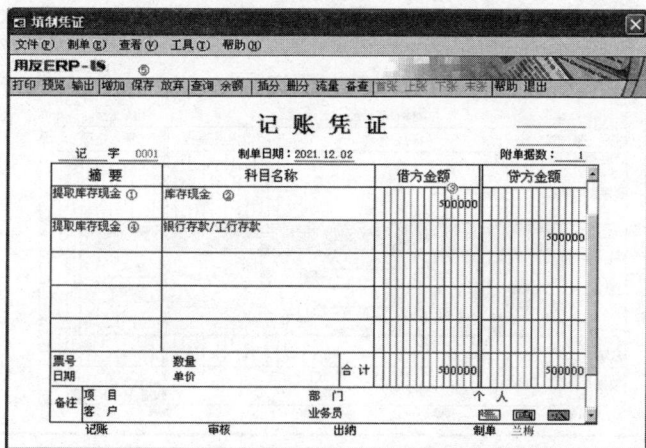

图 5-13 录入凭证正文部分

①输入摘要：提取库存现金；

②选择科目名称：1001 现金；

③输入借方金额：5 000；

④按回车键，继续输入下一行；

⑤如果借贷方均无辅助账科目，则输入贷方内容后单击【保存】按钮或单击 F6 键保存凭证。

（3）输入辅助核算信息。

如果科目设置了辅助核算属性，则在这里还要输入辅助信息，如部门、个人、项目、客户、供应商、数量、自定义项等。录入的辅助信息将在凭证下方的备注中显示。

如当凭证控制中选择支票控制，银行存款科目的信息将在银行对账中使用，银行辅助信息不能为空，而且该方式的票号在支票登记簿中有记录。操作步骤如图 5-14 所示。

①输入 100201 科目为银行存款，这时弹出"辅助项"对话框；

②参照选择结算方式：现金支票；

③输入票号：21428276；

④参照选择发生日期；

⑤单击【确认】按钮返回。

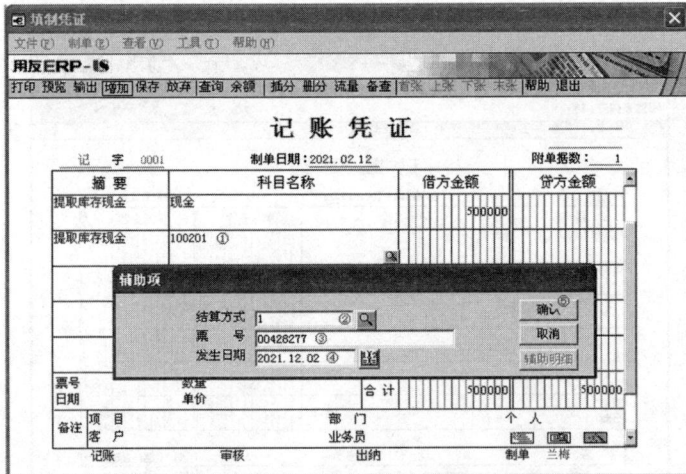

图 5-14　录入相关辅助信息

2. 修改凭证

输入凭证时，尽管系统提供了多种控制错误的手段，但错误操作是在所难免的，如果记账凭证录入出现错误，必将影响系统的核算结果。为更正错误，可以通过系统提供的修改功能对错误的凭证进行修改。

操作步骤，如图 5-15 所示。

（1）在填制凭证中，通过按【首页】【上页】【下页】【末页】按钮翻页查找或按【查询】按钮输入查询条件，找到要修改的凭证；

（2）将光标移到制单日期处，可修改制单日期；

（3）如果要修改附单据数、摘要、科目、外币、汇率、金额，可直接将光标移到需修改的地方进行修改即可。

（4）凭证下方显示每条分录的辅助项信息，如果要修改某辅助项，则将光标移到要修改的辅助项处，双击鼠标，屏幕显示辅助项录入窗，可直接在上面修改即可。

（5）如果要修改金额方向，可在当前金额的相反方向，按空格键，如果要希望当前分录的金额为其他所有分录的借贷方差额，则在金额处按"＝"键即可。

（6）按【插行】按钮或按［Ctrl＋I］键可在当前分录前插入一条分录。按【删行】按钮或按［Ctrl＋D］可删除当前光标所在的分录；

（7）修改完毕后，按【保存】按钮保存当前修改，按【放弃】按钮放弃当前凭证的修改。

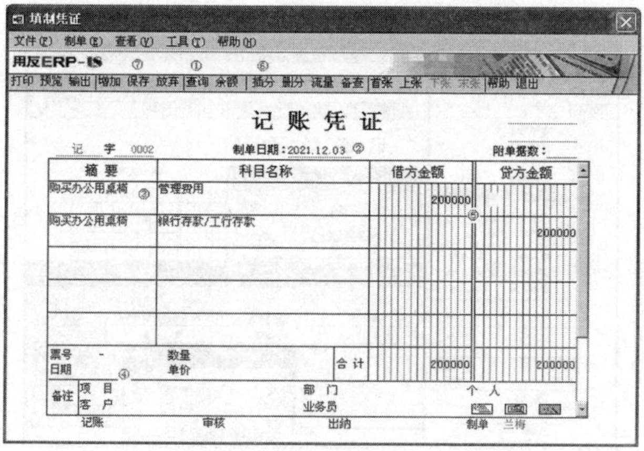

图 5-15　修改凭证

3. 删除凭证

（1）作废凭证。

日常操作过程，如果遇到非法凭证需要作废，可以使用"作废/恢复"功能，将这些凭证作废。操作步骤如图 5-16 所示。

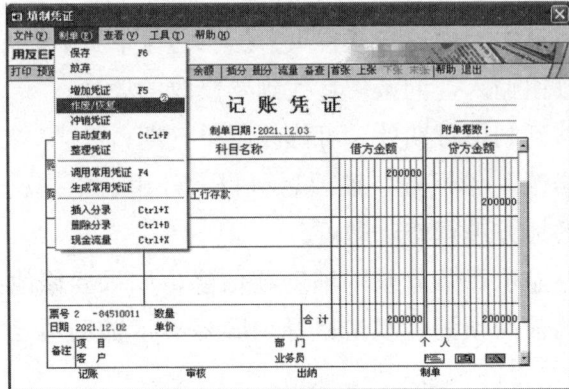

图 5-16　作废凭证

①进入"填制凭证"界面后，查找到要作废的凭证；

②单击【制单】下的【作废/恢复】菜单；

③凭证左上角显示"作废"字样，表示已将该凭证作废。

（2）整理凭证。

如果不想保留作废凭证，可以通过整理凭证功能，将其彻底删除，并对未记账凭证重新编号。操作步骤如图 5-17 所示。

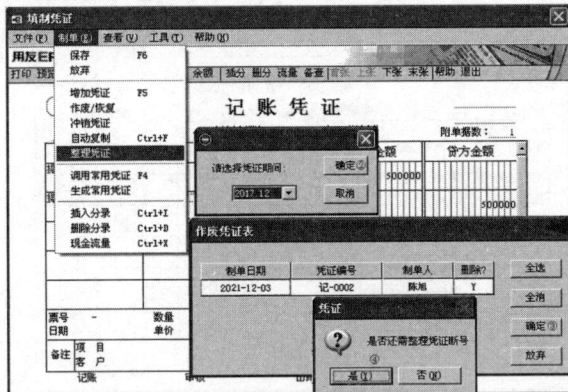

图 5-17　整理凭证

①进入填制凭证界面，单击菜单【制单】下的【整理凭证】菜单；

②选择要整理的月份后，单击【确定】按钮，显示作废凭证整理列表；

③选择要删除的作废凭证按【确定】按钮，系统将这些凭证从数据库中删除掉，提示"是否还需要整理凭证断号"；

④单击【是】按钮，对剩下凭证重新排号。

4. 查询凭证

（1）凭证查询。

在制单过程中，可以通过"查询"功能对凭证进行查看，以便随时了解经济业务发生的情况，保证凭证的填制是正确的。通过"填制凭证"窗口中的查询功能，输入组合查询条件，可以得到相关信息。操作步骤如图 5-18 所示。

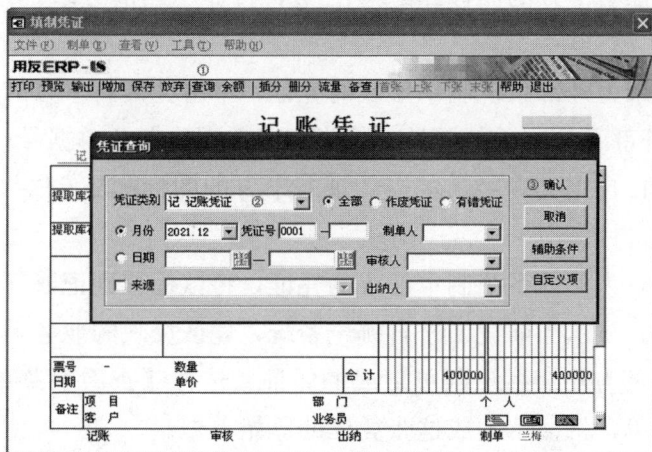

图 5-18 凭证查询

（2）凭证相关内容查询。

查询到凭证后，可以查询到与该凭证或该条分录的相关信息，操作步骤如图 5-19 所示。

①将鼠标移动至含有辅助项目核算的分录时，备注栏会显示该分录的辅助信息，如银行存款的票号；

②单击【余额】按钮，打开"最新余额一览表"，显示当前选中分录的科目包含所有已记账的最新余额；

③选择【查看】菜单下的【联查明细账】菜单，打开选中分录科目的"明细账"，显示当前选中分录的科目的明细账；

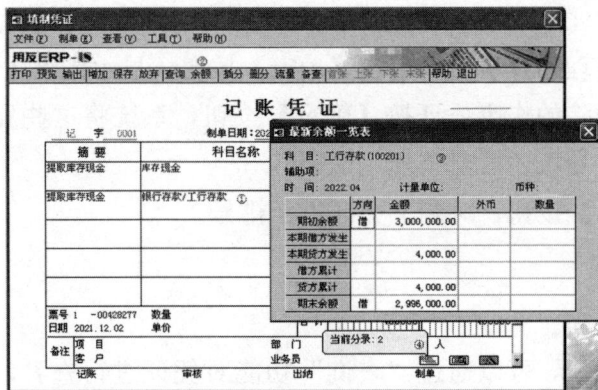

图 5-19　凭证相关内容查询

④单击凭证右下方的图标▨▨（左一），将显示当前分录是记账凭证中的第几条分录；

⑤如果分录为外部系统制单形成的凭证，单击凭证右下方的图标▨▨（中间），将显示外部系统制单的原始单据类型、单据日期及单据号；

⑥如果科目自定义内容，单击凭证右下方的图标▨▨（右一），将显示当前科目的自定义；

⑦如果分录为外部系统制单形成的凭证，将鼠标移到记账凭证的标题处。单击鼠标左键，显示当前凭证来自哪个系统，凭证反映的业务类型与业务号。

⑧如果分录为外部系统制单形成的凭证，选择【查看】菜单下的【联查原始单据】菜单，将显示生成这张凭证的原始单据。

5.6.3　常用摘要与常用凭证的设置

1. 常用摘要

在账务系统中设置常用摘要库，可以将经常使用的摘要建立到摘要库中，以便再输入记账凭证时快速输入业务摘要。摘要库通常包括两个主要内容：摘要码和摘要内容，在输入记账凭证时可以使用摘要码快速输入摘要内容。

（1）设置常用摘要。

【例 5-14】将"提取库存现金"设置为常用摘要，操作步骤如图 5-20 所示。

①在"凭证"菜单中单击【常用摘要】；

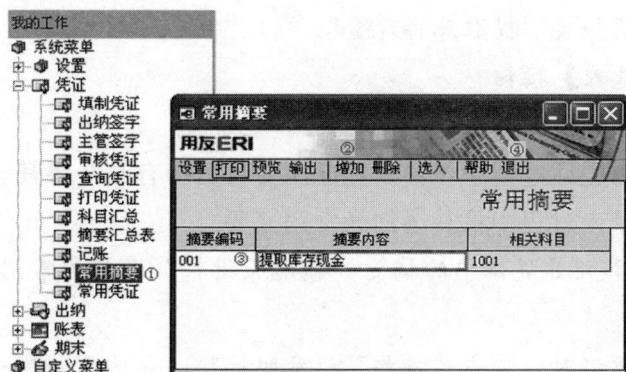

图 5-20　设置常用摘要

②单击【增加】按钮，新增一条常用摘要；

③录入摘要编码、摘要内容、相关科目；

④单击【退出】按钮。

注意：如果某条常用摘要对应某科目，则可在"相关科目"处输入，那么在填制凭证时，在调用常用摘要的同时，自动调入相关科目，提高凭证录入效率。

（2）调用常用摘要。

在填制凭证需要调用摘要时，可以输入常用摘要编号进行调用，也可以使用 F2 键调出常用摘要定义窗口，选定使用的常用摘要后单击【选入】按钮。

【例 5-15】调用"提取库存现金"常用摘要，操作步骤如图 5-21 所示。

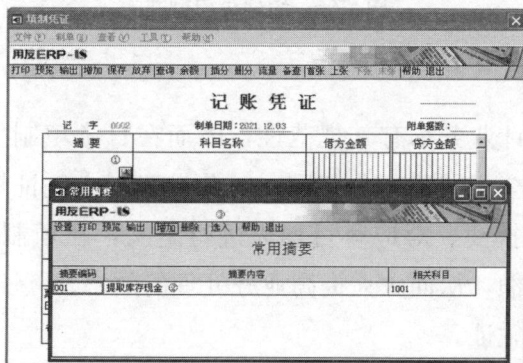

图 5-21　调用常用摘要

①增加一张凭证后，在"摘要"处单击参照按钮或按 F2 键；

②选择常用摘要"提取库存现金";

③单击【选入】按钮。

（3）增加常用摘要。

当用户填制凭证过程中，输入凭证摘要时认为有必要将其设为常用摘要，则可以在凭证录入过程中将其增加为常用摘要。

【例 5-16】将记账凭证中的摘要"领用原材料"增加为常用摘要，步骤如图 5-22 所示。

①在填制凭证时，单击"摘要"栏参照按钮（或按 F2 键）；

②在设置常用摘要窗口中单击【增加】按钮；

③输入摘要编码、摘要内容、相关科目；

④单击【退出】按钮。

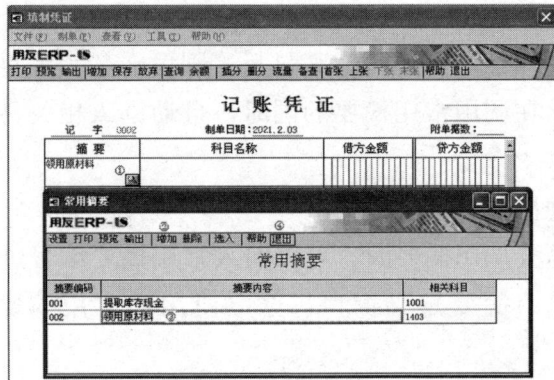

图 5-22　增加常用摘要

2. 常用凭证

在单位里，会计业务都有其规范性，因而在日常填制凭证的过程中，经常会有许多凭证完全相同或部分相同，因此设置一个凭证模板，将日常发生频繁的业务凭证的摘要、对应科目预先进行定义，在填制记账凭证时调出，填出各科目的发生额，从而大大提高业务处理的效率。

（1）设置常用凭证。

常用凭证设置时，首先在常用凭证登记表中登记一个常用凭证，主要是登记编号、说明和凭证的类别。其次在常用凭证设置窗口中逐个设置摘要和会计科目。

【例 5-17】设置一个"提取库存现金"的常用凭证，操作步骤如图 5-23 所示。

在分录窗口中设置：

摘要	科目编码	借方	贷方
提取库存现金	1001		
提取库存现金	1002		

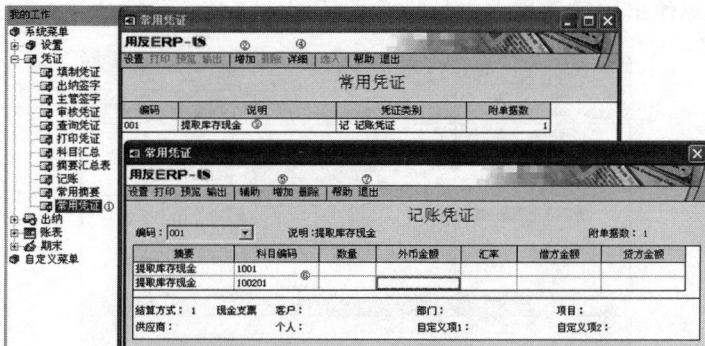

图 5-23　设置常用凭证

①单击"凭证"菜单中的【常用凭证】菜单；

②单击【增加】按钮，新增一条常用凭证；

③输入常用凭证编码、说明、凭证类型；

④单击【详细】按钮，打开"常用凭证设置"窗口；

⑤单击【增加】按钮；

⑥在系统弹出的窗口中输入相应的分录；

⑦单击【退出】按钮。

注意：

①编码和凭证类别必须输入，编码不能重复。

②常用凭证设置中的凭证编码是该常用凭证模板的编号，是调用这张凭证模板使用的，不是记账凭证的编号。根据常用凭证模板生成的记账凭证编号是在生成记账凭证时由计算机根据编制月凭证的情况自动给出。

③不能只定义凭证的主要信息，不能定义凭证分录的内容。

④只有具有常用凭证控制权限的操作员才能操作。

（2）调用常用凭证。

在输入凭证的时候可以调用常用凭证。

【例5-18】调用"提取库存现金"常用凭证，操作步骤如图5-24所示。

①在凭证填制过程中，单击"制单"菜单中的【调用常用凭证】菜单或按F4键，打开"调用常用凭证"窗口；

②输入常用凭证编码，或使用参照按钮选择"提取库存现金"凭证后，单击确定【按钮】；

③在系统弹出的凭证界面中按修改或填制凭证的一般方法录入相应的数据。

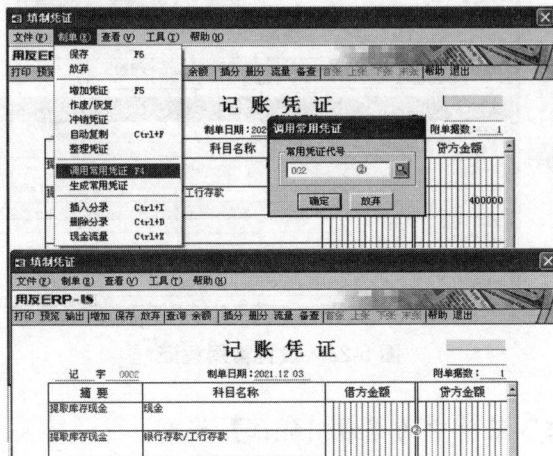

图 5-24　调用常用凭证

（3）增加常用凭证。

在填制过程中，如果认为需要将某张凭证作为常用凭证保存时，可用通过"制单"中的"生成常用凭证"功能增加常用凭证。

【例5-19】将当前凭证设置为常用凭证，操作步骤如图5-25所示。

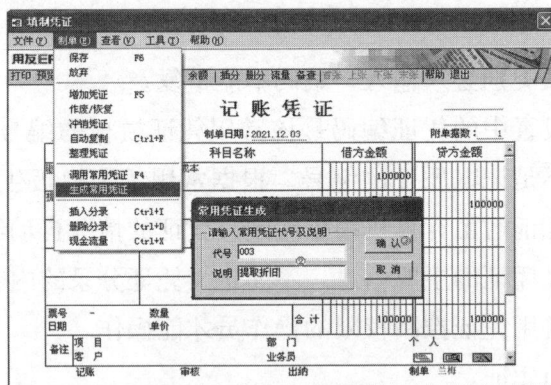

图 5-25　增加常用凭证

①在凭证输入或凭证修改过程中，单击"制单"菜单中的【生成常用凭证】菜单；

②输入常用凭证代号、说明；

③单击【确认】按钮。

5.6.4 审核凭证

1. 审核操作

审核凭证的操作步骤如图 5-26、图 5-27 所示。

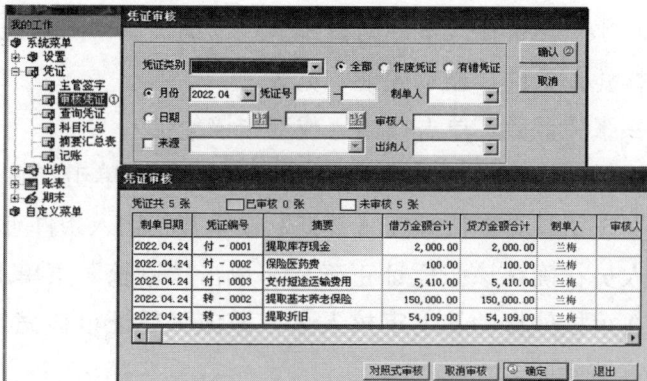

图 5-26 审核凭证－1

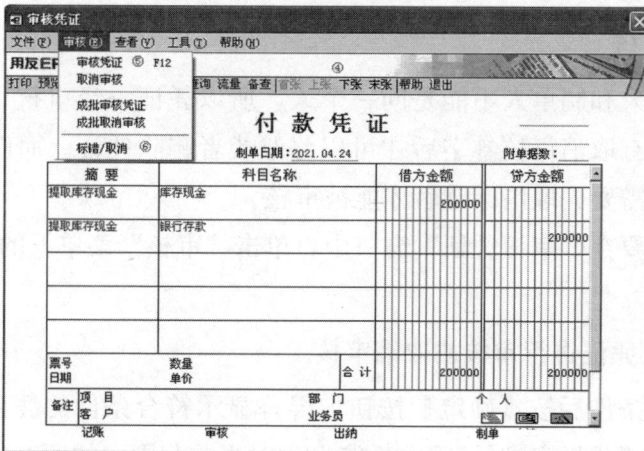

图 5-27 审核凭证－2

（1）有审核权限操作员登录后，选择主菜单"凭证"中【审核凭证】，显示"审核凭证查询条件"界面。

（2）对"审核凭证查询条件"进行设置后，单击【确定】按钮：

①输入要查询的凭证类别，选择在凭证类别中定义的类别名称；

②选择查询月份和凭证号范围；

③如果要专门查询某一段时间的凭证，请选择"日期范围"，此时凭证号范围不可选；

④选择"全部"显示所有符合条件的凭证列表，选择"作废凭证"或"有错凭证"显示所有符合条件的作废或有错的凭证，三者任选其一；

⑤选择凭证来源于哪个外部系统，为空表示所有系统的凭证；

⑥选择要对哪一位审核人审核的、哪一位出纳员制作的凭证进行审核；

⑦输入审核凭证条件，显示凭证一览表。

（3）选择一张凭证后，单击按钮（或双击该凭证）。

（4）如果此凭证不是你要审核的凭证，可用鼠标单击"首页""上页""下页""末页"按钮翻页查找或按【查询】按钮查找输入条件查找。

（5）审核人员在确认该张凭证正确后，单击"审核"菜单下的【审核凭证】按钮，将在审核处自动签上审核人名，即该张凭证审核完毕，系统自动显示下一张待审核凭证。

（6）若审核人员发现该凭证有错误，可按【标错/取消】按钮，对凭证进行标错，以便制单人可以对其进行修改。

2. 取消审核

由于审核人和制单人不能是同一个人，所以凭证一经审核，便不能被修改或删除，只有取消审核签字后才可以修改或者删除凭证。而已标错的凭证不能被审核，需要先取消标错后才能被审核。

取消审核要在"审核凭证"窗口中，单击"审核"菜单下的【取消审核】按钮。

3. 对一批凭证进行审核或取消审核

输入查询条件后按【确定】按钮，屏幕显示符合条件的凭证，单击"审核"菜单下的【成批审核凭证】，系统自动对当前范围内的所有未审核凭证执行审核；单击"审核"菜单下的【成批取消审核】，系统自动对当前范围内的所有已审核凭证执行取消审核。

4. 凭证打印

计算机生成的记账凭证必须打印出来进行归档，通过系统主菜单"凭证"下的【打印凭证】功能可以打印已记账及未记账凭证。

进入"打印凭证"窗口，如图 5-28 所示，设置打印条件后，单击【打印】按钮后，开始进行打印。

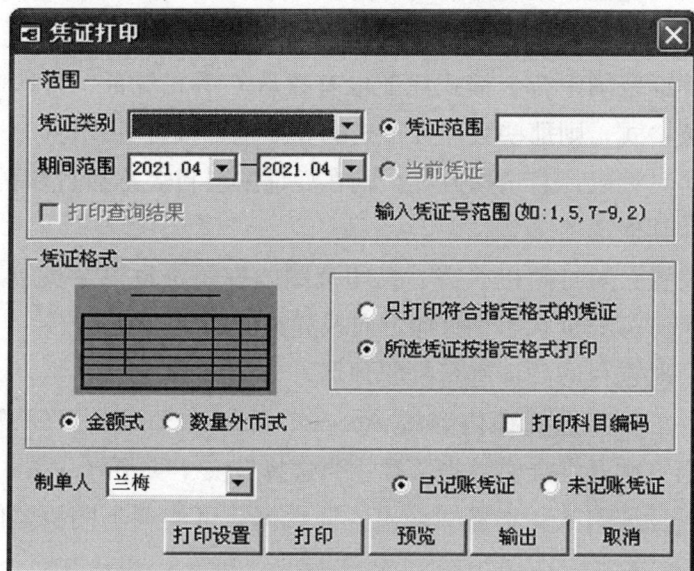

图 5-28 打印凭证设置

（1）打印范围。

①凭证类别：可以打印某一凭证类别的凭证，也可以打印所有凭证类别的凭证。

②凭证范围：可以输入需要打印的凭证号范围，不输则打印所有凭证。凭证号范围可以输入为"1，3，5－9"，其表示打印 1 号、3 号、5 至 9 号凭证。

③期间范围：可以选择打印凭证的起止期间范围。

④当前凭证：若当前凭证有多页分单，可以在这里输入要打印的分单号，如输入"3－4"，表示打印凭证的第 3 张、第 4 张。

⑤制单人：可能打印某一操作员填制的凭证。

⑥记账范围：选择"已记账凭证"则打印已记账凭证；选择"未记账凭证"则打印未记账凭证。

（2）打印凭证格式。

①打印凭证的格式，分为金额式和数量外币式两种。

②只打印符合指定格式的凭证：只打印所选凭证范围内凭证格式与指定凭证格式相同的凭证。例如：凭证格式选择了金额式，则只打印所选凭证范围内的金额式的凭证，数量外币式的凭证不打印。

③所选凭证按指定格式打印：所有凭证范围内的凭证按指定格式打印。例如：所选凭证范围中有金额式凭证也有数量外币式凭证，打印时，选择了金额式的凭证格式，则那些数量外币式的凭证也都按金额式打印。

④打印科目编码：若选择此项，则在凭证的科目名称后打印科目编码。

（3）打印其他选项。

①打印设置：对打印机状态、打印范围、打印份数以及页边距、装订位置、自定义字体、分页状态、打印方向及凭证间距等设置。

②预览：对选择的凭证进行打印预览。

③输出：可将所选凭证内容按 Access、Excel、DBF、TXT 等数据结构进行输出，为二次开发提供数据来源。当选择按文本类型（.TXT）输出数据时，系统将按凭证引入文本格式输出凭证数据，可实现不同机器间的凭证资源共享。

注意：

①凭证的打印方式默认与系统"选项"中的设置保持一致，用户在打印时可能更改，系统自动保存上一次的打印选项。

②合并打印时：按"摘要＋科目"合并时，所有合并分录的辅助信息不打印。按科目合并时，所合并分录的辅助信息不打印，摘要为合并分录中的任一条分录的内容。如科目设置了汇总打印，则凭证打印时以汇总打印为准，即凭证打印时选择了"合并打印"，同时在科目设置中设置科目打印时的汇总打印科目，如在同一凭证中的科目出现上述情况，则按"合并打印"设置打印，否则按科目设置中汇总打印设置打印。

第 **6** 章

登记账簿

　　会计人员将各项经济业务编制会计分录以后，应记入有关账户，这个记账步骤称为账簿登记，或称为"记账"。企业选择适合的账务核算程序，根据记账凭证、汇总记账凭证或科目汇总表，分别记入有关账户借方或贷方。

6.1 出纳记账流程

（1）出纳人员的工作只涉及现金、银行存款收付业务，记账流程如下：

①履行收款、付款行为后，在原始凭证上加盖收、付款戳记，见表6-1。

②根据会计凭证登记现金、银行存款日记账。

③记账后在记账凭证"库存现金"或"银行存款"科目后做出"√"等记账标识，在记账凭证"出纳"处签章，以明确其对库存现金、银行存款的保管责任。

表6-1

收 款 凭 证

借方科目：库存现金 　　　　　　2022 年 1 月 11 日 　　　　　　附件：××张

摘要	贷方科目		金额										记账
	总账科目	明细科目	千	百	十	万	千	百	十	元	角	分	
张雪交回剩余差旅费752元整	其他应收款	张雪						7	5	2	0	0	√
合计	现金收讫						¥	7	5	2	0	0	

会计主管：×× 　　记账：×× 　　审核：×× 　　出纳：×× 　　制单：××

④将记账凭证移交记账会计。

（2）对不涉及现金、银行存款收付业务的记账凭证，直接传递给记账会计。

6.2　出纳日记账的登记

日记账是根据经济业务发生时间的先后顺序，逐日逐笔进行登记的会计账簿，主要包括现金日记账和银行存款日记账。为了加强对企业现金和银行存款的监管，现金和银行存款日记账采用订本式账簿，不得用银行对账单或其他方法代替日记账。

6.2.1　现金日记账

现金日记账是用来核算和监督库存现金每天的收入、支出和结存情况的账簿。由出纳人员根据与现金收付有关的记账凭证，如现金收款、现金付款、银行付款（提现业务）凭证，逐笔进行登记，并随时结记余额。

登记现金日记账时，除了遵循账簿登记的基本要求外，还应注意以下栏目的填写方法。

（1）日期栏：与记账凭证日期一致，记账凭证的日期要与现金实际收付日期一致。

（2）凭证栏：据以入账的凭证种类及编号，如企业采用通用凭证格式，根据记账凭证登记现金日记账时，填入"记×号"；企业采用专用凭证格式，根据现金收款凭证登记现金日记账时，填入"收×号"。

（3）摘要栏：简要说明入账经济业务的内容，力求简明扼要。

（4）对方科目栏：是指与现金对应的会计科目。

①对应科目只填总账科目，不需填明细科目。

②当对应科目有多个时，应填入主要对应科目，如销售产品收到现金，则"库存现金"的对应科目有"主营业务收入"和"应交税费"，此时可在对应科目栏中填入"主营业务收入"，在借方金额栏中填入取得的现金总额，而不能将一笔现金增加业务拆分成两个对应科目金额填入两行。

③对应科目有多个且不能从科目上划分出主次时，可在对应科目栏中填入其中金额较大的科目，并在其后加上"等"字。如用现金 1 100 元购买零星办公用品，其中 400 元由车间负担，700 元由行政管理部门负担，则在现金日记账"对应科目"栏中填入"管理费用等"，在贷方金额栏中填入支付的

现金总额 1 100 元。

（5）"借方金额"栏、"贷方金额"栏：应根据相关凭证中记录的"库存现金"科目的借贷方向及金额记入。收入、支出、结余栏：是指现金收、支及当期结余额。

（6）"余额"栏应根据"本行余额＝上行余额＋本行借方数额－本行贷方数额"公式计算填入。

正常情况下库存现金不允许出现贷方余额，因此，现金日记账余额栏前未印有借贷方向，其余额方向默认为借方。若在登记现金日记账过程中，由于登账顺序等特殊原因出现了贷方余额，则在余额栏用红字登记，表示贷方余额。表 6-2 为现金日记账。

表 6-2 　　　　　　　　现 金 日 记 账

月	日	凭证编码	摘要	对方科目	借方 千	百	十	万	千	百	十	元	角	分	贷方 千	百	十	万	千	百	十	元	角	分	余额 千	百	十	万	千	百	十	元	角	分
1	1		期初余额																										5	0	0	0	0	0
1	2	现收01	存入现金						2	0	0	0	0	0															7	0	0	0	0	0
1	10	现付01	提取现金																3	0	0	0	0	0					4	0	0	0	0	0
1	15	现付02	支付运费																	5	0	0	0	0					3	5	0	0	0	0
1	25	现付03	支付办公费																	3	0	0	0	0					3	2	0	0	0	0
1	30	现付04	报销餐旅费																	2	0	0	0	0					3	0	0	0	0	0
1	31		本月合计						2	0	0	0	0	0					4	0	0	0	0	0					3	0	0	0	0	0

6.2.2　银行存款日记账

银行存款日记账是用来核算和监督银行存款每日的收入、支出和结余情况的账簿。由出纳人员根据与银行存款收付有关的记账凭证，如银行存款收款、银行存款付款、现金付款（存现业务）凭证，逐日逐笔进行登记，并随时结记余额，见表 6-3。

表 6-3
银 行 存 款 日 记 账

2022年 月	日	凭证编码	摘要	对方科目编码	借方 千	百	十	万	千	百	十	元	角	分	贷方 千	百	十	万	千	百	十	元	角	分	余额 千	百	十	万	千	百	十	元	角	分
3	1		期初余额																								1	2	0	0	0	0	0	0
	8	银收104	存款						1	0	0	0	0	0													1	2	1	0	0	0	0	0
	10	银付203	提现															1	8	0	0	0	0	0			1	0	3	0	0	0	0	0
	15	银付204	付保险费																3	0	0	0	0	0			1	0	0	0	0	0	0	0
	30	银付205	购买办公用品																2	6	0	0	0	0				9	7	4	0	0	0	0
	31		本月合计						1	0	0	0	0	0				2	3	6	0	0	0	0				9	7	4	0	0	0	0

银行存款日记账的登记方法与现金日记账的登记方法基本相同。需要说明的是，银行存款日记账中的结算凭证栏登记的是使银行存款增加或减少的结算方式。例如，委托收款凭证及号码、转账支票及号码、信汇及号码等。银行存款日记账要定期与银行转来的对账单相核对，以保证银行存款账簿记录的正确性。

会计人员在手工登记账簿时，应符合下列基本要求：

（1）必须根据审核无误的会计凭证，及时地登记各类账簿，以保证账簿记录的正确性。

（2）红色墨水在账簿中有特殊含义，在下列情况下可以采用：

①按照红字冲账的记账凭证，冲销错误记录；

②在不设借贷等栏的多栏式账页中，登记减少数；

③在三栏式账页的余额栏前，如未印明余额方向的，在余额栏内登记负数余额；

④注销空行或空页；

⑤期末结账时划线；

⑥根据国家统一会计制度的规定可以用红字登记的其他会计记录。

（3）登记账簿时，应当将会计凭证日期、编号、业务内容摘要、金额和其他有关资料逐项记入账内，做到数字准确、摘要简明清楚、字迹工整。

（4）账簿中书写的文字和数字上面要留有适当的空格，不要写满格，一般应占格距的1/2。

（5）登记完毕，应在记账凭证"记账"栏注明账簿页码或做出"√"符号，表示已记账，以免重记、漏记，也便于查阅、核对，并在记账凭证中"记账"处签名或盖章，以明确工作责任。

（6）登记账簿时，凡印有余额栏并需结出余额的账户，应在结出余额后，在"借或贷"栏内注明余额的借贷方向。如果余额为零，则应在"借或贷"栏注明"平"，并在余额栏用"0"表示。

（7）各种账簿应按账户页次逐页逐行连续登记，不得跳行、隔页。如果不慎发生跳行、隔页，应在账簿中将空行和空页注销。

①当出现空行时，应在该行摘要栏填入"此行空白"，然后用红笔划一条通栏红线，最后，由记账人员在该行签名或盖章。

②当出现空页时，应在该页注明"此页空白"，然后用红笔在该页左上角至右下角划一条对角斜线，最后由记账人员在该页签名或盖章。

（8）登记账簿时，在每一页的第一行"月份栏"要注明当前月份，以后本页再登记时，只要不跨月度，日期栏只需填入具体日期，月份可以不填。当跨月度时，在新月度的起始行日期栏中填入新月份。

（9）当一张账页记满，需要在下页继续登记时，应在本页的最末一行摘要栏注明"过次页"，结计出本页借、贷方发生额填入借方、贷方栏，并在余额栏结出余额。在下一页的第一行摘要栏注明"承前页"，将前页结计出借方、贷方发生额以及余额，记入相应栏目。不同账户的本页借、贷方发生额的结计方法有所不同，一般分为以下三种情况：

①月末需要结计本月发生额的账户：结计"过次页"的本页发生额为自本月初起至本页末止的借贷方发生额合计数。

②月末不需要结计本月发生额，但需结计本年累计发生额的账户：结计"过次页"的本页发生额为自年初起至本页末止的借贷方累计发生额。

③月末既不需要结计本月发生额，也不需要结计本年累计发生额的账户：可以只将各页的余额结转至次页，不需要结计本页发生额，其账页的最末一行，也可用来登记具体经济业务。在下一页的第一行摘要栏中注明"承前页"，在余额栏中记入前页余额即可。

一般来讲，账户按以下类别顺序归类结计：损益类账户需结计"本月合计"及"本年累计"；日记账及多栏账只需结计"本月合计"，不需结计"本年累计"；总分类账户不需结计"本月合计"，只需在年末结计"本年合计"；其他账户既不需结计"本月合计"，也不需结计"本年累计"。

（10）账簿记录发生错误时，不得采用涂改、挖补、刮擦、药水消除字迹等手段更正，也不允许重抄，而必须采用适当的错账更正方法来更正。

6.3 总分类账的登记

在实务中，各单位可以根据实际情况，选择不同的方法和程序来登记总分类账。根据登记总分类账的方法和程序的不同，可以划分出各种不同的账务处理程序。

账务处理程序就是指会计凭证、账簿、会计报表和账务处理程序相互结合的方式，也称会计核算形式、记账程序和会计核算组织程序。

目前，我国常用的账务处理程序包括：记账凭证账务处理程序、科目汇总表账务处理程序、汇总记账凭证账务处理程序。

6.3.1 记账凭证处理程序

1. 记账凭证处理流程图

记账凭证处理程序是根据记账凭证逐笔登记总账，是会计核算中最基本的一种账务处理程序，它包含了各种账务处理程序的基本要素。一般编制步骤，如图 6-1 所示。

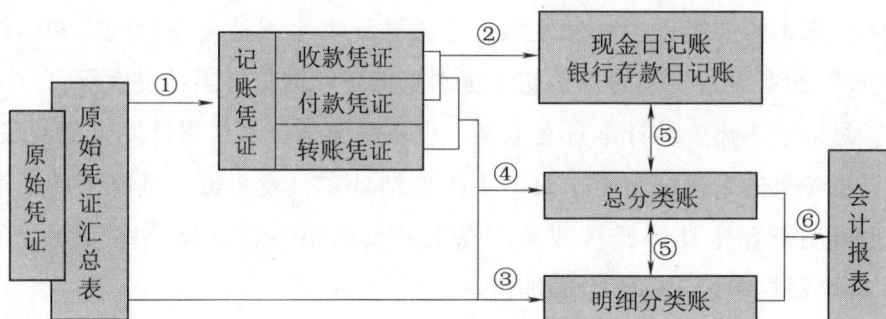

图 6-1 记账凭证账务处理程序

（1）根据审核无误的原始凭证或者原始凭证汇总表，编制记账凭证；

（2）根据收、付款凭证逐日逐笔登记现金日记账、银行存款日记账；

（3）根据原始凭证、原始凭证汇总表和记账凭证编制有关的明细分类账；

（4）根据记账凭证逐笔登记总分类账；

（5）月末，将现金日记账、银行存款日记账的余额以及各种明细账的余额合计数，分别与总账中有关账户的余额核对相符；

（6）月末，根据经核对无误的总账和有关明细账的记录，编制会计报表。

2. 总账的登记

当企业采用记账凭证账务处理程序时，直接根据记账凭证登记总分类。

3. 优缺点及适用范围

（1）优点：简单明了，易于理解和运用，总分类账比较详细，便于查账。

（2）缺点：登记总分类账的工作量较大。

（3）适用范围：一般适用于规模较小、业务量较少及记账凭证数量不多的企业。

6.3.2 科目汇总表账务处理程序

科目汇总表账务处理程序又称记账凭证汇总表账务处理程序，它是根据记账凭证定期编制科目汇总表，再根据科目汇总表登记总分类账的一种账务处理程序。

1. 科目汇总表账务处理流程

一般编制步骤，如图 6-2 所示。

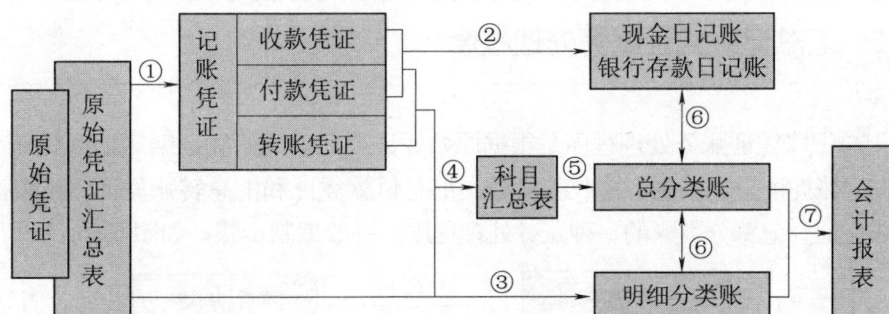

图 6-2 科目汇总表账务处理程序

（1）根据原始凭证或原始凭证汇总表，编制记账凭证；

（2）根据收款凭证、付款凭证逐笔登记现金日记账和银行存款日记账；

（3）根据原始凭证、汇总原始凭证和记账凭证，登记各种明细分类账；

（4）根据各种记账凭证编制科目汇总表；

（5）根据科目汇总表登记总分类账；

（6）期末，现金日记账、银行存款日记账和明细分类账的余额同有关总分类账的余额核对相符；

（7）期末，根据总分类账和明细分类账的记录，编制会计报表。

2. 总账的登记

当企业采用科目汇总表账务处理程序时，定期根据记账凭证编制科目汇总表，并据以登记总分类账。科目汇总表应定期编制，间隔天数可以根据单位的业务量的多少而定，一般可按每星期、每旬或每月汇总编制一次。科目汇总表见表 6-4。

表 6-4   科目汇总表
                                     年 月 日   第 号

借方金额										科目汇总表	贷方金额									
千	百	十	万	千	百	十	元	角	分		千	百	十	万	千	百	十	元	角	分

6.3.3 汇总记账凭证账务处理程序

汇总记账凭证账务处理程序是根据原始凭证或汇总原始凭证编制记账凭证，定期根据记账凭证分类编制汇总收款凭证、汇总付款凭证和汇总转账凭证，再根据汇总记账凭证登记总分类账的一种账务处理程序。一般编制步骤，如图 6-3 所示。

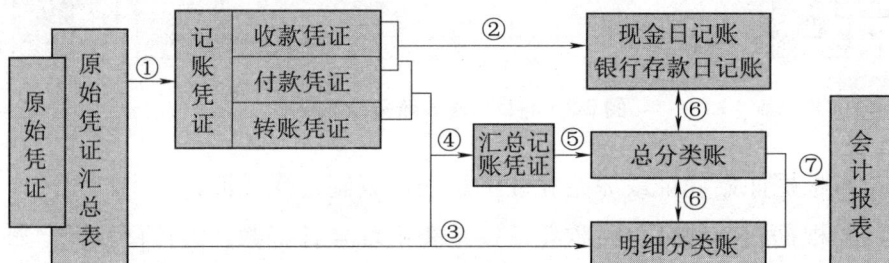

图 6-3 汇总记账凭证账务处理程序

（1）根据原始凭证或原始凭证汇总表，编制收款凭证、付款凭证和转账凭证，也可采用通用的记账凭证；

（2）根据收款凭证、付款凭证逐笔登记现金日记账和银行存款日记账；

（3）根据原始凭证、汇总原始凭证和记账凭证，登记各种明细分类账；

（4）根据各种记账凭证编制有关汇总记账凭证；

（5）根据各种汇总记账凭证登记总分类账；

（6）期末，现金日记账、银行存款日记账和明细分类账的余额同有关总分类账的余额核对相符；

（7）期末，根据总分类账和明细分类账的记录，编制会计报表。

1. 总账的登记

当企业采用汇总记账凭证账务处理程序时，定期根据记账凭证编制汇总记账凭证，并据以登记总分类账。汇总记账凭证应定期编制，间隔天数可以根据单位的业务量的多少而定，一般可按每星期、每旬或每月汇总编制一次。

（1）凭证分类。

月末，总账会计对本月所有记账凭证进行分类。将凭证分为收、付、转三类，按凭证号整理无缺后，进一步将收款凭证分为现金收款凭证和银行存款收款凭证两小类，将付款凭证分为现金付款凭证和银行存款付款凭证两小类，以贷方科目相同为标准，将转账凭证划分成若干小类。

但为了便于转账凭证的分类汇总，此账务处理程序下的转账凭证，只能编制一借一贷或一贷多借的会计分录。

（2）分类汇总并编制汇总记账凭证。

对以上分出的各类凭证，分别根据其会计分录的特点进行汇总，见表6-5。

表6-5   分类汇总记账凭证

凭证种类	科　　　目	说　　　明
现金收款凭证	借方科目均为"库存现金"	应汇总各贷方科目的发生额，库存现金科目的借方发生额即为各贷方科目发生额合计数
银行存款收款凭证	借方科目均为"银行存款"	应汇总各贷方科目的发生额，银行存款科目的借方发生额即为各贷方科目发生额的合计数
现金付款凭证	贷方科目均为"库存现金"	应汇总各借方科目的发生额，库存现金科目的贷方发生额即为各借方科目发生额的合计数
银行存款付款凭证	贷方科目均为"银行存款"	应汇总各借方科目的发生额，银行存款科目的贷方发生额即为各借方科目发生额的合计数
转账凭证	按相同贷方科目为标准来划分类别的	应汇总各借方科目的发生额，贷方科目的发生额即为各借方科目发生额的合计数

（3）根据汇总记账凭证登记总分类账。

在对汇总记账凭证审核无误后，即可据以登记总分类账。如，绿地实业有限公司根据以上编制出的银行存款汇总收款凭证，应先按借方金额合计数，记入总账中"银行存款"账户借方金额栏，并结计出余额，登记完毕后，在汇总收款凭证中记账栏做出记账标识"√"；然后按"应收账款"账户的贷方金额，记入总账中"应收账款"账户贷方金额栏，并结计出余额，登记完毕在汇总收款凭证中记账栏做出记账标识；再依此方法，直至将汇总记账凭证中所有贷方科目的发生额记入相应的总账账户。最后，由登记总账的会计人员在汇总收款凭证下方的"记账"处签名或盖章。

2. 优缺点与适用范围

（1）优点：简化了登记总分类账的工作量、总账账户对应关系明确。

（2）缺点：不利于会计核算的日常分工，转账凭证较多时，编制汇总转账凭证的工作量较大。

（3）适用范围：一般适用于规模较大、业务较多的企业。

6.4　会计账簿的保管与更换

会计账簿的更换通常是在新会计年度建账的时候进行。总账、日记账以及多数明细账应该每年更换一次，备查账簿则可以连续使用。会计账簿是各单位重要的经济资料，必须建立管理制度，妥善保管。账簿管理分为平时管理和归档保管两部分。

6.4.1　会计账簿的保管

会计账簿是各单位重要的经济资料，必须建立管理制度，妥善保管。账簿管理分为平时管理和归档保管两部分。

1. 账簿平时管理的具体要求

会计账簿未经领导和会计负责人或者有关人员批准，非经管人员不能随意翻阅查看会计账簿。会计账簿除需要与外单位核对外，一般不能携带外出，对携带外出的账簿，一般应由经管人员或会计主管人指定专人负责。会计账簿不能随意交与其他人员管理，以保证账簿安全和防止任意涂改账簿等问题发生。

2. 旧账归档保管

年度终了更换并启用新账后，对更换下来的旧账要整理装订，造册归档。归档前旧账的整理工作包括：检查和补齐应办的手续，如改错盖章、注销空行及空页、结转余额等。活页账应撤出未使用的空白账页，再装订成册，并注明各账页号数。旧账装订时应注意：活页账一般按账户分类装订成册，一个账户装订成一册或数册；某些账户账页较少，也可以合并装订成一册。装订时应检查账簿扉页的内容是否填写齐全。装订后应由经办人员及装订人员、会计主管人员在封口处签名或盖章。旧账装订完毕应编制目录和编写移交清单，然后按期移交档案部门保管。各种账簿同会计凭证和会计报表一样，都是重要的经济档案，必须按照制度统一规定的保存年限妥善保管，不得丢失和任意销毁。

根据《会计档案管理办法》的规定，总分类账、明细分类账、辅助账、日记账均应保存 30 年。其中，银行余额调节表、银行对账单要保存 10 年，涉外和对私改造账簿应永久保存。保管期满后，应按照规定的审批程序报经批准后才能销毁。

6.4.2 会计账簿的更换

会计账簿的更换是指在会计年度终了，将上年旧账更换为次年新账。

1. 更换新账的程序

年度终了，在本年有余额的账户"摘要"栏内注明"结转下年"字样。在更换新账时，注明各账户的年份，在第一行"日期"栏内写明1月1日，"记账凭证"栏空置不填，将各账户的年末余额直接抄入新账余额栏内，并注明余额的借贷方向。过入新账的有关账簿余额的结转事项，不需要编制记账凭证。在新的会计年度建账并不是所有的账簿都更换为新的。一般来说，现金日记账、银行存款日记账、总分类账、大多数明细分类账应每年更换一次。但是有些财产物资明细账和债权债务明细账，由于材料品种、规格和往来单位较多，更换新账，工作量较大，因此，可以跨年度使用，不需要每年更换一次。第二年使用时，可直接在上年终了的双线下面记账。另外各种备查簿也可以连续使用。

2. 会计凭证的管理

会计凭证的管理包括会计凭证的整理和保管两个方面的工作。

（1）会计凭证的整理工作。

会计凭证的整理是指财会部门根据会计凭证记账以后，对各种会计凭证要分门别类、按照编号顺序整理，装订成册。封面上要注明会计凭证的名称、起讫号、时间以及有关人员的签章，妥善保管。在年度结束后，应归入档案。

表6-6和表6-7是常见的会计凭证装订格式。

表6-6 会计凭证装订封皮

年 月 第 册

记账凭证汇总表自	号至	号共	张	
记账凭证自	号至	号共	张	
附件自	号至	号共	张	
单位名称	装订	年	月	日
	会计主管	装订人		

表 6-7 抽出、补附凭证登记表

年	月	日	所在传票号	张数	抽出或补附理由	会计主管签章	经办人签章

（2）会计凭证的保管工作。

会计凭证是会计档案的重要组成部分，是记录和反映经济业务的重要史料和证据。企业应该加强会计档案管理工作的领导，建立和健全会计档案的立卷、归档、保管、借阅和销毁制度，切实把会计档案管好。具体保管期限，见表 6-8。

要妥善保管好会计凭证，在保管期间会计凭证不得外借，对超过所规定期限（一般是 30 年）的会计凭证，要严格依照程序销毁。需要永久保留的有关会计凭证，不能销毁。

表 6-8 会计档案保管的期限

序号	档案名称	保管期限	备注
一、会计凭证类			
1	原始凭证	30 年	
2	记账凭证	30 年	
二、会计账簿类			
3	总账	30 年	
4	明细账	30 年	
5	日记账	30 年	
6	固定资产卡片		固定资产报废清理后保管 5 年
7	辅助账簿	30 年	
三、财务报告类			
8	月、季度、半年财务报告	10 年	
9	年度财务报告（决算）	永久	
四、其他类			
10	会计档案移交清册	30 年	
11	会计档案保管清册	永久	
12	会计档案销毁清册	永久	
13	会计档案意见书	永久	
14	银行余额调节表	10 年	
15	银行对账单	10 年	

第 *7* 章
现金收支的核算

现金，是指随时可作为流通与支付手段的票证，不论是法定货币或信用票据，只要具有购买或支付能力的，均可视为现金。现金从理论上讲有广义与狭义之分。狭义现金是指企业所拥有的硬币、纸币，即由企业出纳员保管作为零星业务开支的现金。广义的现金则应包括现金和视同现金的各种银行存款、流通证券等。

7.1 库存现金收入与支出的核算

现金管理就是对现金的收、付、存等各环节进行的管理。依据《现金管理暂行条例》，现金管理的基本原则如下：

- **1** • 开户单位库存现金一律实行限额管理
- **2** • 不准擅自坐支现金。坐支现金容易打乱现金收支渠道，不利于银行对企业的现金进行有效的监督和管理
- **3** • 企业收入的现金不准作为个人储蓄存款存储
- **4** • 收入现金应及时送存银行，企业的现金收入应于当天送存开户银行，确有困难的，应由开户银行确定送存时间
- **5** • 严格按照国家规定的开支范围使用现金，结算金额超过起点的，不得使用现金
- **6** • 不准编造用途套取现金。企业在国家规定的现金使用范围和限额内使用现金，应从开户银行提取，提取时应写明用途，不得编造用途套取现金
- **7** • 企业之间不得相互借用现金

7.1.1 企业现金管理制度

（1）现金使用范围。

①职工工资、津贴；

②个人劳务报酬；

③根据国家规定颁发给个人的科学技术、文化艺术、体育等各种奖金；

④各种劳保、福利费用以及国家规定的对个人的其他支出；

⑤向个人收购农副产品和其他物资的价款；

⑥出差人员必须随身携带的差旅费；

⑦结算起点以下的零星支出；

⑧中国人民银行确定需要支付现金的其他支出（如抢险救灾）。

前款结算起点定为 1 000 元。结算起点的调整，由中国人民银行确定，报国务院备案。

（2）现金的限额。

一般按照单位 3～5 天日常零星开支所需确定。

7.1.2 库存现金的账务处理

库存现金的科目编码为 1001，如果企业有外币业务，可设置二级科目或明细科目，二级科目代码长度一般分两级，如 100101、100102、100103 等。三级、四级直到十级，每一级都增设两位数字即可。企业可根据实际需要，设计级数，见表 7-1。

表 7-1　　　　　　　　　　　　**库存现金会计科目编码的设置**

科目代码	总分类科目	明细分类科目	
		二级明细科目	三级明细科目
1001	库存现金		
100101	库存现金	人民币	
100102	库存现金	外币	
10010201	库存现金	外币	美元
10010201	库存现金	外币	日元

现金收款业务流程如下：

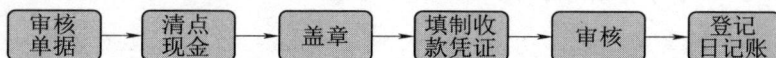

审核单据 → 清点现金 → 盖章 → 填制收款凭证 → 审核 → 登记日记账

现金付款业务流程如下：

| 填制付款审批单 | → | 负责人审批 | → | 付款审批单 | → | 提交原始单据 | → | 填制付款凭证 | → |

| 审核付款凭证 | → | 支付现金 | → | 登记现金日记账 |

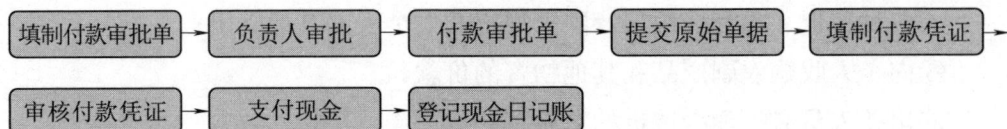

库存现金的账务处理，如图 7-1 所示。

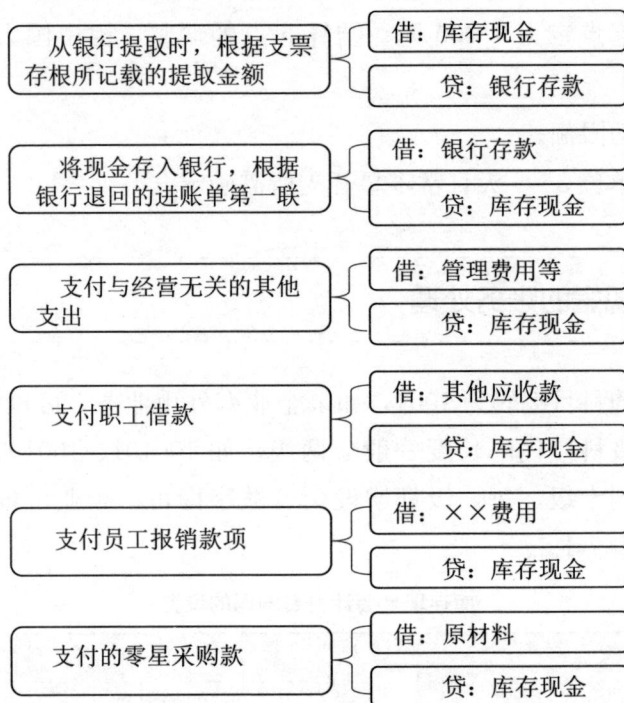

| 从银行提取时，根据支票存根所记载的提取金额 | 借：库存现金 |
| | 贷：银行存款 |

| 将现金存入银行，根据银行退回的进账单第一联 | 借：银行存款 |
| | 贷：库存现金 |

| 支付与经营无关的其他支出 | 借：管理费用等 |
| | 贷：库存现金 |

| 支付职工借款 | 借：其他应收款 |
| | 贷：库存现金 |

| 支付员工报销款项 | 借：××费用 |
| | 贷：库存现金 |

| 支付的零星采购款 | 借：原材料 |
| | 贷：库存现金 |

图 7-1　库存现金的账务处理

1. 企业日常现金收入账务处理实例

现金收入主要包括：①单位或职工交回差旅费剩余款、赔偿款、备用金退回款；②收取不能转账的单位或个人的销售收入；③不足转账起点（起点为 100 元）的小额收入等。

【例 7-1】2022 年 1 月 5 日，伟业联合有限公司签发支票从银行提取现金120 000 元，如图 7-2 所示，账务处理如下：

借：库存现金　　　　　　　　　　　　　　　　　　　120 000

　　贷：银行存款　　　　　　　　　　　　　　　　　　　120 000

中国工商银行
现金支票存根
IV V000022
科　　目：
对方科目：

| 收款人：伟业联合有限公司 |
| 金　额：120 000 |
| 用　途：工资 |

出票日期 2022 年 1 月 5 日

单位主管　肖丽　　会计　杨东

（加盖骑缝章略）

图 7-2　现金支票存根

根据上述业务，编制记账凭证，见表 7-2。

表 7-2 收款凭证 附件：1 张

借方科目：库存现金　　　　　　2022 年 1 月 5 日　　　　　　现收字第××号

摘要	贷方科目		账页	金额								
	一级科目	二级或明细科目		百	十	万	千	百	十	元	角	分
签发支票从银行提取现金 120 000 元	银行存款				1	2	0	0	0	0	0	0
合计				￥	1	2	0	0	0	0	0	0

会计主管：肖丽　　记账：张子非　　　　出纳：侯明　　审核：杨东　　填制：

1 月 8 日，收到员工陈东交来的违规操作罚款 1 200 元，出纳开具收款收据，见表 7-3。

表 7-3 收　据

2022 年 1 月 8 日

NO：

收到：陈东		金　额							
		千	百	十	万	千	百	十	元	角	分
摘要	违规操作罚款 1 200 元					1	2	0	0	0	0
	现金收讫										
合计金额人民币（大写）壹仟贰佰元整		财务专用章								
备注										

收款单位（印章）：　　　　　　收款人：　　　　　　交款人：

187

根据上述业务，编制记账凭证，见表 7-4。

借：库存现金　　　　　　　　　　　　　　　　　　　　　　1 200

　　贷：营业外收入　　　　　　　　　　　　　　　　　　　　1 200

表 7-4　　　　　　　　　　　　　　**收款凭证**　　　　　　　　　　　　附件：1 张

借方科目：库存现金　　　　　　2022 年 1 月 8 日　　　　　　现收字第××号

摘要	贷方科目		账页	金　额								
	一级科目	二级或明细科目		百	十	万	千	百	十	元	角	分
收到陈东交来的违规操作款 1 200 元	营业外收入						1	2	0	0	0	0
合计							¥	1	2	0	0	0	0

会计主管：肖丽　　　记账：张子非　　　出纳：侯明　　　审核：杨东　　　填制：

【例 7-2】2022 年 1 月 10 日，收到乙公司零售货款现金 2 632.50 元，1 月 15 日送存银行，企业应做如下账务处理。

借：库存现金　　　　　　　　　　　　　　　　　　2 632.50

　　贷：主营业务收入——乙公司　　　　　　　　　　2 250

　　　　应交税费——应交增值税（销项税额）　　　　382.50

根据上述业务，编制记账凭证，见表 7-5。

表 7-5　　　　　　　　　　　　　**收款凭证**　　　　　　　　　　　　附件：2 张

借方科目：库存现金　　　　　　2022 年 1 月 10 日　　　　　　现收字第××号

摘要	贷方科目		账页	金　额								
	一级科目	二级或明细科目		百	十	万	千	百	十	元	角	分
收到乙公司零星货款 2 632.50 元	主营业务收入						2	2	5	0	0	0
	应交税费	应交增值税/销项税额						3	8	2	5	0
合计							¥	2	6	3	2	5	0

会计主管：肖丽　　　记账：张子非　　　出纳：侯明　　　审核：杨东　　　填制：

借：银行存款　　　　　　　　　　　　　　　　　　2 632.50

　　贷：库存现金　　　　　　　　　　　　　　　　　　2 632.50

根据上述业务，编制记账凭证，见表7-6。

表7-6 **付款凭证** 附件：2 张

贷方科目：库存现金 2022 年 1 月 15 日 现付字第××号

摘要	借方科目		账页	金　额								
	一级科目	二级或明细科目		百	十	万	千	百	十	元	角	分
货款 2 632.50 元存入银行	银行存款						2	6	3	2	5	0
合计						¥	2	6	3	2	5	0

会计主管：肖丽　　记账：张子非　　出纳：侯明　　审核：杨东　　填制：

2. 库存现金支出账务处理实例

库存现金支出是指企业在其生产经营和非生产经营业务中向外支付的库存现金。库存现金支出的核算以库存现金支出原始凭证为依据，分为外来原始凭证和自制原始凭证两部分。常见的库存现金支出原始凭证包括借据、工资结算单、报销单、差旅费报销单、领款收据等。

【例7-3】1 月 5 日，用现金 108 000 元，支付工资。登记会计凭证，见表7-7。

借：应付职工薪酬——工资　　　　　　　　108 000

　　贷：库存现金　　　　　　　　　　　　　　　108 000

表7-7 **付款凭证** 附件：1 张

贷方科目：库存现金 2022 年 1 月 5 日 现付字第××号

摘要	借方科目		账页	金额								
	一级科目	二级或明细科目		百	十	万	千	百	十	元	角	分
支付员工工资 108 000 元	应付职工薪酬	工资			1	0	8	0	0	0	0	0
合计					¥	1	0	8	0	0	0	0

会计主管：肖丽　　记账：张子非　　出纳：侯明　　审核：杨东　　填制：

10 日，支付员工张艳艳因公出差预借差旅费 3 000 元，以现金支付。借款单见表7-8。

表 7-8   **借款单**

借款部门	销售部	职别	销售员	出差人姓名	张艳艳
借款事由	销售产品			出差地点	西安
预借款金额 人民币(大写)	叁仟元整		现金付讫		￥: 3 000
	部门负责审批意见：张岩			主管领导审批意见：王强	

根据上述业务，编制记账凭证，见表 7-9。

    借：其他应收款   3 000

        贷：库存现金   3 000

表 7-9   **付款凭证**   附件：2 张

贷方科目：库存现金   2022 年 1 月 10 日   现付字第××号

摘要	借方科目		账页	金　额								
	一级科目	二级或明细科目		百	十	万	千	百	十	元	角	分
支付张艳艳 借款 3 000 元	其他应收款	张艳艳					3	0	0	0	0	0
合计						￥	3	0	0	0	0	0

会计主管：肖丽   记账：张子非   出纳：侯明   审核：杨东   填制：

    15 日，出纳人员将收到的废品收入 8 900 元送交银行，其中 100 元 60 张，50 元 40 张，20 元 30 张，10 元 30 张。现金交款单见表 7-10。

表 7-10   **中国工商银行现金交款单**

2022 年 1 月 15 日   第××号

收款人	全　称	伟业联合有限公司													
	账　号	2367871208088075		款项来源		废品收入									
	开户银行	工商银行深圳福田支行		交款人		侯明									
	人民币（大写）：捌仟玖佰元整					千	百	十	万	千	百	十	元	角	分
								￥	8	9	0	0	0	0
主币	券别	壹佰元	伍拾元	贰拾元	拾元	伍元	贰元	壹元		收款员：					
	张数	60	40	30	30					复核员：					
辅币	券别	伍角	贰角	壹角	伍分	贰分	壹分								
	张数														

根据上述业务，编制记账凭证，见表 7-11。

借：银行存款   8 900

     贷：库存现金   8 900

表 7-11   **付款凭证**   附件：××张

贷方科目：库存现金   2022 年 1 月 15 日   现付字第××号

摘要	借方科目		账页	金 额								
	一级科目	二级或明细科目		百	十	万	千	百	十	元	角	分
废品收入 8 900 元存入银行	银行存款						8	9	0	0	0	0
合计						¥	8	9	0	0	0	0

会计主管：肖丽   记账：张子非   出纳：侯明   审核：杨东   填制：

以现金支付职工培训费 1 300 元。根据上述经济业务，企业应做如下账务处理，见表 7-12。

借：管理费用   1 300

     贷：库存现金   1 300

表 7-12   **付款凭证**   附件：××张

贷方科目：库存现金   2022 年 1 月 15 日   现付字第××号

摘要	借方科目		账页	金 额								
	一级科目	二级或明细科目		百	十	万	千	百	十	元	角	分
支付培训费 1 300 元	管理费用	培训费					1	3	0	0	0	0
合计						¥	1	3	0	0	0	0

会计主管：肖丽   记账：张子非   出纳：侯明   审核：杨东   填制：

用库存现金 1 000 元购买办公用品。

借：管理费用   1 000

     贷：库存现金   1 000

根据上述业务，编制记账凭证，见表 7-13。

表 7-13

付款凭证　　　　　　　　　　　　　附件：张

贷方科目：库存现金　　　　　　2022 年 1 月 15 日　　　　　　现付字第_____号

摘要	借方科目		账页	金额								
	一级科目	二级或明细科目		百	十	万	千	百	十	元	角	分
用现金1 000元购买办公用品	管理费用						1	0	0	0	0	0
合计						¥	1	0	0	0	0	0

会计主管：肖丽　　　记账：张子非　　　出纳：侯明　　　审核：杨东　　　填制：

3. 登记现金日记账

期末，登记现金日记账，见表 7-14。

表 7-14

现 金 日 记 账

月	日	凭证科目代码	摘要	对方科目	借方 千	百	十	万	千	百	十	元	角	分	贷方 千	百	十	万	千	百	十	元	角	分	余额 千	百	十	万	千	百	十	元	角	分
1	1		期初余额																										3	0	0	0	0	0
1	5	略	提现支♯0348	银行存款			1	2	0	0	0	0	0	0													1	2	3	0	0	0	0	0
1	5	略	支付职工工资	应付职工薪酬													1	0	8	0	0	0	0	0				1	5	0	0	0	0	0
1	8	略	收取陈东罚款	营业外收入					1	2	0	0	0	0														1	6	2	0	0	0	0
1	10	略	收到销售款	应收账款					2	6	3	2	5	0														1	8	8	3	2	5	0
1	10	略	张艳艳预借差旅费	其他应收款															3	0	0	0	0	0				1	5	8	3	2	5	0
1	15	略	销售款存入银行	银行存款															2	6	3	2	5	0				1	3	2	0	0	0	0
1	15	略	以现金支付职工培训费	管理费用															1	3	0	0	0	0				1	1	9	0	0	0	0
1	15	略	购买办公用品	管理费用															1	0	0	0	0	0				1	0	9	0	0	0	0
1	15	略	废品收入存银行	银行存款															8	9	0	0	0	0					2	0	0	0	0	0
			本月合计				1	2	3	8	3	2	5	0			1	2	4	8	3	2	5	0					2	0	0	0	0	0

4. 库存现金清理的账务处理实例

企业在对库存现金进行盘点时，如发现账实不符，应及时进行账务处理。库存现金盘点短缺的账务处理，如图 7-3 所示。

库存现金少于"库存现金日记账"上的结存数时	借：待处理财产损溢——待处理流动资产损溢
	贷：库存现金
查明原因后，如应由责任人或保险公司赔偿时	借：其他应收款
	贷：待处理财产损溢——待处理流动资产损溢
无法查明原因时	借：管理费用
	贷：待处理财产损溢——待处理流动资产损溢

图 7-3 库存现金盘点短缺的账务处理

【例 7-4】伟业联合有限公司 2022 年 1 月 31 日对库存现金盘点时，现金日记账账面余额为 2 700 元，实地盘点的库存现金金额为 2 500 元，造成库存现金短缺的原因有待进一步查明。

借：待处理财产损溢——待处理流动资产损溢　　　　　　　200

　　贷：库存现金　　　　　　　　　　　　　　　　　　　　200

根据上述业务，编制记账凭证，见表 7-15。

表 7-15　　　　　　　　　　　　　　**付款凭证**　　　　　　　　　　　　附件：1 张

贷方科目：库存现金　　　　　　　2022 年 1 月 31 日　　　　　　现付字第××号

摘要	借方科目		账页	金　额									
	一级科目	二级或明细科目		千	百	十	万	千	百	十	元	角	分
月末清点现金缺少 200 元	待处理财产损溢	待处理流动资产损溢							2	0	0	0	0
合计								￥	2	0	0	0	0

会计主管：肖丽　　　记账：张子非　　　出纳：侯明　　　审核：杨东　　　填制：

如经查明，库存现金短缺的原因是由于出纳员工作不认真造成的，出纳员侯明当即赔偿了短缺款。收款凭证见表7-16。

借：库存现金　　　　　　　　　　　　　　　　　　　200

　　贷：待处理财产损溢——待处理流动资产损溢　　　　200

表7-16　　　　　　　　　　　　　　**收款凭证**　　　　　　　　　　　　附件：张

借方科目：库存现金　　　　　　　2022 年 1 月 31 日　　　　　　现收字第××号

摘要	贷方科目		账页	金　　额									
	一级科目	二级或明细科目		千	百	十	万	千	百	十	元	角	分
出纳员赔偿现金短缺 200 元	待处理财产损溢	待处理流动资产损溢							2	0	0	0	0
合计								¥	2	0	0	0	0

会计主管：肖丽　　　记账：张子非　　　出纳：侯明　　　审核：杨东　　　填制：

　　库存现金盘点溢余的账务处理，如图7-4所示。

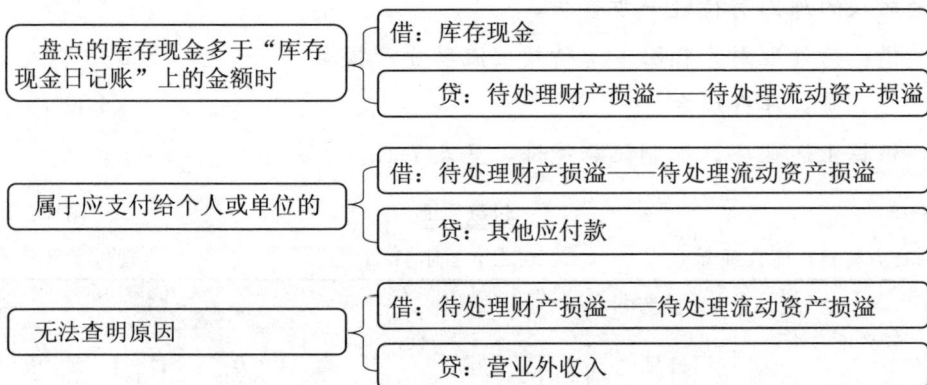

图7-4　库存现金盘点溢余的账务处理

　　【例7-5】伟业联合有限公司 2022 年 1 月 31 日对库存现金盘点时，现金日记账账面余额为 3 800 元，实地盘点的库存现金金额为 3 900 元，造成库存现金比账上多出 100 元的原因有待进一步查明。登记会计凭证，见表7-17。

借：库存现金　　　　　　　　　　　　　　　　　　　100

　　贷：待处理财产损溢——待处理流动资产损溢　　　　100

表 7-17

收款凭证

借方科目：库存现金　　　　　　2022 年 1 月 31 日　　　　　　现收字第××号

摘要	贷方科目		账页	金　额								
	一级科目	二级或明细科目		千	百	十	万	千	百	十	元	角	分
现金多出 100 元	待处理财产损溢	待处理流动资产损溢							1	0	0	0	0
合计									¥	1	0	0	0	0

会计主管：肖丽　　　记账：张子非　　　出纳：侯明　　　审核：杨东　　　填制：

经核查后，没有发现造成库存现金溢余的原因，经批准，作为营业外收入处理。登记会计凭证，见表 7-18。

借：待处理财产损溢——待处理流动资产损溢　　　　　　100

贷：营业外收入　　　　　　　　　　　　100

表 7-18

记账凭证

2022 年 1 月 31 日　　　　　　转字第__号

摘要	一级科目	二级或明细科目	账页	借方金额									贷方金额								
				百	十	万	千	百	十	元	角	分	百	十	万	千	百	十	元	角	分
现金溢余 100 元作为营业外收入	待处理财产损溢	待处理流动资产损溢					1	0	0	0	0										
	营业外收入															1	0	0	0	0	
合计							¥	1	0	0	0	0				¥	1	0	0	0	0

会计主管：肖丽　　　记账：张子非　　　出纳：侯明　　　审核：杨东　　　填制：

7.2　银行存款

7.2.1　银行存款账户的具体运用

1. 银行存款账户的设置

企业可根据实际业务的需要，设置明细科目，见表 7-19。

表 7-19 银行存款会计科目编码的设置

科目代码	总分类科目（一级科目）	明细分类科目	
		二级明细科目	三级明细科目
1002	银行存款		
100201	银行存款	人民币	
10020101	银行存款	人民币	××银行
10020102	银行存款	人民币	××银行
10020103	银行存款	人民币	××银行
100202	银行存款	外币	

企业应当设置银行存款总账和银行存款日记账，分别进行银行存款的总分类核算和明细分类核算。企业可按开户银行和其他金融机构存款种类等设置"银行存款日记账"，根据收付款凭证，按照业务的发生顺序逐笔登记。每日终了，应结出余额，并对银行存款收支业务及时进行账务处理。为了反映和监督企业银行存款的收入、支出和结存情况，企业应当设置"银行存款"科目，借方登记企业银行存款的增加，贷方登记企业银行存款的减少，期末借方余额反映企业实际持有的银行存款的金额。

2. 支付的原则与要求

（1）主要支付工具。

我国目前使用的人民币非现金支付工具主要包括"三票一卡"的结算方式。三票是指：汇票、本票和支票，一卡是指银行卡。

（2）办理支付结算的原则。

办理支付结算的原则如下：

①恪守信用，履约付款原则。

②谁的钱进谁的账、由谁支配原则。银行在办理结算时，必须按照存款人的委托，将款项支付给其指定的收款人。对存款人的资金，除国家法律另有规定外，必须由其自由支配。

③银行不垫款原则。即银行在办理结算过程中，只负责办理结算当事人

之间的款项划拨，不承担垫付任何款项的责任。

3. 银行存款的序时核算

企业应当设置"银行存款日记账"，根据收款凭证、付款凭证，按照业务发生顺序逐笔登记。每日终了，应当计算当日的银行存款收入合计额、支出合计额和结余额。月份终了，"银行存款日记账"的余额必须与"银行存款"总账的余额核对相符。

4. 银行存款的清查

月份终了，除了"银行存款日记账"的余额必须与"银行存款"总账的余额核对相符外，还必须将单位银行存款日记账与银行对账单核对，确定账实是否相符。

5. 银行存款的核对

"银行存款日记账"应与开户行的"银行对账单"进行逐笔明细核对和余额核对，每月至少核对一次。企业银行存款账面余额与银行对账单余额之间如有差异，企业应通过编制"银行存款余额调节表"调节相符。如没有记账错误，调节后的双方余额应相等。

银行存款余额调节表只是为了核对账目，不能作为调整银行存款账面余额的记账依据。

企业银行存款账面余额与银行对账单余额之间如果有差异，企业会计人员应当核对产生差异的具体原因，双方余额调平后方可结账。双方余额之间不一致的原因，是因为存在未达事项造成的。

发生未达事项的原因有以下四种：

（1）企业已收款入账，银行尚未收款入账。即企业已收，银行未收。（企业银行存款日记账大于银行对账单余额）

（2）企业已付款入账，银行尚未付款入账。即企业已付，银行未付。（企业银行存款日记账小于银行对账单余额）

（3）银行已收款入账，企业尚未收款入账。即银行已收，企业未收。（企业银行存款日记账小于银行对账单余额）

（4）银行已付款入账，企业尚未付款入账。即银行已付，企业未付。（企业银行存款日记账大于银行对账单余额）

【例7-6】2022年1月31日，伟业联合有限公司银行存款日记账余额1 840 000元，银行对账单余额1 827 900元，经核对，发现以下未达账项：

（1）银行代企业支付本月电费7 500元，银行已记账，但企业因未收到银行付款通知而未记账；

（2）企业委托银行代收货款35 000元，银行已收到并登记入账，但企业因未收到银行收款通知而未记账；

（3）企业开出转账支票支付修理费5 400元，并已记账，但持票人尚未到银行办理转账手续，银行未记账；

（4）企业收到转账支票一张，货款45 000元，并已记账，但银行尚未入账。

计算结果见表7-20。

表7-20 银行存款余额调节表 单位：元

企业银行存款日记账	金额（元）	银行对账单	金额（元）
银行存款日记账余额	1 840 000	银行对账单余额	1 827 900
加：银行已收，企业未收	35 000	加：企业已收，银行未收	45 000
减：银行已付，企业未付	7 500	减：企业已付，银行未付	5 400
调节后的存款余额	1 867 500	调节后的存款余额	1 867 500

7.2.2 企业网上银行

互联网的飞速发展，为企业提供更便捷的服务，企业一般会申请网上银行，提高工作效率。

企业网上银行是指通过互联网或专线网络，为企业客户提供账户查询、转账结算、在线支付等金融服务的渠道。

企业网上银行业务功能分为基本功能和特定功能。基本功能包括账户管理、网上汇款、在线支付等功能。特定功能包括贵宾室、网上支付结算代理、网上收款、网上信用证、网上票据和账户高级管理等业务功能。业务功能如图7-5所示。

以工商银行为例，根据功能、介质和服务对象的不同，企业网上银行可分为普及版、标准版和中小企业版。

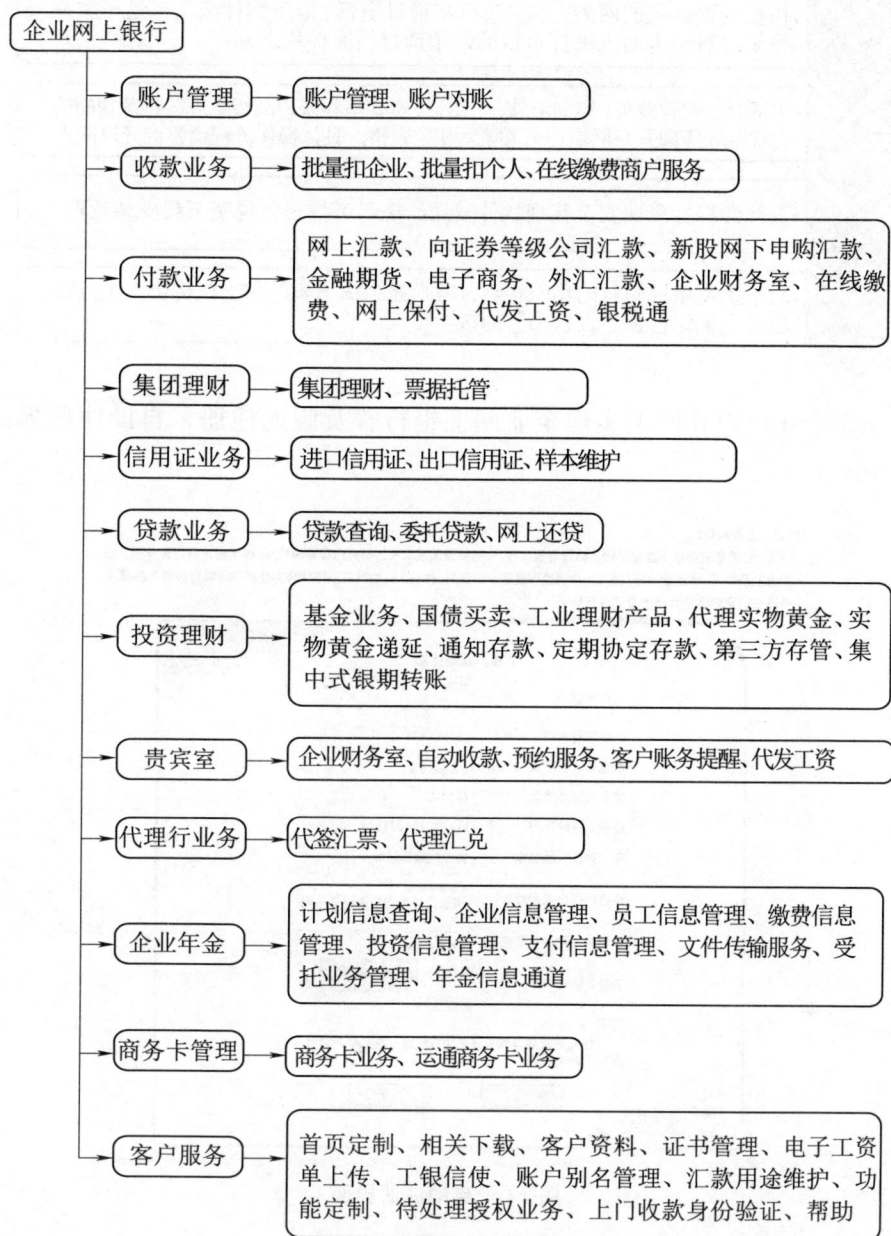

企业网上银行

- 账户管理 → 账户管理、账户对账
- 收款业务 → 批量扣企业、批量扣个人、在线缴费商户服务
- 付款业务 → 网上汇款、向证券等级公司汇款、新股网下申购汇款、金融期货、电子商务、外汇汇款、企业财务室、在线缴费、网上保付、代发工资、银税通
- 集团理财 → 集团理财、票据托管
- 信用证业务 → 进口信用证、出口信用证、样本维护
- 贷款业务 → 贷款查询、委托贷款、网上还贷
- 投资理财 → 基金业务、国债买卖、工业理财产品、代理实物黄金、实物黄金递延、通知存款、定期协定存款、第三方存管、集中式银期转账
- 贵宾室 → 企业财务室、自动收款、预约服务、客户账务提醒、代发工资
- 代理行业务 → 代签汇票、代理汇兑
- 企业年金 → 计划信息查询、企业信息管理、员工信息管理、缴费信息管理、投资信息管理、支付信息管理、文件传输服务、受托业务管理、年金信息通道
- 商务卡管理 → 商务卡业务、运通商务卡业务
- 客户服务 → 首页定制、相关下载、客户资料、证书管理、电子工资单上传、工银信使、账户别名管理、汇款用途维护、功能定制、待处理授权业务、上门收款身份验证、帮助

图 7-5 网上银行业务功能

客户开通企业网上银行的基本程序如下：

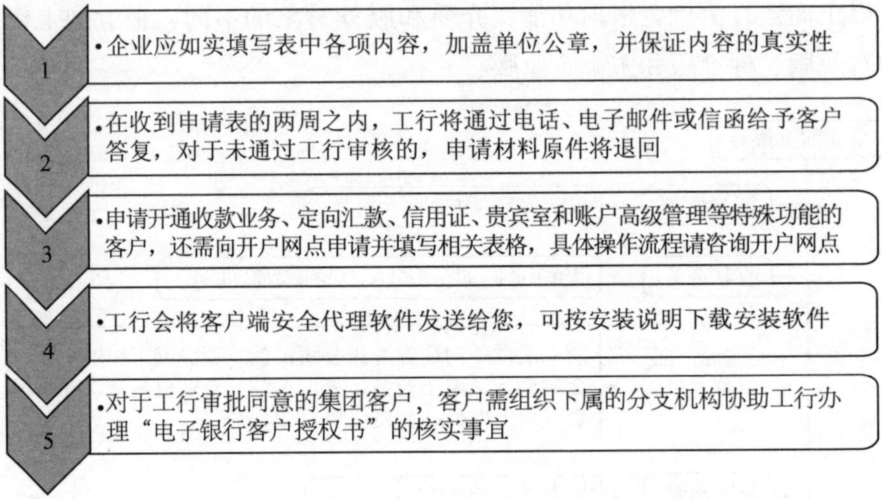
1
•企业应如实填写表中各项内容，加盖单位公章，并保证内容的真实性
2
•在收到申请表的两周之内，工行将通过电话、电子邮件或信函给予客户答复，对于未通过工行审核的，申请材料原件将退回
3
•申请开通收款业务、定向汇款、信用证、贵宾室和账户高级管理等特殊功能的客户，还需向开户网点申请并填写相关表格，具体操作流程请咨询开户网点
4
•工行会将客户端安全代理软件发送给您，可按安装说明下载安装软件
5
•对于工行审批同意的集团客户，客户需组织下属的分支机构协助工行办理“电子银行客户授权书”的核实事宜

现在企业可以在网上实现企业网上银行普及版的注册，自助注册界面如图 7-6所示。

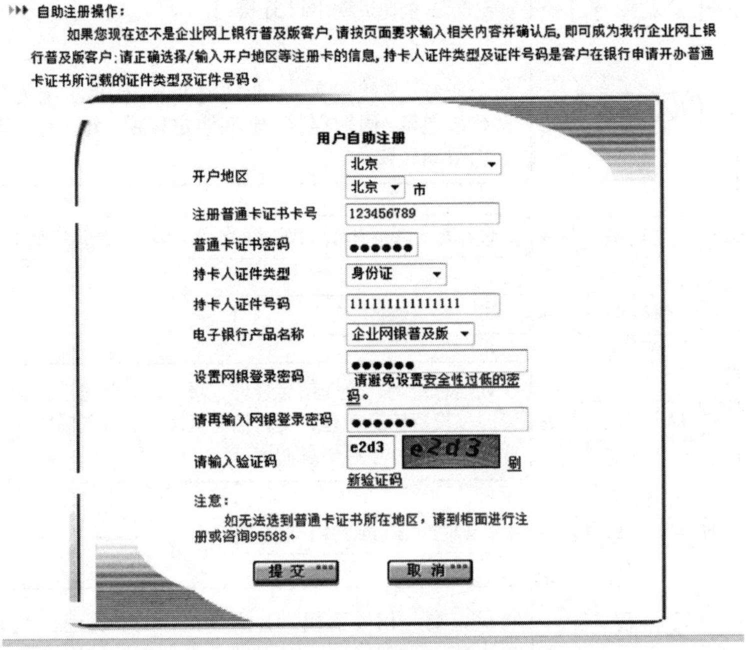
自助注册操作：
如果您现在还不是企业网上银行普及版客户，请按页面要求输入相关内容并确认后，即可成为我行企业网上银行普及版客户：请正确选择/输入开户地区等注册卡的信息，持卡人证件类型及证件号码是客户在银行申请开办普通卡证书所记载的证件类型及证件号码。
用户自助注册
开户地区
北京
北京
市
注册普通卡证书卡号
123456789
普通卡证书密码
持卡人证件类型
身份证
持卡人证件号码
111111111111111
电子银行产品名称
企业网银普及版
设置网银登录密码
请避免设置安全性过低的密码。
请再输入网银登录密码
请输入验证码
e2d3
刷新验证码
注意：
如无法选到普通卡证书所在地区，请到柜面进行注册或咨询95588。
提交
取消

图 7-6　自助注册界面

1. 普及版登录

(1) 进入工行网站主页→选择企业网上银行登录→选择企业网上银行普及版登录→输入卡号、密码和验证码→点击登录进入。

（2）在使用完毕后，请您点击安全退出，以确保账户安全。

2. 证书版登录

进入工行网站主页→选择企业网上银行登录→插入企业网上银行证书→选择企业网上银行登录→选择证书→输入证书密码→点击确定进入。

在使用完毕后，请您点击安全退出，拔出客户证书以确保账户安全。

注册完成后就可以使用网上银行业务了。

7.2.3　银行存款的核算

---

1. 银行存款收入的账务处理实例

收款企业收到支票时，应填制进账单，连同收到的支票到银行办理收款手续后，以银行签章退回的进账单回单联及其他相关凭证，编制收款凭证，借记"银行存款"账户，贷记有关账户。

【例7-7】2022年1月4日，伟业联合有限公司收到甲公司前欠货款25 600元，银行进账单见表7-21。

表7-21　　　　　　中国工商银行进账单（回单或收账通知）

进账日期：2022年1月4日

第 3356 号

收款人	全　称	伟业联合有限公司	付款人	全　称	甲公司										此联给收款人的收账通知
	账　号	2367871208088075		账　号	236456970987653432										
	开户银行	工商银行深圳福田支行		开户银行	工商银行深圳龙岗支行										
						千	百	十	万	千	百	十	元	角	分
人民币（大写）：贰万伍仟陆佰元整							￥	2	5	6	0	0	0	0	
票据种类		转账支票			收款人开户银行盖章（略）										
票据张数		1													
主管　　会计　　复核　　记账															

借：银行存款　　　　　　　　　　　　　　　　25 600

　　贷：应收账款——甲公司　　　　　　　　　　　25 600

根据上述业务，编制记账凭证，见表7-22。

表7-22   **收款凭证**   附件：2 张

借方科目：银行存款   2022 年 1 月 8 日   银收字第××号

摘要	贷方科目		账页	金　额									
	一级科目	二级或明细科目		千	百	十	万	千	百	十	元	角	分
收到甲公司货款 25 600 元	应收账款	甲公司					2	5	6	0	0	0	0
合计						￥	2	5	6	0	0	0	0

会计主管：肖丽   记账：张子非   出纳：侯明   审核：杨东   填制：

【例7-8】2022 年 1 月 5 日，伟业联合有限公司开出现金支票提取备用金 4 500 元，现金存根联如图 7-7 所示。

中国工商银行

现金支票存根

IV V000033

科　　目：

对方科目：

收款人：伟业联合有限公司

金　额：4 500 元

用　途：备用金

（加盖骑缝章略）

出票日期 2022 年 1 月 5 日

单位主管　肖丽　　会计　杨东

图 7-7　现金支票存根

借：库存现金   4 500

     贷：银行存款   4 500

根据上述业务，登记会计凭证，见表7-23。

表 7-23　　　　　　　　　　　**付款凭证**　　　　　　　　　　　附件：2 张

贷方科目：银行存款　　　　　　　2022 年 1 月 5 日　　　　　　　　银付字第__号

摘要	借方科目		账页	金　额									
	一级科目	二级或明细科目		千	百	十	万	千	百	十	元	角	分
提取备用金 4 500 元	库存现金							4	5	0	0	0	0
合　　计							¥	4	5	0	0	0	0

会计主管：肖丽　　　记账：张子非　　　出纳：侯明　　　审核：杨东　　　填制：

【例 7-9】2022 年 1 月 7 日，伟业联合有限公司向开户行申请开具一张银行汇票，票面金额 25 000 元，采购物资，收款人为西安颐城有限公司。银行汇票申请书存根见表 7-24。

　　借：其他货币资金——银行汇票　　　　　　　　　25 000

　　　　贷：银行存款　　　　　　　　　　　　　　　　　　25 000

表 7-24　　　　　　　　　　**中 国 工 商 银 行**
银行汇票申请书（存根）

申请日期：2022 年 1 月 7 日　　　　　　NO. 00000056

银行打印													
业务类型	□电汇　□信汇　☑汇票申请书 □本票申请书　□其他			汇款方式		☑普通　□加急							
申请人	全　称	伟业联合有限公司		收款人	全　称	西安颐城有限公司							
	账号或地址	2367871208088075			账号或地址	865456789758980							
	开户行名称	工商银行深圳福田支行			开户行名称	中国银行西安雁西路支行							
	开户银行				开户银行								
金额（大写）人民币	⊗贰万伍仟元整					千	百	十	万	千	百	十	元 角 分
							¥	2	5	0	0	0	0 0 0
支付密码			上列款项及相关费用请从我账户内支付										
加急汇款签字													
用途													
附加信息及用途			申请人签章（略）										

根据上述业务，编制记账凭证，见表 7-25。

表 7-25 　　　　　　　　**付款凭证** 　　　　　　　　附件：2 张

贷方科目：银行存款　　　　　　2022 年 1 月 7 日　　　　　　银付字第××号

摘要	借方科目		账页	金　额								
	一级科目	二级或明细科目		千	百	十	万	千	百	十	元	角	分
申请银行汇票 25 000 元	其他货币资金	银行汇票					2	5	0	0	0	0	0
合　　　计						￥	2	5	0	0	0	0	0

会计主管：肖丽　　　记账：张子非　　　出纳：侯明　　　审核：杨东　　　填制：

【例 7-10】2022 年 1 月 14 日，支付已到期的银行承兑汇票，金额为 100 000 元，银行承兑汇票存根见表 7-26。

表 7-26　　　　　　　　　　　**银行承兑汇票**

签发日期：2021 年 7 月 13 日　　　　　　第××号

承兑申请人	全　　称	伟业联合有限公司			收款人	全　　称	天阳有限公司											此联签发人存查
	账　　号	2367871208088075				账　　号	8976486023154657687											
	开户银行	工商银行	行号	12		开户银行	建设银行广州白云支行			行号	8							
汇票金额		人民币（大写）⊗壹拾万元整						千	百	十	万	千	百	十	元	角	分	
									￥	1	0	0	0	0	0	0	0	
汇票到期日		2022 年 1 月 14 日																
备注：			承兑协议编号					交易合同号码										
			负责：（公章略）				经办：											

借：应付票据　　　　　　　　　　　　　　100 000

贷：银行存款　　　　　　　　　　　　　　100 000

根据上述业务，编制记账凭证，见表 7-27。

表 7-27 付款凭证 附件：2 张

贷方科目：银行存款　　　　　2022 年 1 月 14 日　　　　　银付字第××号

摘要	借方科目		账页	金　额									
	一级科目	二级或明细科目		千	百	十	万	千	百	十	元	角	分
支付银行汇票100 000元	应付票据	银行承兑汇票			1	0	0	0	0	0	0	0	0
合　　计					¥	1	0	0	0	0	0	0	0

会计主管：肖丽　　　记账：张子非　　　出纳：侯明　　　审核：杨东　　　填制：

【例 7-11】伟业联合有限公司 2022 年 1 月 20 日，从加丽达公司购买一台机器设备，价款共计 52 650 元，采用加急电汇结算方式支付全部款项，电汇凭证回单见表 7-28。

表 7-28 中国工商银行电汇凭证

普通□　　加急☑　　　　　委托日期：2022 年 1 月 20 日

汇款人	全称	伟业联合有限公司			收款人	全称	加丽达公司										
	账号或住址	2367871208088075				账号或住址	5670827538476984										
	汇出地点	深圳市县	汇出行名称	工商银行深圳福田支行		汇入地点	广州市县	汇入行名称	建设银行广州蓝宇支行								
金额	人民币（大写）	⊗伍万贰仟陆佰伍拾元整						千	百	十	万	千	百	十	元	角	分
										¥	5	2	6	5	0	0	0
支付密码					客户签章											
附加信息及用途：					录入　　　　　复核											

借：固定资产　　　　　　　　　　　　　　　　　45 000

　　应交税费——应交增值税（进项税额）　　7 650

　　贷：银行存款　　　　　　　　　　　　　　　52 650

根据上述业务，编制记账凭证，见表 7-29。

表 7-29   付款凭证   附件：3 张

贷方科目：银行存款   2022 年 1 月 20 日   银付字第＿号

摘要	借方科目		账页	金 额									
	一级科目	二级或明细科目		千	百	十	万	千	百	十	元	角	分
购买固定资产	固定资产					4	5	0	0	0	0	0	0
支付增值税	应交税费	应交增值税/进项税额					7	6	5	0	0	0	0
合　计					￥	5	2	6	5	0	0	0	0

会计主管：肖丽　　记账：张子非　　出纳：侯明　　审核：杨东　　填制：

【例 7-12】伟业联合有限公司为增值税一般纳税人，销售一批产品给大宇公司，收到转账支票。增值税专用发票上注明的售价为 30 000 元，增值税额为 5 100 元。已填制进账单，办妥有关收款手续，见表 7-30。

借：银行存款　　　　　　　　　　　　　　　　35 100
　　贷：主营业务收入　　　　　　　　　　　　　　30 000
　　　　应交税费——应交增值税（销项税额）　　　 5 100

表 7-30
深圳增值税专用发票   No：01092712
记账联

442017240　　　　　开票日期：2022 年 1 月 9 日

购货单位	名称：大宇公司 纳税人识别号：114234134977865 地址、电话：复兴北路 12 号 025－87651200 开户行及账号：中行复兴北路分理处 234180360019801					密码区	略	
货物或应税劳务名称 生产设备	规格型号	单位 台	数量 1	单价 35 100	金额 30 000	税率（%） 17%	税额 5 100	
价税合计（大写）　　⊗叁万伍仟壹佰元整						（小写）￥35 100		
销货单位	名称：伟业联合有限公司 纳税人识别号：560101400354321 地址、电话：深圳市宝安区龙华人民路 3286 号 68796547 开户行及账号：工商银行深圳北安支行 3427001909234216590					备注	560101400354321	

收款人：吴诚　　　复核：夏木　　　开票人：王兰　　　销货单位：

根据上述业务，编制记账凭证，见表 7-31。

表 7-31   **收款凭证**   附件：3 张

借方科目：银行存款   2022 年 1 月 8 日   银收字第××号

摘要	贷方科目		账页	金　额									
	一级科目	二级或明细科目		千	百	十	万	千	百	十	元	角	分
向大宇公司销售一批产品，价款为 35 100 元	主营业务收入						3	0	0	0	0	0	0
	应交税费	应交增值税/销项税额						5	1	0	0	0	0
合　　计						¥	3	5	1	0	0	0	0

会计主管：肖丽   记账：张子非   出纳：侯明   审核：杨东   填制：

2. 银行存款付出的账务处理实例

付款企业开出支票时，根据支票存根和有关原始凭证（如收款人开出的收据或发票等），及时编制付款凭证，应借记有关账户，贷记"银行存款"账户。

【例 7-13】伟业联合有限公司为增值税一般纳税人，存货采用实际成本计价。该公司从易方达公司购入一批原材料，增值税专用发票上注明的售价为 60 000 元，增值税额为 10 200 元，款项已用转账支票付讫，材料已验收入库。银行存款付款凭证，如图 7-8 所示。

中国工商银行
转账支票存根
Ⅳ V000046
科　　目：
对方科目：
出票日期 2022 年 1 月 12 日

收款人：易方达公司
金　额：70 200
用　途：购货款

单位主管　肖丽　　会计　杨东

图 7-8　转账支票存根

借：原材料   60 000
　　应交税费——应交增值税（进项税额）   10 200
　　贷：银行存款   70 200

根据上述业务，登记会计凭证，见表 7-32。

表 7-32　　　　　　　　　　　　　　**付款凭证**　　　　　　　　　　　　附件：3 张

贷方科目：银行存款　　　　　　　　2022 年 1 月 12 日　　　　　　　银付字第××号

摘要	借方科目		账页	金　额									
	一级科目	二级或明细科目		千	百	十	万	千	百	十	元	角	分
从易方达公司购入原材料，价款为 70 200 元	原材料	易方达公司					6	0	0	0	0	0	0
	应交税费	应交增值税/进项税额					1	0	2	0	0	0	0
合计						￥	7	0	2	0	0	0	0

会计主管：肖丽　　　记账：张子非　　　出纳：侯明　　　审核：杨东　　　填制：

期末，登记银行存款日记账实例，见表 7-33。

表 7-33　　　　　　　　　　　　　　**银行存款日记账**

2022年 月	日	凭证科目代码	摘要	对方科目	借　方 千百十万千百十元角分	贷　方 千百十万千百十元角分	余　额 千百十万千百十元角分
1	1		期初余额				2 2 0 0 0 0 0 0
1	9	略	向大宇公司销售一批产品		3 5 1 0 0 0 0		2 5 5 1 0 0 0 0
1	12	略	从易方达公司购入原材料			7 0 2 0 0 0 0	1 8 4 9 0 0 0 0
1	30		本月合计		3 5 1 0 0 0 0	7 0 2 0 0 0 0	1 8 4 9 0 0 0 0

7.3　其他货币资金

其他货币资金是指企业除库存现金、银行存款以外的各种货币资金，主要包括银行汇票存款、银行本票存款、信用卡存款、信用证保证金存款、存出投资款和外埠存款等。

1. 其他货币资金科目设置

企业应按其他货币资金的种类设置明细账户，并按照外埠存款的开户银行，银行汇票或本票的收款单位等设置明细账，进行明细分类核算，见表7-34。

表7-34 其他货币资金会计科目编码的设置

科目代码	总分类科目 （一级科目）	明细分类科目	
		二级明细科目	三级明细科目
1012	其他货币资金		
101201	其他货币资金	外埠存款	××银行
101202	其他货币资金	银行本票	××银行
101203	其他货币资金	银行汇票	××银行
101204	其他货币资金	信用卡	××银行
101205	其他货币资金	信用证保证金	××银行
101206	其他货币资金	存出投资款	××银行

2. 其他货币资金的账务处理

为了反映和监督其他货币资金的收支和结存情况，企业应当设置"其他货币资金"科目，借方登记其他货币资金的增加数，贷方登记其他货币资金的减少数。期末余额在借方，反映企业实际持有的其他货币资金。本科目应按其他货币资金的种类设置明细科目进行核算。

（1）银行汇票存款账务处理，如图7-9所示。

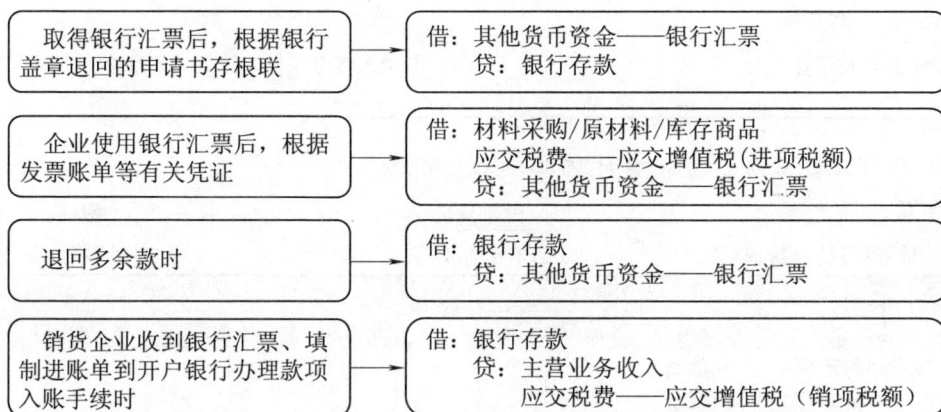

图7-9 银行汇票的账务处理

【例7-14】伟业联合有限公司为取得向乙工厂购货的银行汇票，将款项26 000元从银行账户转作银行汇票存款。购入材料已经验收入库，价款20 000元、增值税额3 400元用银行汇票办理结算。银行汇票多余款2 600元由签发银行退交企业。银行汇票申请书见表3-37。

①取得银行汇票后，根据银行盖章退回的申请书存根联编制会计分录，登记会计凭证，见表7-35。

借：其他货币资金——银行汇票　　　　　　　　　26 000

　　贷：银行存款　　　　　　　　　　　　　　　　　　26 000

表7-35

中国工商银行

银行汇票申请书（存根）　1

申请日期：2022 年 1 月 9 日　　　　　　　　　　NO. 00000021

银行打印						
申请人	业务类型	□电汇□信汇☑汇票申请书□本票申请书□其他		汇款方式	普通　□加急	
	全　称	伟业联合有限公司	收款人	全　称	乙工厂	
	账号或地址	3427001909234216590		账号或地址	0200001909235467890	
	开户行名称	工商银行深圳北安支行		开户行名称	上海汇丰银行南京路支行	
	开户银行	工商银行		开户银行	汇丰银行	

金额（大写）人民币	⊗贰万陆仟元整	千 百 十 万 千 百 十 元 角 分
		￥ 2 6 0 0 0 0 0

支付密码	××××	上列款项及相关费用请从我账户内支付
加急汇款签字		
用途	购货款	
附加信息及用途		申请人签章　沙方　（公章略）

根据上述业务，登记会计凭证，见表7-36。

表7-36　　　　　　　　　　　　　　**付款凭证**　　　　　　　　　　　附件：3 张

贷方科目：银行存款　　　　　　2022 年 1 月 12 日　　　　　　　银付字第××号

摘要	借方科目		账页	金　额									
	一级科目	二级或明细科目		千	百	十	万	千	百	十	元	角	分
签发银行汇票 26 000 元备用	其他货币资金	银行汇票				2	6	0	0	0	0	0	0
合　计					￥	2	6	0	0	0	0	0	0

会计主管：肖丽　　　记账：张子非　　　出纳：侯明　　　审核：杨东　　　填制：

②企业使用银行汇票后，根据发票账单等有关凭证编制会计分录，登记会计凭证，见表 7-37。

借：原材料　　　　　　　　　　　　　　　　　　　　20 000

　　应交税费——应交增值税（进项税额）　　　　　　　3 400

　　贷：其他货币资金——银行汇票　　　　　　　　　　　23 400

表 7-37

记 账 凭 证

2022 年 1 月 15 日　　　　　　　　字第××号

摘要	会计科目	借方金额										贷方金额										记账
		千	百	十	万	千	百	十	元	角	分	千	百	十	万	千	百	十	元	角	分	
从乙工厂购入原材料，价款 23 400 元，以银行汇票结算	原材料				2	0	0	0	0	0	0											
	应交税费——应交增值税（进项税额）					3	4	0	0	0	0											
	其他货币资金——银行汇票														2	3	4	0	0	0	0	
合计				¥	2	3	4	0	0	0	0			¥	2	3	4	0	0	0	0	

会计主管：单春明　　　　记账：陈熠　　　　审核：张燕　　　　制单：王晓

③收回多余款时，编制会计分录，登记会计凭证，见表 7-38。

借：银行存款　　　　　　　　　　　　　　　　　　2 600

　　贷：其他货币资金——银行汇票　　　　　　　　　　2 600

表 7-38　　　　　　　　**收款凭证**　　　　　　　　附件：张

借方科目：银行存款　　　　2022 年 1 月 15 日　　　　银收字第××号

摘要	贷方科目		账页	金额								
	一级科目	二级或明细科目		百	十	万	千	百	十	元	角	分
收回多余 2 600 元	其他货币资金	银行汇票					2	6	0	0	0	0
合　计						¥	2	6	0	0	0	0

会计主管：肖丽　　　记账：张子非　　　出纳：侯明　　　审核：杨东　　　填制：

（2）银行本票存款。

银行本票分为不定额本票和定额本票两种。定额本票面额为 1 000 元、5 000 元、10 000 元和 50 000 元。

申请人使用银行本票，应向银行填写"银行本票申请书"。申请人或收款人为单位的，不得申请签发现金银行本票。出票银行受理银行本票申请书，收妥款项后签发银行本票，在本票上签章后交给申请人。应根据银行签章退回的"银行本票申请书"存根联编制付款凭证。申请人应将银行本票交付给本票上记明的收款人。

收款人可以将银行本票背书转让给被背书人。银行本票的提示付款期限自出票日起最长不得超过两个月。在有效付款期内，银行见票付款。持票人超过付款期限提示付款的，银行不予受理。账务处理如图 7-10 所示。

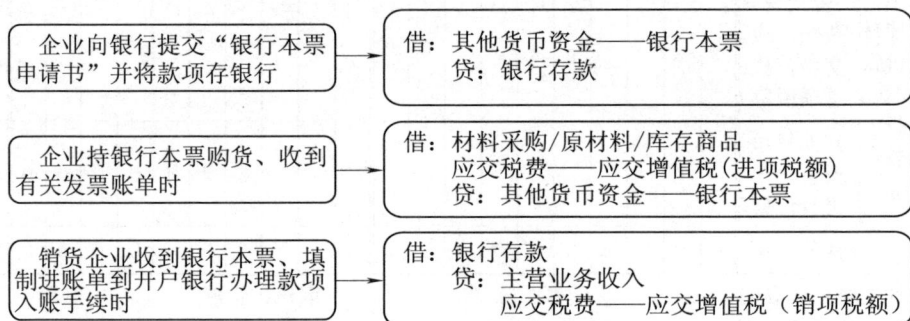

企业向银行提交"银行本票申请书"并将款项存银行	借：其他货币资金——银行本票 　　贷：银行存款
企业持银行本票购货、收到有关发票账单时	借：材料采购/原材料/库存商品 　　应交税费——应交增值税（进项税额） 　　贷：其他货币资金——银行本票
销货企业收到银行本票、填制进账单到开户银行办理款项入账手续时	借：银行存款 　　贷：主营业务收入 　　应交税费——应交增值税（销项税额）

图 7-10　银行本票存款账务处理

（3）信用卡存款账务处理，如图 7-11 所示。

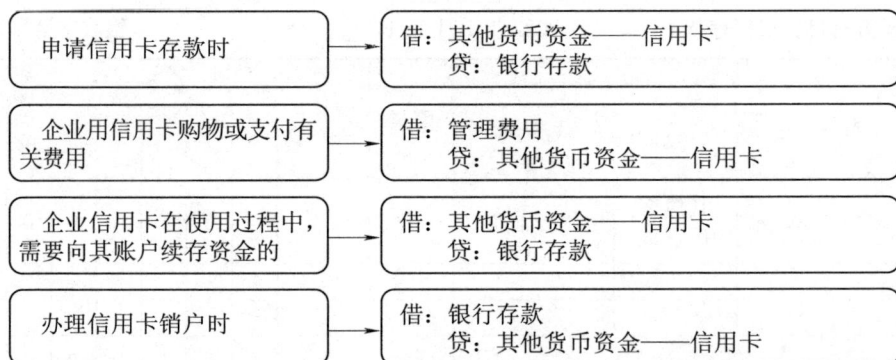

申请信用卡存款时	借：其他货币资金——信用卡 　　贷：银行存款
企业用信用卡购物或支付有关费用	借：管理费用 　　贷：其他货币资金——信用卡
企业信用卡在使用过程中，需要向其账户续存资金的	借：其他货币资金——信用卡 　　贷：银行存款
办理信用卡销户时	借：银行存款 　　贷：其他货币资金——信用卡

图 7-11　信用卡账务处理

【例 7-15】伟业联合有限公司向浦发银行申请领用信用卡，按要求于 3 月 5 日向银行交存备用金 42 000 元。3 月 10 日使用信用卡支付 2 月份水电费 9 000 元。编制会计分录为：

借：其他货币资金——信用卡　　　　　　　　　　　　42 000

　　贷：银行存款　　　　　　　　　　　　　　　　　　　42 000

根据上述业务，登记会计凭证，见表 7-39。

表 7-39　　　　　　　　　　　　　**付款凭证**　　　　　　　　　　　　附件：2 张

贷方科目：银行存款　　　　　　　　2022 年 3 月 5 日　　　　　　　　银付字第××号

摘要	借方科目		账页	金额								
	一级科目	二级或明细科目		百	十	万	千	百	十	元	角	分
申请领用信用卡 42 000 元	其他货币资金	信用卡				4	2	0	0	0	0	0
合计					¥	4	2	0	0	0	0	0

会计主管：肖丽　　　记账：张子非　　　出纳：侯明　　　审核：杨东　　　填制：李城

借：管理费用　　　　　　　　　　　　　　　　　　　9 000

　　贷：其他货币资金——信用卡　　　　　　　　　　　　9 000

（4）存出投资款账务处理，如图 7-12 所示。

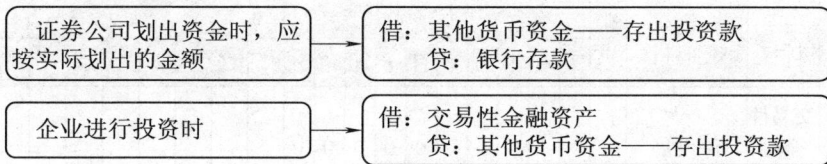

图 7-12　存出投资款账务处理

【例 7-16】伟业联合有限公司委托某证券公司从上海证券交易所购入深发展的股票，开立证券资金账户并存入资金 560 000 元。

借：其他货币资金——存出投资款　　　　　　　　　　560 000

　　贷：银行存款　　　　　　　　　　　　　　　　　　560 000

根据上述业务，登记会计凭证，见表7-40。

表 7-40   **付款凭证**   附件：2张

贷方科目：银行存款   2022 年 1 月 12 日   银付字第××号

摘要	借方科目		账页	金 额								
	一级科目	二级或明细科目		百	十	万	千	百	十	元	角	分
开立证券资金账户并存入资金560 000元	其他货币资金	存出投资款		5	6	0	0	0	0	0	0	0
合　计				¥	5	6	0	0	0	0	0	0

会计主管：肖丽   记账：张子非   出纳：侯明   审核：杨东   填制：

该证券公司从深圳证券交易所购入深发展股票 80 000 股（假设价值为 400 000 元），并将其划分为交易性金融资产。

借：交易性金融资产   400 000

   贷：其他货币资金——存出投资款   400 000

根据上述业务，登记会计凭证，见表7-41。

表 7-41

记账凭证

2022 年 1 月 15 日   记字第××号

摘要	一级科目	二级或明细科目	账页	借方金额										贷方金额									
				千	百	十	万	千	百	十	元	角	分	千	百	十	万	千	百	十	元	角	分
购入深发展股票80 000股	交易性金融资产	深发展				4	0	0	0	0	0	0	0										
	其他货币资金	存出投资款															4	0	0	0	0	0	0
合　计				¥		4	0	0	0	0	0	0	0	¥		4	0	0	0	0	0	0	0

会计主管：单春明   记账：陈熠   审核：张燕   制单：王晓

7.4 外币业务

7.4.1 外币业务账户设置

外币业务，是指企业以非记账本位币的其他货币进行款项支付、往来结算和计价的经济业务。外币业务的账务处理有外币统账制和外币分账制两种方法。

（1）外币统账制又称为本币记账法，是指企业发生外币业务时，必须及时折算为记账本位币记账，并以此编制会计报表的制度。企业发生外币业务笔数不多时，可以采用外汇统账制。

（2）外币分账制又称原币记账法，是指企业对外币业务在日常核算时按照外币原币进行记账，分别用不同的外币币种核算其所实现的损益，编制各种货币币种的会计报表，在资产负债表日一次性地将外币会计报表折算为记账本位币表示的会计报表，并与记账本位币业务编制的会计报表汇总编制整个企业一定会计期间的会计报表的制度。

为了进行外币核算，应设置外汇货币性项目的核算账户，见表 7-42。

表 7-42 外币账户的设置

账户种类	具体设置
外汇货币资金账户	库存现金——外币现金、银行存款——外汇存款
外汇结算的债权账户	应收账款——应收外汇账款、应收票据——应收外汇票据、预付账款——预付外汇账款
外汇结算的债务账户	长（短）期借款——长（短）期外汇借款、应付账款——应付外汇账款、应付票据——应付外汇票据、预收账款——预收外汇账款

7.4.2 外币业务核算

1. 外币兑换交易

【例 7-17】伟业联合有限公司从银行购入 22 万美元，当日银行卖出价为

1 美元＝6.95 元人民币，账务处理如下，相关账表见表7-43、表7-44。

借：银行存款——美元（220 000×6.95）　　　　　1 529 000

贷：银行存款——人民币（实际支付金额）　　　　　1 529 000

表 7-43　　　　　　　　　　　　**购买外汇申请书**

____工商银行深圳北安支行____　银行分/支行：

我司现按国家外汇管理局有关规定向贵行提出购汇申请，并随附有关凭证，请审核并按当日牌价办理售汇。

单位名称	伟业联合有限公司	人民币账户	3427001909234216590
		外汇账户	08622568430
购汇金额美元（大小写）	贰拾贰万元整 220 000	当日汇率　1∶6.95　折合人民币（大小写）	¥1 529 000　壹佰伍拾贰万玖仟元整
购汇支付方式	☑支票　　□银行汇票　　□银行本票　□扣账　　□其他		
购汇用途	☑进口商品　　□从属费用　　□索赔退款　　□还贷　　□其他		
对外结算方式	☑信用证　　□代收　　□汇款　　（□货到付款　　□预付货款）		
业务参考	商品名称	略	数　量	略
	合同号	略	发票号	略
	合同金额	略	发票金额	略
	核销单号	略	信用证号	略
进口商品类型	☑一般进口商品　□控制，批文随附如下：　□进口证明　　□许可证　　□登记证明　　□其他批文　批文号码：　　　　　　　批文有效期：		
申请人栏		银行专用栏	
申请单位：伟业联合有限公司（盖章）　★　财务专用章　联系人：侯明　电话：63410543　　　　2022年1月25日		银行审批意见：同意　经办　张平　复核　王烈　审批　孟阡　　2022年1月25日	

216

表 7-44   外汇会计账簿（结售汇、套汇）

机构号码：091076535   日期：2022 年 1 月 27 日

业务编号				业务类型		售汇		起息日	
借方或付款单位	名 称	伟业联合有限公司		贷方或收款单位	名 称		汇出汇款		
	账 号	02322568741			账 号				
	币种与金额	CNY：1 529 000			币种与金额		USD220 000		
	汇率/利率	6.95	开户行		汇率/利率		6.95		
收汇金额			发票号		挂销单号		工商银行深圳北安支行 2022.1.27 业务清讫		
交易摘要	购汇 USD220 000								

交易代码   授权   复核 夏睿   经办 郭桐旭

根据上述业务，登记会计凭证，见表 7-45。

表 7-45

记账凭证

2022 年 1 月 27 日   字第××号

摘要	会计科目	美元金额											汇率	借方人民币金额											贷方人民币金额											记账
		千	百	十	万	千	百	十	元	角	分			千	百	十	万	千	百	十	元	角	分	千	百	十	万	千	百	十	元	角	分	
购入外汇22万美元	银行存款/美元户			2	2	0	0	0	0	0	0	6.95		1	5	2	9	0	0	0	0	0												
	银行存款/人民币																								1	5	2	9	0	0	0	0	0	
合计														¥	1	5	2	9	0	0	0	0	0	¥	1	5	2	9	0	0	0	0	0	

会计主管：肖丽   记账：张子非   出纳：侯明   审核：杨东   填制：

2. 外币购销交易

企业从国外或境外购进存货、引进设备或者以外币结算购货款，应按照交易日的即期汇率或即期汇率近似的汇率将外币折算为人民币金额，以确定购进物资的入账价值，同时还应按照外币折算为人民币金额登记支付的款项形成的债务等有关外币账户。

企业承包国外或境外建安工程项目或者以外币结算合同价款，则应按照交易日的即期汇率或即期汇率近似的汇率，将外币合同收入折算为人民币金额，登记取得的款项或发生的债权等有关外币账户。

【例 7-18】伟业联合有限公司从境外购入一台施工设备，设备价款和境外运费共 1 300 000 美元，货款未付，关税及境内运费共 23 000 元人民币，已用银行存款支付。当日市场汇率为 1 美元＝6.91 元人民币。账务处理如下：

借：固定资产　　　　　　　　　　　　　　9 006 000
　　贷：应付账款——美元（原币×当日市场汇率）（1 300 000×6.91）
　　　　　　　　　　　　　　　　　　　　　　　　8 983 000
　　　　银行存款——人民币　　　　　　　　　　　　23 000

根据上述业务，登记会计凭证，见表 7-46。

表 7-46　　　　　　　　　　　　　记账凭证

2022 年 1 月 27 日　　　　　　　　　　　　　字第××号

摘要	会计科目	美元金额 千百十万千百十元角分	汇率	借方人民币金额 千百十万千百十元角分	贷方人民币金额 千百十万千百十元角分	记账
从境外购入一台施工设备	固定资产	1 3 0 0 0 0 0 0 0	6.91	9 0 0 6 0 0 0 0 0		
	应付账款/美元户				8 9 8 3 0 0 0 0 0	
	银行存款/人民币				2 3 0 0 0 0 0	
合计				¥9 0 0 6 0 0 0 0 0	¥9 0 0 6 0 0 0 0 0	

会计主管：肖丽　　　记账：张子非　　　出纳：侯明　　　审核：杨东　　　填制：

3. 外币借款交易

外币借款交易，即企业从银行或其他金融机构取得外币借款以及归还借款的业务。企业借入外币资金时，按照借入外币时的即期汇率折算为记账本位币入账，同时按照借入外币的金额登记相关的外币账户。

【例 7-19】伟业联合有限公司以业务发生日为即期汇率作为记账汇率。从银行借入 300 000 美元，当日即期汇率为 1 美元＝6.94 元人民币。账务处理如下：

借：银行存款——美元（300 000×6.94）　　　　2 082 000

　　贷：短期借款——美元　　　　　　　　　　　2 082 000

外币借款凭证凭据，见表 7-47，进账单见表 7-48。

表 7-47　　　　　　中国工商银行外币借款凭证（借据）　　1

总字第（××）号
字第××号

信银贷字第××号　　　　　　　　2022 年 1 月 15 日

借款人全称	伟业联合有限公司			贷款户账号	3210001909234213213									
贷款种类	短期借款	利率	年 6%	存款户账号	08622568430									
贷款金额（美元）	（大写）叁拾万元整				千	百	十	万	千	百	十	元	角	分
						$	3	0	0	0	0	0	0	0
借款原因或用途	设备款	约定还款期		2023 年 4 月 14 日										
根据你的贷款方法，借到上列贷款，特立借据存查。 　　　　借款人盖章 　　（预留银行印鉴）　【轩钟印铎】				信贷部门审批意见： 会计分录： （借）_____ （贷）_____ 会计：　　记账：										

银行进账单，见表 7-48。

表 7-48　　　　　　中国银行进账单（回单或收账通知）

进账日期：2022 年 1 月 17 日

第××号

收款人	全称	伟业联合有限公司	付款人	全称	工商银行深圳北安支行										此联给收款人的收账通知
	账号	08622568430		账号	×××××										
	开户银行	工商银行深圳北安支行		开户银行											
美元（大写）：叁拾万元整					千	百	十	万	千	百	十	元	角	分	
							$	3	0	0	0	0	0	0	
票据种类		转账支票	收款人开户银行盖章												
票据张数		1													
主管　会计　复核　记账　【伟业联合有限公司 ★ 财务专用章】			【深圳工商银行龙华支行 2022.1.17 业务清讫】												

根据上述业务，登记会计凭证，见表7-49。

表7-49

记账凭证

2022年1月17日　　　　　　　　　　　　　　　　　　字第××号

摘要	会计科目	美元金额										汇率	借方人民币金额										贷方人民币金额										记账
		千	百	十	万	千	百	十	元	角	分		千	百	十	万	千	百	十	元	角	分	千	百	十	万	千	百	十	元	角	分	
从银行借入30万美元	银行存款/美元户			3	0	0	0	0	0	0	0	6.94		2	0	8	2	0	0	0	0	0											
	短期借款/人民币																								2	0	8	2	0	0	0	0	0	
合计													¥	2	0	8	2	0	0	0	0	0	¥	2	0	8	2	0	0	0	0	0	

会计主管：肖丽　　记账：张子非　　出纳：侯明　　　审核：杨东　　　填制：

4. 接受外币资本投资

接受外币资本投资，即所有者以外币作为资本投入企业的业务。企业收到所有者以外币投入的资本，无论是否有合同约定汇率，均不得采用合同约定汇率和即期汇率的近似汇率折算，而是采用交易日即期汇率折算，外币投入资本不会产生汇兑差额。

【例7-20】某中外合资经营企业采用人民币作为记账本位币，外币业务采用交易发生日的即期汇率折算。该企业注册资本为400万美元，合同约定分两次投入，约定折算汇率为1：6.3。中、外投资者分别于2021年1月1日和3月1日投入200万美元和150万美元。2021年1月1日、3月1日、3月31日和12月31日美元对人民币的汇率分别为1：6.93、1：6.95、1：6.99和1：6.97。账务处理如下：

借：银行存款——美元（2 000 000×6.93＋1 500 000×6.95）

　　　　　　　　　　　　　　　　　　　24 285 000

　　贷：实收资本——美元　　　　　　　24 285 000

根据上述业务，登记会计凭证，见表7-50。

表 7-50

记账凭证

2022 年 1 月 17 日 字第××号

摘要	会计科目	美元金额 千	百	十	万	千	百	十	元	角	分	汇率	借方人民币金额 千	百	十	万	千	百	十	元	角	分	贷方人民币金额 千	百	十	万	千	百	十	元	角	分	记账
收到实收资本350万美元	银行存款/美元户		2	0	0	0	0	0	0	0	0	6.93	1	3	8	6	0	0	0	0	0	0											
			1	5	0	0	0	0	0	0	0	6.95	1	0	4	2	5	0	0	0	0	0											
	实收资本																						2	4	2	8	5	0	0	0	0	0	
合计													2	4	2	8	5	0	0	0	0	0	2	4	2	8	5	0	0	0	0	0	

会计主管：肖丽　　　记账：张子非　　　出纳：侯明　　　审核：杨东　　　填制：

5. 期末外币项目余额的会计处理

（1）对于外币货币性项目，应当采用资产负债表日的即期汇率折算，因汇率波动而产生的汇兑差额作为财务费用，计入当期损益，同时调增或调减外币货币性项目的记账本位币金额。

【例 7-21】伟业联合有限公司外币业务采用业务发生时的即期汇率进行折算，按月计算汇兑损益。5 月 20 日对外销售产品发生应收账款 450 000 欧元，当日的市场汇率为 1 欧元＝7.35 元人民币。6 月 10 日收到该应收账款，当日市场汇率为 1 欧元＝7.34 元人民币。6 月 30 日结汇局的市场汇率为 1 欧元＝7.28 元人民币。

表 7-51

记账凭证

2021 年 5 月 20 日 字第　　号

摘要	会计科目	欧元金额 千	百	十	万	千	百	十	元	角	分	汇率	借方人民币金额 千	百	十	万	千	百	十	元	角	分	贷方人民币金额 千	百	十	万	千	百	十	元	角	分	记账
对外销售商品，价款 4 500 000 欧元	应收账款/欧元户		4	5	0	0	0	0	0	0	0	7.35	3	3	0	7	5	0	0	0	0	0											
	主营业务收入																						3	3	0	7	5	0	0	0	0	0	
合计													¥	3	3	0	7	5	0	0	0	0	0	¥	3	3	0	7	5	0	0	0	

会计主管：肖丽　　　记账：张子非　　　出纳：侯明　　　审核：杨东　　　填制：

销售时：

借：应收账款——欧元户　　　　3 307 500（450 000×7.35）

　　　贷：主营业务收入　　　　　　　　　　　　　3 307 500

根据上述业务，登记会计凭证，见表7-51。

收到时：

借：银行存款欧元户　　　　　　3 303 000（450 000×7.34）

　　财务费用　　　　　　　　　　4 500〔450 000×（7.35－7.34）〕

　　　贷：应收账款——欧元户　　　3 307 500（450 000×7.35）

根据上述业务，登记会计凭证，见表7-52。

月末结汇：

借：财务费用　　　　　　　　　27 000〔450 000×（7.34－7.28）〕

　　银行存款——人民币　　　　　3 276 000

　　　贷：银行存款——欧元户　　　　　　　　　　3 303 000

根据上述业务，登记会计凭证，见表7-53。

表 7-52

记账凭证

2021 年 6 月 10 日　　　　　　　　　　　　　　　　字第××号

摘要	会计科目	欧元金额										汇率	借方人民币金额										贷方人民币金额										记账
		千	百	十	万	千	百	十	元	角	分		千	百	十	万	千	百	十	元	角	分	千	百	十	万	千	百	十	元	角	分	
收到货款 450 000 欧元	银行存款		4	5	0	0	0	0	0	0	0	7.34		3	3	0	3	0	0	0	0	0											
	财务费用																	4	5	0	0	0											
	应收账款/欧元户											7.35												3	3	0	7	5	0	0	0	0	
合计													¥	3	3	0	7	5	0	0	0	0	¥	3	3	0	7	5	0	0	0	0	

会计主管：肖丽　　　记账：张子非　　　　出纳：侯明　　　审核：杨东　　　填制：

表 7-53

记账凭证

2021 年 6 月 10 日　　　　　　　　　　　　　　　　　字第××号

摘要	会计科目	欧元金额	汇率差额	借方人民币金额	贷方人民币金额	记账
结转销售商品汇率损失	财务费用	4 5 0 0 0 0 0 0	0.06	2 7 0 0 0 0 0		
	银行存款/欧元户				3 3 0 3 0 0 0 0 0	
	银行存款/人民币			3 2 7 6 0 0 0 0 0		
合计				¥3 3 0 3 0 0 0 0 0	¥3 3 0 3 0 0 0 0 0	

会计主管：肖丽　　　记账：张子非　　　　出纳：侯明　　　审核：杨东　　　填制：

（2）非货币性项目，是指包括存货、长期股权投资、固定资产、无形资产、实收资本、资本公积等。

对于以历史成本计量的外币非货币性项目，除其外币币值发生变动外，已在交易发生日按当日即期汇率折算，资产负债表日不应改变其原记账本位币金额，不产生汇兑差额。例如，实收资本。

由于存货在资产负债表日采用成本与可变现净值孰低计量，因此在以外币购入存货，并且该存货在资产负债表日的可变现净值以外币反映的情况下，在计提存货跌价准备时应当考虑汇率变动的影响。

【例 7-22】伟业联合有限公司以人民币为记账本位币，外币业务采用交易发生时的即期汇率结算。2021 年 11 月 20 日以每台 1 100 美元的价格从美国某供货商手中购入国际最新型号 H 商品 10 台，并于当日以美元支付了相应货款。2021 年 12 月 31 日，已售出 H 商品 2 台，国内市场仍无 H 商品供应，但 H 商品在国际市场价格已降至每台 960 美元。11 月 20 日的即期汇率为 1 美元＝6.96 元人民币，12 月 31 日的即期汇率为 1 美元＝6.82 元人民币。假定不考虑增值税等相关税费。

2021 年 12 月 31 日，伟业联合有限公司应计提的存货跌价准备＝1 100×
8×6.96－960×8×6.82＝61 248－52 377.60＝8 870.40（元）

借：资产减值损失　　　　　　　　　　　8 870.40

　　贷：存货跌价准备　　　　　　　　　　　8 870.40

根据上述业务，登记会计凭证，见表 7-54。

表 7-54

记账凭证

总号_____

2021 年 12 月 31 日

转字第××号

摘要	一级科目	二级或明细科目	账页	借方金额									贷方金额								
				百	十	万	千	百	十	元	角	分	百	十	万	千	百	十	元	角	分
计提存货跌价准备	资产减值损失					8	8	7	0	4	0										
	存货跌价准备														8	8	7	0	4	0
合　计				¥	8	8	7	0	4	0			¥	8	8	7	0	4	0		

会计主管：肖丽　　　记账：张子非　　　出纳：侯明　　　审核：杨东　　　填制：

6. 银行流水

银行流水是指银行活期账户（包括活期存折和银行卡）的存取款交易记录。根据账户性质不同，分为个人流水和对公流水。银行流水是证明个人或公司收入情况的一种证明材料，是向银行申请贷款所必需的材料，相关机构从其贷方发生额能大概看出企业现金流入的情况，据此初步判断企业销售收入是否造假，是否具备偿债能力。公司每个月与银行对账使用的银行对账单也相当于银行流水。

第 8 章

职工薪酬的核算

  职工薪酬，是指企业为获得职工提供的服务或解除劳动关系而给予的各种形式的报酬或补偿。职工薪酬包括短期薪酬、离职后福利、辞退福利和其他长期职工福利。企业提供给职工配偶、子女、受赡养人、已故员工遗属及其他受益人等的福利，也属于职工薪酬。

8.1 应付职工薪酬科目设置与核算内容

根据财政部 2014 年修订《企业会计准则第 9 号——职工薪酬》，工资核算应通过应付职工薪酬一级科目，分别设置二级科目"工资""社会保险费""住房公积金""职工福利费""职工教育经费""工会经费""辞退福利"等。

8.1.1 应付职工薪酬科目核算的内容

1. 职工的范围

（1）与企业订立劳动合同的所有人员，含全职、兼职和临时职工。

（2）虽未与企业订立劳动合同，但由企业正式任命的人员，如董事会成员、监事会成员等。

（3）未与企业订立劳动合同或未由其正式任命，但向企业所提供服务与职工所提供服务类似的人员，也属于职工的范畴，包括通过企业与劳务中介公司签订用工合同而向企业提供服务的人员。

2. 职工薪酬核算内容

（1）职工工资、奖金、津贴和补贴。

（2）职工福利费；医疗保险费、养老保险费、失业保险费、工伤保险费和生育保险费等社会保险费。

（3）住房公积金；工会经费和职工教育经费。

（4）非货币性福利。

（5）因解除与职工的劳动关系给予的补偿等。

（6）其他与获得职工提供的服务相关的支出。

8.1.2 应付职工薪酬——工资

"应付职工薪酬——工资"核算的是工资薪金总额，工资薪金总额包括企业按照实际发放的工资薪金总和，主要由计时工资、计件工资、奖金、津贴和补贴、加班加点工资、特殊情况下支付的工资组成，不包括企业的职工福利费、职工教育经费、工会经费以及养老保险费、医疗保险费、失业保险费、工伤保险费、生育保险费等社会保险费和住房公积金。

在汇算清缴时，一般企业都要填写《职工薪酬纳税调整明细表》，其中第一项需要填写的就是"工资薪金支出"，"应付职工薪酬——工资"科目核算的就是这项内容。

计提和发放工资是企业财务人每月都要进行的一项基本工程。但从各个企业实际账务处理看，工资核算使用的科目和分录都不尽相同。原因是部分企业财务人员处理不规范，这不仅使会计信息失真，而且也影响日后企业所得税汇算清缴。另外，职工福利费、职工教育经费与工会经费税前扣除金额不准确，导致企业发生损失。计提工资会计分录，见表8-1。

表 8-1   计提工资

业务情形	账务处理
企业进行工资分配时	借：生产成本 　　制造费用 　　销售费用 　　在建工程 　　研发支出 　　管理费用 　贷：应付职工薪酬——工资
月末，根据工资分配单，按照实发数额	借：应付职工薪酬——工资 　贷：银行存款

业务情形	账务处理
结转代扣款时	借：应付职工薪酬——工资 　　贷：其他应付款
结转代扣个人所得税时	借：应付职工薪酬——工资 　　贷：应交税费——个人所得税
应由职工个人负担的社会保险费和住房公积金	借：应付职工薪酬——工资 　　贷：其他应付款
应由企业负担的社会保险费和住房公积金	借：生产成本 　　制造费用 　　管理费用 　　销售费用 　　在建工程 　　研发支出 　　贷：应付职工薪酬——社会保险费（住房公积金）

【例 8-1】 深圳吉祥鸟服装有限公司 2021 年 5 月工资结算表，见表 8-2。

表 8-2 　　　　　　　　　　　　　　**工资结算汇总表**

2021 年 5 月

人员类别	基本工资	计件工资	奖金	津贴和补贴	合计	社会保险费用（个人缴纳）	代扣个人所得税	实发工资
裁剪车间	180 000	14 000	9 200	8 200	211 400	713 008	12 000	128 099.2
版型车间	120 000	8 000	10 400	2 700	141 100	8 950	11 000	121 150
熨烫车间	104 000	12 000	7 900	16 500	140 400	9 000	13 100	118 300
管理部门	450 000	86 000	45 000		581 000	32 000	31 500	517 500
销售部门	380 000	59 000	142 000		581 000	31 000	31 500	518 500
合计	1 234 000	179 000	214 500	27 400	1 654 900	152 250.8	99 100	1 403 549.2

根据工资结算业务，作会计分录。

（1）计提工资 1 654 900 元。

借：生产成本——裁剪车间　　　　　　　　　　211 400

	——版型车间	141 100
	——熨烫车间	140 400
管理费用		581 000
销售费用		581 000

   贷：应付职工薪酬——工资   1 654 900

（2）计提职工个人缴纳的社会保险费 152 250.8 元。

  借：应付职工薪酬——工资   152 250.8

   贷：其他应付款   152 250.8

（3）结转代扣个人所得税 99 100 元。

  借：应付职工薪酬——工资   99 100

   贷：应交税费——应交个人所得税   99 100

（4）通过银行转账方式，实际发放工资 1 403 549.20 元。

  借：应付职工薪酬——工资   1 403 549.20

   贷：银行存款   1 403 549.20

8.1.3 职工福利费的核算

  职工福利费包括发放给职工或为职工支付的以下各项现金补贴和非货币性集体福利。

  （1）为职工卫生保健、生活等发放或支付的各项现金补贴和非货币性福利，包括职工因公外地就医费用、暂未实行医疗统筹企业职工医疗费用、职工供养直系亲属医疗补贴、职工疗养费用、自办职工食堂经费补贴或未办职工食堂统一供应午餐支出、符合国家有关财务规定的供暖费补贴、防暑降温费等。

  （2）企业尚未分离的内设集体福利部门所发生的设备、设施和人员费用，包括职工食堂、职工浴室、理发室、医务所、托儿所、疗养院、集体宿舍等集体福利部门设备、设施的折旧、维修保养费用以及集体福利部门工作人员的工资薪金、社会保险费、住房公积金、劳务费等人工费用。

  （3）职工困难补助，或者企业统筹建立和管理的专门用于帮助、救济困难职工的基金支出。

（4）离退休人员统筹外费用，包括离休人员的医疗费及离退休人员其他统筹外费用。企业重组涉及的离退休人员统筹外费用，按照《财政部关于企业重组有关职工安置费用财务管理问题的通知》（财企〔2009〕117 号）执行。国家另有规定的，从其规定。

（5）按规定发生的其他职工福利费，包括丧葬补助费、抚恤费、职工异地安家费、独生子女费、探亲假路费，以及符合企业职工福利费定义但没有包括在本通知各条款项目中的其他支出。

> 相关规定：
>
> 企业为职工提供的交通、住房、通信待遇，已经实行货币化改革的，按月、按标准发放或支付的住房补贴、交通补贴或者车改补贴、通讯补贴，应当纳入职工工资总额，不再纳入职工福利费管理；尚未实行货币化改革的，企业发生的相关支出作为职工福利费管理，但根据国家有关企业住房制度改革政策的统一规定，不得再为职工购建住房。

《中华人民共和国企业所得税法实施条例》第四十条规定：企业发生的职工福利费支出，不超过工资薪金总额 14% 的部分，准予扣除。

8.1.4　社会保险费的含义与计提

根据《社会保险费申报缴纳管理规定》，社会保险费是指由用人单位及其职工依法参加社会保险并缴纳的职工基本养老保险费、职工基本医疗保险费、工伤保险费、失业保险费和生育保险费。税法规定，企业依照国务院有关主管部门或者省级人民政府规定的范围和标准为职工缴纳的基本养老保险费、基本医疗保险费、失业保险费、工伤保险费、生育保险费等基本社会保险费和住房公积金，准予扣除。但为职工购买的商业保险、补充养老、医疗保险不可以全额在企业所得税前扣除。

根据《关于补充养老保险费补充医疗保险费有关企业所得税政策问题的通知》（财税〔2009〕27 号）规定：自 2008 年 1 月 1 日起，企业根据国家有关政策规定，为在本企业任职或者受雇的全体员工支付的补充养老保险费、补充医疗保险费，分别在不超过职工工资总额 5% 标准内的部分，在计算应纳税所得额时准予扣除；超过的部分，不予扣除。

企业和个人缴纳社会保险费明细，见表8-3。

表8-3　　　　　　　　　　　企业和个人缴纳社会保险费明细

类别	养老保险费		医疗保险费		失业保险费		工伤保险费		生育保险费		总计
工资基数	1 654 900		1 654 900		1 654 900		1 654 900		1 654 900		
单位	16%	264 784	10%	165 490	1%	16 549	0.3%	4 964.70	0.8%	13 239.20	465 026.90
个人	8%	132 392	1%	16 549	0.2%	3 309.80	0	0	0	0	152 250.8
合计		397 176		182 039		19 858.80		4 964.70		13 239.20	617 277.7

编制单位承担社会保险费会计分录。

借：生产成本　　　　　　　　　　　　　　465 026.90

　　贷：应付职工薪酬——社会保险费　　　　　465 026.90

缴纳社保时：

借：应付职工薪酬——社会保险费　　　　　465 026.90

　　贷：银行存款　　　　　　　　　　　　465 026.90

8.2　应付工会经费和职工教育经费的计提与应用

工会经费是按照国家规定由企业负担的用于工会活动方面的经费（2%），职工教育经费是按国家规定由企业负担的用于职工教育方面的经费。

根据《中华人民共和国企业所得税法实施条例》（国务院令第512号）第四十一条规定：企业拨缴的工会经费，不超过工资薪金总额2%的部分，准予扣除。《财政部　税务总局关于企业职工教育经费税前扣除政策的通知》（财税〔2018〕51号文）规定：企业发生的职工教育经费支出，不超过工资薪金总额8%的部分，准予扣除；超过部分，准予在以后纳税年度结转扣除。

根据新会计准则的规定，工会经费和职工教育经费不用计提，发生时据实列支工会经费和教育经费的使用。账务处理如下：

借：生产成本或管理费用或销售费用——工会经费（或职工教育经费）

　　贷：银行存款/库存现金

【例 8-2】承上例，本月发生工会经费支出 10 000 元，教育培训费 4 000 元，均以银行存款支付。

借：生产成本或管理费用——工会经费　　　　　10 000

　　　　　　　　　　　　——职工教育经费　　　　 4 000

　　贷：银行存款　　　　　　　　　　　　　　　　 14 000

第 *9* 章
费用报销的管理与核算

　　企业日常费用报销主要包括差旅费、办公费、业务招待费、培训费、通信费、交通费等。费用报销一般有两种方式：一是事前预支资金，事后报销费用；二是事中先行垫资，事后费用报销。

9.1　费用报销基本要求与管理制度

一般来说，企业都会制定报销管理制度，目的是规范报销管理，减少财务风险，杜绝多报、虚报费用的问题。建立分层审核，审批制度，保证费用报销合理、合法。

9.1.1　费用报销基本要求

财务部负责制定企业费用报销制度，各职能部门负责人负责审核本部门报销凭证和按规定权限进行审批。

企业员工报销费用需要提供合法、真实有效的发票或者财务部门监制的行政事业单位收费收据。任何不符合报销规定的单据，财务部门有权拒绝，各级负责人审核、审批也不应予以签字。

(1) 发票抬头必须填写公司全称，不得多字、少字或错字。若是定额发票，票面上要求填写单位名称的，也应填写完整。增值税专用发票必须按发票格式逐栏正确填写和签章，任何项目填写的内容与实际不符的一律不予报销。汇总开具的专用发票，必须有一份增值税专用发票销货清单附件，否则不予报销。有密码的增值税发票，右上角的密码不得有任何损坏迹象，否则由经办人负责退回。

(2) 发票一般不得跨年度报销。

(3) 发票内容应与真实的业务一致，不同类型的发票应按经济业务的类型分项整理填写在费用报销单上。

(4) 发票项目栏应填列完整，如果所开货物品种多于 8 种，应提供发货清单。详细罗列具体的商品名称、数量、单价、金额并加盖发票专用章或财务专用章。

（5）发票金额大小写必须一致，数量、单位、单价必须匹配。经办人在填写"费用报销单"时，将费用的发生原因、金额、时间等 填写齐全，并签署自己的名字。尤其是金额，并要保证费用金额的大小写必须一致，否则无效。

（6）所取得的发票上的印章应为"发票专用章"。

（7）发票不得涂改，应保持票面整洁干净。

（8）除财政部门监制的行政事业单位收费收据外，其他收据原则上不能作为报销凭证。

（9）不符合以上要求的票据，公司财务部有权退回当事人，并要求其重新提供合法有效的票据。

9.1.2　报销单填写、粘贴的要求

企业通常自己制作报销粘贴单，虽然形式不一，但一定包括这么几项：报销人、报销金额、单据张数、证明人、部门负责人、财务负责人、单位负责人、备注等，见表 9-1。

表 9-1　　　　　　　　　　报 销 粘 贴 单

单位名称：深圳吉祥鸟服装有限公司　　　　年　　　月　　　日

	公司负责人	
	财务部负责人	
	会计	
	部门名称	
	部门负责人	
	报销人	
	报销金额	
	单据张数	
	备注：	
（此单作为凭证附件张数）		

报销单填写与粘贴要求如下：

（1）报销单一律用黑色或蓝色钢笔或者签字笔填写，不得使用圆珠笔填写，以防日久褪色。

（2）费用报销所附票据（面积小于报销单）应从右到左粘贴在粘贴单上，票据四边不能超过粘贴单宽度，并且平铺粘贴，具备层次感，不得将大量票据重叠粘贴。票据较多时可以多使用几张粘贴单，每张粘贴单上单据数量要适度，并保持单据平整，厚度均匀。票据过大时应按费用报销单大小折叠好，票据不得突出于粘贴单和费用报销单之外。

（3）宽度、长度不一致的票据尽量分开粘贴，不同金额的票据分类粘贴，便于核实。

（4）单据整理以同一类票据所发生的时间先后为顺序。整理有序的报销凭据，正面向上，左上角对齐，粘贴平整，中间不鼓包，两侧与报销单等宽，当报销凭据比报销单长时，折叠平整。

（5）报销单粘贴时注意不能把凭据票面的金额粘贴住，容易导致审稽金额与报销金额不符。

（6）合计金额大写时必须注意：前面用"¤"封顶，后面用大写"零"补足。

（7）报销单或者付款单应按照项目填写完整、清楚，不得涂改。报销金额必须保持大小写一致，填写大写金额时应在最高位的上一位封顶（符号为"¤"），其余位置（包括角、分位）若没有数字必须填写"零"。不能用"×""——""0""另"等符号表示。

报销费用时间规定如下：

（1）一般性的费用报销，原则上在业务发生后 1 个月内到公司财务报账。

（2）原则上当月的费用应在当月报销完毕，不得无故将费用延后。所有费用需在年度终了（12 月 31 日）前报销完毕，一般不得留待在第二个年度结算。

9.1.3 费用报销审核与报销流程

1. 费用报销单审核

日常费用指日常发生的、经常性的、金额较小的费用类（不含货款、加工费、工资），该类费用报销时，一律使用"报销粘贴单"进行报销；"费用报销单"后附发票（收据）、入库单、请购单（申请单）、送货单等；"费用报销单"和附件内容、大小写金额必须一致，如有不一致者，按最小金额报销；附件一律用胶水粘贴在"报销粘贴单"后面，并保证正面朝上，不得倒置。

2. 报销流程

员工应自行将报销附件粘贴于"报销粘贴单"后，并按"报销粘贴单"上内容填写完整并在报销人处签字；报销单送本部门负责人复核并签字；报销人送报销单至财务部，由会计审核；经审核无误的"费用报销单"送呈单位负责人审批；出纳根据单位负责人审批后的报销单支付款项或结清借款。报销流程如图 9-1 所示。

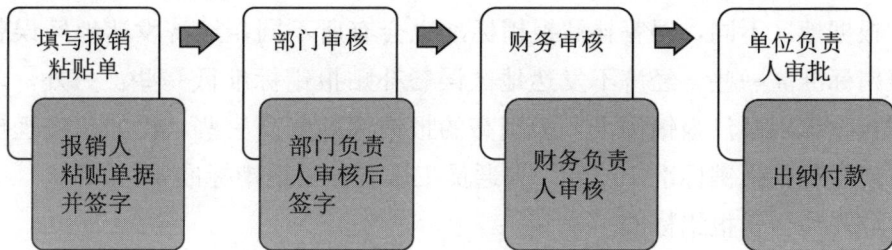

图 9-1　报销流程

9.2　日常费用报销业务具体处理流程

出纳支付现金业务很大一部分来自费用报销，如差旅费报销、办公费报销、培训费报销。

9.2.1　差旅费报销业务流程与会计处理

企业差旅费报销是出纳经常处理的业务之一，企业财务部一般会制订差旅费报销标准，对乘坐的交通工具、误餐补助、住宿标准等均会做出详细的规定。

1. 报销标准

企业对出差时乘坐交通工具、误餐补贴、住宿等有具体报销标准。

（1）交通工具报销标准。

企业会对员工出差乘坐的交通工具，如飞机、火车、轮船等做出具体规定。比如乘坐飞机，有些企业规定不允许坐头等舱、公务舱，只能乘坐经济舱，若私自乘坐头等舱、公务舱，费用自付。所以财务人员审核飞机行程单时要注意本企业的相关规定，超标的部分不予报销。乘坐火车也有规定，比如乘坐火车连续 8 小时以上或晚上乘坐火车超过 6 小时，允许购买卧铺车票。乘坐时间小于 8 小时或是白天乘坐，只能购买硬座车票。另外，对乘坐高铁也有规定，如有些企业只允许员工购买二等座。对在外地的交通费也会作出限制，如每日交通费不能超过 100 元，超过部分不予报销等。

（2）误餐补贴报销标准。

根据地区不同，误餐补贴报销标准也会有所不同，经济发达地区误餐补贴报销标准高一些，经济不发达地区误餐补贴报销标准低一些。另外，还会根据行政级别制订报销标准，级别高的报销标准就高一些，比如总经理出差每日误餐补贴报销标准 150 元，普通员工误餐补贴报销标准 40 元等。

（3）住宿费报销标准。

住宿费报销标准也是根据地区不同和行政级别高低制定的，有些企业根据城市大小将全国城市分类，如一线城市、二线城市、三线城市等，又根据职务高低制定住宿标准。

①董事长、总经理出差每天住宿费标准：一线城市 450 元以下、二线城市 400 元以下，凭票报销，超出部分自付。

②员工出差每天住宿费标准：一线城市 350 元以下、二线城市 300 元以下，凭票报销，超出部分自付。

一般来说，员工费用报销有两种形式：一是先垫支后报销；二是先借款后报销。

2. 先垫支后报销

先垫支后报销一般流程如下（图 9-2）：员工出差回来，根据费用报销制度的规定，将合法合规的发票粘贴在报销单上，在报销人处签字，交给部门负责人审核，部门负责人审核签字后交给财务部，由财务部审核通过后交总经理审批，出纳根据总经理的审批签字，支付员工出差费用。

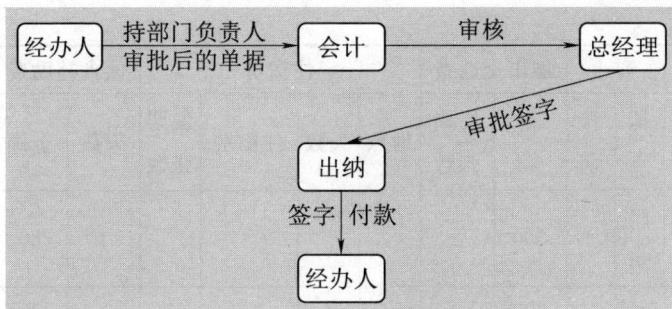

图 9-2　先垫支后报销流程

员工李小明因业务需要，与广东深圳的客户洽谈业务，需要出差。根据公司财务制度的规定，需要填写出差申请表，格式见表 9-2。

表 9-2　　　　　　　　　　　　　　　　出差申请表

申请人	李小明	部　　门	销售部
出差时间	2021 年 4 月 3 日至 2021 年 4 月 4 日		
出差地点	深圳春花电器有限公司		
出差任务	销售电子元器件		
乘坐工具	高铁		
部门主任意见	同意 签字：周星		
单位负责人意见	同意 签字：孙辰		

李小明出差归来，填写差旅费报销明细表，并在报销粘贴单上粘贴凭证，见表 9-3。

表 9-3　　　　　　　　　　　　　　　　差旅费报销明细表

部门：销售部　　　　　姓名：李小明　　　　　日期：2021 年 4 月 5 日　　　　　单据张数：8 张

序号	车次	出发		到达		城市交通费		住宿费				伙食补助费		市内交通费	
		地点	日期	地点	日期	金额	发票张数	地点	天数	住宿费	发票张数	天数	金额	交通费	发票张数
1	××	广州	3	深圳	3	300	1	深圳	1	350	1	1	80	80	4

序号	车次	出发地点	出发日期	到达地点	到达日期	城市交通费 金额	城市交通费 发票张数	住宿费 地点	住宿费 天数	住宿费 住宿费	住宿费 发票张数	伙食补助费 天数	伙食补助费 金额	市内交通费 交通费	市内交通费 发票张数
2	××	深圳	4	广州	4	300	2					1	80		
		合计				600	2		1	350	1	1	80	80	4

报销金额

费用项目	高铁	住宿费	伙食补助费	市内交通费	差费	差补	差旅费合计	其他	报销单合计	备用金
金额	600	350	80	80	—	—	1 110	—	1 110	

公司领导：蒋韦明　　财务主管：李军　部门主管：郭煜　验收人：冯昆　制单人：李小明

财务人员审核报销粘贴单后的原始单据，应重点审核以下几方面内容。

（1）发票上公司基本信息完整；

（2）报销金额及发票金额是否一致，报销金额不能大于发票金额；

（3）开票日期不可跨年；

（4）开票内容是否与实际相符；

（5）如国税局代开发票则需附带完税凭证；

（6）发票专用章应与开票信息一致；

（7）网上查询发票真伪；

（8）需清晰公司企业性质，如简易征收企业只可收普通发票。

一般情况下，财务会计应将复核后的费用报销单，上报财务经理、副总经理及总经理签字审批，领导全部签字后则视为同意财务部付款。会计根据上述业务，编制会计分录。

借：销售费用——差旅费——李小明　　　　　　　　1 110

　　贷：库存现金　　　　　　　　　　　　　　　　　　　1 110

3. 先借款后报销流程

先借款，后报销流程如图 9-3 所示。

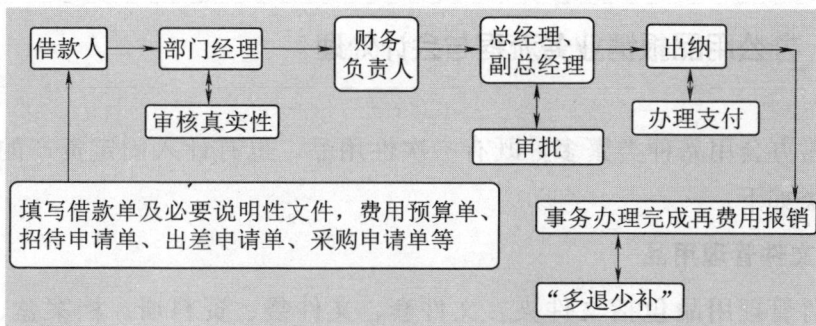

图 9-3　先借款后报销流程

假如李小明出差前预借差旅费 1 000 元。填写借款单，借款日期、借款金额、借款用途及借款人本人签字。借据中需标明其中借款金额大小写须相符，且借据表面不得涂抹。由部门负责人审批签字后交给财务部负责人审批后，交给出纳支付现金 1 000 元。借款单见表 9-4。

表 9-4　　　　　　　　　　　　　　　　借款单

借款部门	销售部	职别	销售员	出差人姓名	李小明
借款事由	出差			出差地点	深圳
预借款金额人民币（大写）	壹仟元整				小写：1 000.00 元
部门负责人签字：郭煜			现金付讫	主管领导签字：蒋韦明	

根据上述凭证，编制会计分录。

借：其他应收款——李小明　　　　　　　　　　　　　　1 000

　　贷：库存现金　　　　　　　　　　　　　　　　　　　1 000

李小明出差回来，会计根据相关单据，编制会计分录。

借：销售费用　　　　　　　　　　　　　　　　　　　　1 110

　　贷：其他应收款——李小明　　　　　　　　　　　　　1 000

　　　　库存现金　　　　　　　　　　　　　　　　　　　 110

若费用报销单无法提供发票，则应附带收据及其他货物清单等其他明细书面证明，由本人及部门领导在收据后面签名确认，如遇到劳务费及其他行政支出，还需由人事行政部领导签名确认。

9.2.2　办公用品报销业务流程与会计处理

日常办公用品种类繁多，既有一次性用品，也有计入固定资产的设备，具体分类如下：

1. 文件管理用品

文件管理用品包括文件夹、文件套、文件袋、资料册、档案盒、名片册等。

2. 桌面办公文具

桌面办公文具包括计算器、订书机、打孔机、订书钉、回形针、大头针、工字钉、别针、剪刀、美工刀、切纸刀、笔筒、书挡、票夹、固体胶、液体胶、复写纸、胶带等。

3. 书写工具

书写工具包括圆珠笔、钢笔、铅笔、荧光笔、白板笔、记号笔、修正带、修正液、橡皮等。

4. 办公用纸

日常办公用纸主要包括打印纸、复写纸、便签、记事本、稿纸、信纸等。

5. 财务用品

财务用品主要包括点钞机、验钞机、印章垫、会计中性笔、印台、印油、订账机、账本、凭证、单据等。

6. 办公设备

办公设备主要包括打印机、传真机、扫描仪、装订机、塑封机、复印机、支票打印机、碎纸机、打卡机、计算机以及硒鼓等耗材。

7. 清洁清扫用品

清洁清扫用品主要包括垃圾桶、拖布、水桶、撮子、笤帚、手套、香皂、衣服架、烟灰缸、洗手液等。

为了合理控制费用支出，企业一般会制定办公用品报销制度。企业行政部每月或每个季度根据各业务部门申请购买办公用品申请单，采购办公用品。

办公用品申购流程如下：

（1）各业务部门根据实际业务需求，填写办公用品申购单上报部门经理。部门经理管理签字后由经办人交给行政部。

（2）行政部门填写办公用品用款申请单，以及借款单，简述事由及费用，上报主管副经理、总经理审批。

（3）批准后，向财务部出示领导用款审批单，申请支票或现金，进行物品采购。采购费用不得超出借款金额。

（4）经办人采购物品的同时必须取得相应的合法票据。

（5）所购办公用品需经行政部登记入库，业务部门再登记领用。

办公用品报销流程如下：

填写报销单→部门负责人审核签字→财务部门复核→总经理审批→出纳报销。出纳不用开单据，要保留原始凭证。

报销人对采购物品发票进行整理并分类，粘贴在报销单上，按照日常报销程序报批。审批后交财务部。财务部按月根据行政提供的各部门领用金额统计表，归集核算各部门相关费用。库存用品作为公共费用，在实际领用时分摊。

办公用品的账务处理，见表9-5。

表 9-5 办公用品的账务处理

业务情景	账务处理
购买小额支出办公用品（如文件档案袋、桌面用品、凭证账簿、耗材设备等一些与工作相关，但单价比较小的办公用品）	借：管理费用 　　贷：库存现金/银行存款
单价较高，或者使用周期不足一年的，如办公家具、IT耗材、玻璃器皿以及在经营过程中周转使用的包装容器等，应计入"周转材料——低值易耗品"科目核算	购买时： 借：低值易耗品 　　贷：银行存款/库存现金 摊销时： 借：管理费用 　　贷：周转材料——低值易耗品
用现金支付办公用品取得发票，办公用品验收入库	借：库存商品—办公用品—名称 　　贷：库存现金 　　　　其他应收款（预借款）

业务情景	账务处理
各业务部门经批准领用办公用品	借：制造费用——办公费 　　销售费用——办公费 　　管理费用——办公费 　　财务费用——办公费 　　贷：库存商品——办公用品——具体名称

【例 9-4】 2021 年 3 月 24 日，深圳吉祥鸟服装有限公司行政管理部根据总经理审批的各业务部门办公用品申购单汇总表，向财务部门申请购买办公用品 15 000 元。行政部经办人陈齐填写借款单，借出支票，见表 9-6 至表 9-9。

表 9-6　　　　　　　　　　　　　　　　借款单

2021 年 3 月 24 日

借款部门	行政部	职别		职员		姓名	陈齐
借款事由	采购办公用品						
预借款金额人民币（大写）	壹万伍仟元整			小写：¥15 000			
借款形式	□现金支票☑转账支票□现金 □商业票据						
部门负责审批意见：楼玥				主管领导审批意见：叶平			

财务人员根据领导签字，开具转账支票，见表 9-7。

表 9-7　　　　　　　　　　　　　支票领用申请单

2021 年 3 月 24 日

收款单位	××××	
支票用途	购买办公用品	支票号码　325436
支票金额	人民币 （大写）壹万伍仟元整 叶平印之	深圳吉祥鸟服装有限公司 小写：¥15 000　财务专用章
备　注		领导审批：张煜

会计：　　　　出纳：　　　　领款人：

表 9-8 转账支票

中国工商银行　转账支票	IV V000012
出票日期（大写）贰零贰壹年零叁月贰拾肆日	付款行名称：工商银行南阳路支行
收款人：深圳大华文具用品有限公司	出票人账号：0200001909234216779

人民币 （大写）	壹万伍仟元整	千	百	十	万	千	百	十	元	角	分
				¥	1	5	0	0	0	0	0

用途：支付货款	科目（借）
上列款项请从	对方科目（贷）
我账户支付	转账日期　年　月　日
出票人签章	复核　　　记账

2021 年 3 月 26 日，用转账支票 15 000 元购买办公用品，取得增值税普通发票，不含税金额 14 150.94 元，税额 849.06 元。陈齐办理报销。

借：周转材料——办公用品　　　　　　　　　　　　　　　15 000

　　贷：银行存款　　　　　　　　　　　　　　　　　　　　　15 000

2021 年 3 月 30 日，生产部门领用办公用品 3 535 元，管理部门领用办公用品 2 883 元，销售部门领用办公用品 1 320 元，财务部领用办公用品 1 642 元。领用办公用品清单见表 9-9 至表 9-11。

表 9-9 生产部门领用办公用品清单

2021 年 3 月 30 日

序号	商品名称	品牌型号	规　格	数量（个）	单价（元）	金额（元）
1	记号笔	齐心 MK818	黑	40	4	160
2	白板笔	齐心 701	黑	40	3	120
3	信签纸	莱特	双行	100	2.0	200
4	口取粘纸	亚信	大	0.3	200	60
5	笔芯 0.5 mm	齐心 R980	0.5 黑	0.50	100	50
6	橡皮擦 小	晨光	4B	0.5	50	25
7	修正液	百通	15 mL	4	30	120

序号	商品名称	品牌型号	规　格	数量（个）	单价（元）	金额（元）
8	复印纸 A4	今川	70 g×500 张×5/件	10	150	1 500
9	铁皮文件柜	熊猫	850 mm×390 mm×1 960 mm	1	800	800
10	指纹考勤机	得力 3960	指纹考勤机免安装	1	500	500
合计						3 535

表 9-10　　　　　　　　　　　　　管理部领用办公用品清单

2021 年 3 月 30 日

序号	商品名称	品牌型号	规　格	数量（个）	单价（元）	金额（元）
1	中性笔 0.5	齐心 GP306	0.5 mm 黑红蓝三色	40	1	40
2	铅笔 HB	英雄	HB 带橡皮擦	40	0.2	8
3	记事本 48K 小	得力 3163	商务皮质 198 mm×110 mm	60	5	300
4	口取粘纸	亚信	大	0.3	200	60
5	笔芯 0.5 mm	齐心 R980	0.5 黑	0.5	100	50
6	橡皮擦 小	晨光	4B	0.5	50	25
7	修正液	百通	15 mL	20	5	100
8	复印纸 A4	今川	70 g×500 张×5/件	10	150	1 500
9	铁皮文件柜	熊猫	850 mm×390 mm×1 960 mm	1	800	800
合计						2 883

表 9-11　　　　　　　　　　　　　销售部领用办公用品清单

2021 年 3 月 30 日

序号	商品名称	品牌型号	规　格	数量	单价	金额
1	计算器	××	12 位太阳能计算器	10	50	500
2	资料框	××	新料三格 蓝色	10	20	200
3	文件架	××	新料三层固定	10	30	300
4	黑色 3 层笔筒	××	新料无味	10	10	100
5	文件柜	××	桌面塑料文件柜	2	100	200
6	中性笔 0.5	齐心 GP306	0.5 mm 黑红蓝三色	20	1.00	20
合计						1 320

表 9-12 **财务部领用办公用品清单**

2021 年 3 月 30 日

序号	商品名称	品牌型号	规 格	数量（个）	单价（元）	金额（元）
1	收据 2 联 经济型	佳倩	单栏	30	1	30
2	报销单据	赢信	费用报销 粘贴单 记账凭证	100	3	300
3	账本 16 开	赢信	银行 现金 总账 三栏	20	10	200
4	账簿 16K	赢信	三栏	10	25	250
5	橡皮筋	威力	耐用型	20	9	180
6	印台	亚信	泡沫印台	8	4	32
7	原子印油	得力 9873	10 mL 原子印章专用	10	5	50
8	彩色长尾夹 19 mm	齐心 363550	10	500	1	500
9	复写纸 48K 小	得力 9370	48K 18.5 mm×8.5 mm	20	5	100
合计						1 642

财务部根据上述领用清单，编制会计分录如下：

借：制造费用——生产车间　　　　　　　　　　　3 535

　　管理费用——行政部门　　　　　　　　　　　2 883

　　销售费用——销售部　　　　　　　　　　　　1 320

　　财务费用——财务部　　　　　　　　　　　　1 642

　　　贷：周转材料——办公用品　　　　　　　　　　　9380

9.2.3　业务招待费报销业务流程与会计处理

业务招待费是指企业为生产、经营业务的合理需要而支付的应酬费用。一般包括业务洽谈、产品推销、对外联络、公关交往、会议接待、来宾接待等所发生的费用。业务招待费的核算内容主要包括四块：第一，宴请、娱乐或工作餐的开支；第二，赠送客人纪念品、礼品开支；第三，组织员工和外部人员到旅游景点参观，门票费、交通费，还有各类杂费开支；第四，外部业务关系人员到公司出差、调研、做项目，发生的差旅费、住宿费、交通费等。

税法对业务招待费税前扣除有限额规定。根据《中华人民共和国企业所得税法实施条例》规定，企业发生的与生产经营活动有关的业务招待费支出，按照发生额的 60％扣除，但最高不得超过当年销售（营业）收入的 5‰。因为有此规定，所以有些企业将业务招待费列入"销售费用、研发费用、生产成本、制造费用、在建工程"等科目，税务局会要求企业提供相应的证明依据，如不能提供证明，税务风险极大。

有些企业对业务招待费采取事前审批制。即先请示后招待的原则，事先要填写预算单，写明招待事项、招待人数、地点、对方姓名、预算金额等，部门负责人、财务负责人签字后，去财务部领取支票，企业对个人垫支款项有限制，如超过 100 元就要开具支票结算，不允许员工垫支。另外，对各级负责人审批权限和金额也有限制。

业务员领取支票后，就可进行商务招待。取得发票及时办理报销，报销流程如下：

(1) 填写"业务招待申请单"。

(2) 批准后填写"借款单"。

(3) 招待结束取得发票。

(4) 填写"费用粘贴单"，及时完成报销。

借款人员因公需要领取支票时，应填写借款单，报销费用＞借款金额→先冲销借款→将差额支付给报销人。

【例 9-1】 2021 年 9 月 6 日，销售部员工张岭报销业务招待费 3 000 元，查到张岭有借款 2 600 元。

借：管理费用——业务招待费　　　　　　　　　3 000

　　贷：其他应收款——销售部——张岭（按之前实际借款）

　　　　　　　　　　　　　　　　　　　　　　2 600

　　　　库存现金（或银行存款）　　　　　　　　 400

第 *10* 章

财产清查

　　财产清查是对各项财产、物资进行实地盘点和核对，查明财产物资、货币资金和结算款项的实有数额，确定其账面结存数额和实际结存数额是否一致，以保证账实相符的一种会计专门方法。

　　财产清查是内部控制制度的一个部分，其目的在于定期确定内部控制制度执行是否有效。在企业日常工作中，在考虑成本、效益的前提下，可选择范围大小适宜、时机恰当的财产清查。也就是说，可按照财产清查实施的范围、时间间隔等把财产清查适当地进行分类。

10.1 财产清查概述

1. 账实不符的主要原因

造成账实不符的原因主要有以下几个方面：

（1）在收发财产物资时，由于计量、检验不准确而发生品种、数量或质量上的差错。

（2）在凭证和账簿中，出现漏记、重记、错记或计算上的错误。

（3）财产物资在保管过程中发生了自然损耗。

（4）由于结算凭证传递不及时而造成了未达账项。

（5）由于管理不善或工作人员失职而发生了财产物资的损坏、变质或短缺。

（6）由于不法分子的营私舞弊、贪污盗窃而发生的财产物资损失。

（7）由于自然灾害或意外事故造成的财产物资损失等。

2. 财产清查的分类

（1）按清查对象和范围分为全面清查和局部清查。

①全面清查。全面清查是对全部财产进行盘点与核对。需要进行全面清查的情况主要有：年终决算之前；单位撤销、合并或改变隶属关系前；中外合资、国内合资前；企业股份制改制前；开展全面的资产评估、清产核资前；单位主要领导调离工作前等。

②局部清查。局部清查是根据需要对部分财产物资进行盘点与核对。一般包括下列清查内容：现金应每日清点一次，银行存款每月至少同银行核对一次，债权债务每年至少核对一至两次，各项存货应有计划、有重点地抽查，贵重物品每月清查一次等。

（2）按清查时间分为定期清查和不定期清查。

①定期清查。定期清查一般在期末进行，它可以是全面清查，也可以是

局部清查。

②不定期清查。不定期清查一般是局部清查。如：财产物资和库存现金的实物负责人调动工作时；财产物资因自然灾害而遭受损失和被盗时；上级主管单位、财政、银行、审计等部门进行查账时；按照上级规定，企业改组股份制，进行临时性的资产评估等核资工作时；发现有贪污行为时。

（3）按清查的执行单位分为内部清查和外部清查。

①内部清查。内部清查是指由本企业的有关人员对本企业的财产所进行的清查，这种清查也称为自查。

②外部清查。外部清查是指由企业外部的有关部门或人员根据国家法律或制度的规定对企业所进行的财产清查。

3. 财产清查的程序

（1）成立清查小组。

财产清查前成立清查组，负责财产清查的组织和管理。其主要职责是，实施清查以前，合理安排清查工作。清查过程中，进行监督、检查和指导。清查结束后，提出处理意见和建议。

（2）布置准备工作。

由准备工作清查小组负责安排主要包括：会计部门提供的完整、正确的会计记录，财产管理部门将各种手续办理齐全，将实物整理整齐，并准备有关的衡量器具及清查所需的登记表。

（3）实施财产清查。

清查人员按清查组的计划和要求，进行清查。在清查财产物资时，应有财产物资的保管员在场，并登记盘点表。清查现金，应有出纳人员在场，并登记现金盘点报告表。清查银行存款，应将银行存款日记账和银行对账单核对，并记录"未达账项登记表"，必要时还可以到银行查证。清查债权债务，可通过询证、函证进行核实，并登记"结算款项核对登记表"。

（4）处理财产清查结果。

①查明差异，分析原因。财产清查小组应根据财产清查中取得的各种资料，如实反映账实不符的情况，彻底查明其性质，认真分析其原因。清查人员必须实事求是地反映问题，不得弄虚作假，对于原因和责任的分析，更要深入具体，认真调查核实，有关处理办法应按照有关规定进行。

②积极处理多余物资和长期不清的债权债务。对在清查中发现的积压呆

滞和不需用的物资，应积极组织调剂利用，本单位不需用的，还应当积极推销，力求物尽其用，减少资金的占用。对于长期拖欠以及有争议的往来款项，应当指定专人，主动与对方单位研究解决。

③总结经验，健全财产管理制度。对于财产清查中发现的问题和漏洞，应吸取教训，提出改进措施，建立健全有关规章制度，加强经济管理责任制。

④调整账簿，做到账实相符。对于清查中发现的账实不符的差异应及时做出账面处理，做到账实相符。

10.2　财产清查的方法

1. 确定财产物资账面结存的方法

在会计实务中，确定财产物资增加、减少、结存数额的方法叫作盘存法或盘存制度。根据确定资产账面结存数额方式的不同，存在两种盘存制度。

（1）实地盘存制，也称"以存计销制"，是平时只在账簿中登记资产增加数，而不登记减少数。期末，通过盘点实物，确定其结存额，然后倒算出本月各项财产物资的减少数。优点是核算方法简单、工作量小。缺点是手续不严密，不便于监督和管理资产，会计数据不准确。

（2）永续盘存制，也称"账面盘存制"，是对于资产的增减变动，根据有关凭证，在账簿中逐日逐笔进行登记，并随时结出账面结存数额的一种方法。采用这种方法需设置数量金额式明细账。优点是手续严密，便于监督和管理资产，会计数据较准确。缺点是核算方法复杂，工作量较大。

2. 财产清查的技术方法

企业的各项财产物资由于其形态、体积、重量、存放地点、存放方式及数量不同，为了查明财产清查对象的实有数额，完成清查的任务，应了解和掌握财产清查的各种具体方法。

（1）实地盘点法。

实地盘点法就是对财产在存放地点采用点数、量尺、过磅计量其数量的方法。此种方法适用于能直接查清数量的财产。如对库存现金的清点，对机器设备的清查等。

（2）抽样盘点法。

抽样盘点法就是对某些价值小、数量多、不便逐一点数的财产，采取从其总体或总量中抽取少量样品，确定其样品的数量，然后再计算其总体数量的方法。抽样盘点法又分为随机抽样、机械抽样、分层抽样等具体方法。

①随机抽样就是从样本总体单位中抽取部分单位进行盘点，以其结果推算总体的有关指标的一种抽样方法。

②机械抽样也称系统抽样，就是总体单位按一定的顺序排列，根据总体单位数和样本单位数，算出抽取间隔，再按此间隔抽取样本单位的抽样方法。

③分层抽样也称类型抽样，就是将总体中各单位按某一标志分成若干类，从各类抽取若干清查单位的抽样方法。

（3）测量计算法。

测量计算法是对某些储存量大，存放比较有规则但不便逐一点数的财产物资采用的一种清查方法。如清查储油罐中的油。

（4）估计法。

估计法就是对某些重量大、堆放不规则或无法确定其准确数量的财产物资估计其数量的一种清查方法。又可分为经验估计和比较估计。

①经验估计法就是由有经验的人员根据自己多年的实际经验，通过对实物进行观察，而得出数据的一种方法。

②比较估计法就是根据所清查的对象先找出一种同类标准物体作为比较，然后确定其价值或数量的一种方法。

（5）技术推算法。

技术推算法就是根据已有资料推算其结果的一种方法。

（6）对账单法。

对账单法就是将账簿记录与对方开出的对账单进行核对，或根据本单位账簿记录给对方开出对账单，供其与之核对。这种方法常用于清查银行存款和往来款项。

（7）查询法。

查询法就是采取发函或派人前往对方企业当面查核询问的一种方法。此种方法适用于债权债务、款项尾欠等业务的清查。

3. 库存现金、银行存款的清查方法

（1）库存现金的清查。

库存现金的清查是通过实地盘点的方法，确定库存现金的实存数，再与现金日记账的账面余额进行核对，以查明盈亏情况。库存现金的盘点，应由清查人员会同现金出纳人员共同负责。

盘点前，出纳人员应先将现金收、付款凭证全部登记入账，并结出余额。盘点时，出纳人员必须在场，现金应逐张清点，如发现盘盈、盈亏，必须会同清查人员核实清楚。

盘点时，除查明账实是否相符外，还要查明有无违反现金管理制度规定，有无以"白条"抵充现金，现金库存是否超过银行核定的限额，有无坐支现金等。

盘点结束后，应根据盘点结果，填制"库存现金盘点报告表"，并由检查人员和出纳人员签名或盖章。此表具有双重性质，既是盘存单又是账存实存对比表，既是反映现金实存数调整账簿记录的重要原始凭证，也是分析账实发生差异原因，明确经济责任的依据。

【例 10-1】伟业联合有限公司 2021 年 1 月 31 日"库存现金盘点报告表"，见表 10-1。

表 10-1　　　　　　　　　　　　库存现金盘点报告表

单位名称：伟业联合有限公司　　2021 年 1 月 31 日　　　　　　　　金额单位：元

实存金额	账面余额	盘盈金额	盘亏金额	备　　注
3 740	3 820	21		待查

现金出纳：兰梅　　　　　　　　监盘人：周彤　　　　　　　　制表人：徐丹

（2）银行存款的清查。

银行存款的清查，采用与银行核对账目的方法进行。银行存款日记账与银行对账单的余额往往不一致。其原因是记账有错误和存在未达账项。

未达账项是指企业与银行之间对于同一项经济业务，由于取证的时间不一致，而导致记账时间不一致，从而使得一方已记账而另一方尚未记账的款项。未达账项的调整，需编制"银行存款调节表"。

未达账项包括以下四项：

①企业已收，银行未收款；

②企业已付，银行未付款；

③银行已收，企业未收款；

④银行已付，企业未付款。

（3）债权债务的清查方法。

债权债务的清查主要采用函询法。主要分以下三个步骤：

①企业在清查日之前，将本单位的往来账款核对清楚，确认总分类账与明细分类账的余额相等。

②向对方单位填发对账单或询证函。对账单的格式一般为一式两联，其中一联作为回单，对方单位如核对相符，应在回单联上盖章后退回。如发现数字不符，应在回单联上注明，作为进一步核对的依据。

【例10-2】伟业联合有限公司2020年12月3日"函证信"，见表10-2。

表10-2

函 证 信

雅信公司：

本公司与贵单位的业务往来款项有下列各项，为了清对账目，特函请查证，是否相符，请在回执联中注明后盖章寄回。

往来结算款对账单

单位：＿＿＿＿＿＿＿　　　地址：＿＿＿＿＿＿＿　　　编号：＿＿＿＿＿＿＿

会计科目名称	截止日期	经济事项摘要	账面余额
应收账款	2016年8月1日	购买K商品	13 420

伟业联合有限公司（公章）（略）

2020年12月3日

③收到回单后，应填制"往来款项清查表"，并及时催收应该收回的账款，积极处理呆账。

【例10-3】2021年3月2日，收到雅信公司回单，根据回单，伟业联合有限公司编制"往来款项清查表"，见表10-3。

表10-3

往来款项清查表

总分类账户名称：应收账款　　　2021年3月2日

明细分类账户		清查结果		核对不符原因分析			备注
名　称	账面余额	核对相符金额	核对不相符金额	未达账项金额	有争议款项金额	其他	
应收账款	13 420	13 420					

4. 存货的清查方法

（1）清查前，需要确定存货账面数量，可以采用永续盘存制，也可采用实地盘存制。

（2）在清查过程中，对存货实际数量的清查可以采用实地盘点法和技术推算法两种，但大多采用实地盘点法。清查时，既要从数量上核实，还要对质量进行鉴定，及时把清查的数量和质量情况如实填制"盘存单"。为明确经济责任和便于查询，各项存货的保管人必须在场，并参加清查盘点工作。

【例10-4】伟业联合有限公司2021年1月31日"存货盘存单"，见表10-4。

表10-4 盘 存 单

单位名称：伟业联合有限公司　　　　　　　　　　　编　　号：

盘点时间：2021年1月31日　　　　　　　　　　存放地点：K库

编　号	名　　称	计量单位	数　　量	单　价	金　　额	备　注
HJ2501	电子元件	个	400	50	20 000	
HK3701	显示屏	个	300	1 850	555 000	

盘点人签单　李海　　　　　　　　　　实物保管人签单　王杰

（3）清查盘点结束时，根据盘存单编制实存账存对比表（表10-5），并依据"实存账存对比表"对盘盈、盘亏情况做相应处理。对于盘盈、盘亏的存货要记入"待处理财产损溢"科目，查明原因进行处理。

表10-5 实存账存对比表

单位名称：伟业联合有限公司　　2021年1月31日

编号	类别及名称	计量单位	单价	实存		账存		差异				备注
								盘盈		盘亏		
				数量	金额	数量	金额	数量	金额	数量	金额	
HJ2501	电子元件	个	50	345	17 250	400	20 000			55	2 750	
HK3701	显示屏	个	1 850	300	555 000	300	555 000					

主管人员：　　　　　　　会计：　　　　　　　制表：

（4）如果清查的存货存在残损、变质、报废等情况时，需要编制"残损变质物资、伪劣产品情况表"（表10-6），对残损物资进行鉴定登记，提出处理意见并积极处理。

表 10-6 残损变质物资、伪劣产品情况表

年　月　日

名称规格	单位	原价	账面记录		报　废		报　损		残损伪劣		处理意见
			数量	金额	数量	金额	数量	金额	数量	金额	
合计											

主管人员：　　　　　　　　会计：　　　　　　　　　　制表：

5. 固定资产的清查方法

（1）填写各"固定资产清查明细表"中基准日账面数，检查固定资产的分类是否正确，并与明细账合计数、总账及会计报表数核对是否相符，见表 10-7。

表 10-7　　　　　　　　　　　　固定资产清查明细表

清查单位：　　　　　　　　　　　　　　　　清查日期：

资产编号	资产名称	单位	基准日账面数		实盘数		使用状况	备　注
			数量	金额	数量	金额		
合　计								

（2）对各资产使用部门进行全面清查盘点，与基准日"固定资产清查明细表"进行核对，并对盘点中出现的差异情况进行说明。

①在实物盘点过程中，应采用以账对物、以物对账的核对方法盘点实物资产，并在盘点中同时粘贴固定资产标签（牌），以便核对，对固定资产卡片中固定资产信息不全或存在错误的，要根据清查结果进行修改、完善。

②在实物盘点过程中，需同时关注固定资产的状态。

③对实物盘点情况进行整理（考虑清查日至基准日之间的变化），确定实物资产的盘盈、盘亏及毁损等事项，在此基础上，完成基准日"固定资产清查明细表"的编制。

④在"固定资产清查明细表"中，对于各项固定资产盘盈、盘亏及毁损等状况须提供有关详细依据（如：技术鉴定资料），作为固定资产清查损溢的附件。

参 考 文 献

[1] 企业会计准则编审委员会．企业会计准则及应用指南实务详解［M］．北京：人民邮电出版社，2019.

[2] 财政部会计司．企业会计准则第 14 号：收入应用指南 2018［M］．北京：中国财政经济出版社，2018.

[3] 古燕．会计新手成长手记［M］．2 版．北京：清华大学出版社，2018.

[4] 栾庆忠．增值税纳税实务与节税技巧［M］．5 版．北京：中国市场出版社，2018.

[5] 林佳良．土地增值税清算指南［M］．5 版．北京：中国市场出版社，2018.

[6] 计敏，王庆，王立新．全行业增值税操作实务与案例分析［M］．北京：中国市场出版社，2018.

[7] 栾庆忠．增值税发票税务风险解析与应对（实战案例版）［M］．北京：中国人民大学出版社，2019.

[8] 刘霞，庞思诚．金税三期管控下增值税会计核算及纳税风险实务［M］．上海：立信会计出版社，2018.

[9] 蔡昌．房地产企业全程会计核算与税务处理［M］．4 版．北京：中国市场出版社，2018.

[10] 李曙亮．房地产开发企业会计与纳税实务［M］．2 版．大连：大连出版社，2018.

[11] 曾勤，张程程．会计科目设置与应用大全书［M］．北京：人民邮电出版社，2018.

[12] 中华人民共和国财政部．企业会计准则应用指南（2018 年版）［M］．上海：立信会计出版社，2018.

[13] 邱银春．新手学会计［M］．北京：清华大学出版社，2018.

[14] 马泽方．企业所得税实务与风险防控［M］．2 版．北京：中国市场出版社，2018.

[15] 吴健．新个人所得税实务与案例［M］．北京：中国市场出版社，2018.

[16] 王月明，吴健．企业所得税优惠实务操作指南与案例解析［M］．北京：中国税务出版社，2018.

[17] 本书编写组．中华人民共和国现行税收法规及优惠政策解读［M］．上海：立信会计出版社，2018.

[18] 中国注册会计师协会．会计 CPA［M］．北京：中国财政经济出版社，2018.

[19] 国家税务总局教材编写组．企业所得税汇算清缴实务［M］．北京：中国税务出版社，2016.

[20] 国家税务总局财产和行为税司．契税、耕地占用税政策解读和征管指南［M］．北京：中国税务出版社，2014.

[21] 国家税务总局货物和劳务税司．消费税业务操作手册［M］．北京：中国税务出版社，2014.

[22] 中华人民共和国财政部．企业会计准则（2018 版）［M］．北京：经济科学出版社，2017.

[23] 秦东生，于烨．优秀税务会计从入门到精通［M］．北京：中国华侨出版社，2015.

[24] 赖金木．即学即会：会计全流程做账实操［M］．北京：中华工商联合出版社，2014.